Kartoffeln

leicht und gut das ganze Jahr

Kartoffeln

leicht und gut das ganze Jahr

Mit über 250 Rezepten und brillanten Fotos ist dieses Buch eine Fundgrube für alle Kartoffelfreunde. Ob für den Alltag oder für die festlichen Gerichte, es ist bestimmt für jeden etwas dabei.

INHALT

Vorwort

Rein äußerlich hat die Kartoffel nicht viel zu bieten. Neben all dem glänzenden Gemüse, zwischen Paprika und Rettich, Radieschen und Auberginen, Gurken und Karotten, wirkt die braune Knolle auf den ersten Blick nicht gerade einladend.

Doch wie so oft täuscht auch hier der Schein, denn die Kartoffel ist ein echter Schatz, was ihren Wert für unsere Ernährung angeht. Zum Glück ist dieser Schatz weder schwer zu finden noch zu heben. Man braucht keinen Zauberspruch wie Aladin, um in die Räuberhöhle vorzudringen, und man muß auch nicht auf entlegenen Inseln nach Piratenschätzen graben. Mit ein wenig Pflege gedeiht die Kartoffel fast in jedem Boden.

Wenn die Kartoffel ein so wertvolles Nahrungsmittel ist, dann mag es verwundern, daß Reis und Nudeln ihr den Vorrang unter den Beilagen streitig gemacht haben. Eine der Ursachen mag sein, daß die Kartoffel traditionell als ein Lebensmittel für die einfachen Leute galt und deshalb in Zeiten des Wohlstands etwas von oben herab betrachtet wird. Aber wenn die Kartoffel auch ein billiges Nahrungsmittel ist, so tut das ihrem Geschmack keinerlei Abbruch. Genießer und Feinschmecker haben die Kartoffel zu allen Zeiten hoch geschätzt.

Außerdem haftete ihr der Ruf an, ein Dickmacher zu sein. Da heute immer mehr Menschen darauf achten, sich kalorien- und fettarm zu ernähren, wurde die Kartoffel von

manchem Speiseplan gestrichen. Dieser Makel haftet der Kartoffel allerdings ganz zu Unrecht an. Tatsächlich gehört sie nämlich zu den gesunden und kalorienarmen Nahrungsmitteln. Dick macht nicht die Kartoffel, sondern die fette, sahnige Soße, in der die Kartoffel schwimmt, oder das fettreiche Fleisch. Und wenn Bratkartoffeln in Öl schwimmend herausgebacken werden, dann kann es nicht überraschen, daß sie dick machen.

Beliebt war und ist die Kartoffel freilich nicht nur aus gesundheitlichen Gründen. Zum Beispiel sind Kartoffeln praktisch ganzjährig erhältlich, leicht zuzubereiten, und sehr vielfältig zu verwenden.

Mit einer köstlich duftenden Kartoffelsuppe können Sie auch einen verwöhnten Gourmet zufriedenstellen. Ein Eintopf auf der Grundlage von Kartoffeln ist ein Gericht für jeden Tag, kann aber auch an einem Festtag ein geschmackliches Glanzlicht setzen.

In vielen vegetarischen Gerichten, in Gemüsegratins und Aufläufen geht ohne die „tolle Knolle“ gar nichts.

In erster Linie jedoch sind Kartoffeln als Beilagen in unzähligen Variationen beliebt und bekannt. Denken Sie nur an die Bratkartoffeln, die fast jeder Koch nach seinem persönlichen Rezept zubereitet. Zum Fisch passen die Salzkartoffeln am besten, Pommes Frites wiederum sind nicht nur bei Kindern beliebt. Auch die Erwachsenen genießen sie etwa zum Wiener Schnitzel. Kroketten zum Steak, Thüringer Klöße zum Braten oder knusprige Kartoffelbauzen, – Kartoffeln kommen in jeder Umgebung glänzend zurecht.

Nicht zuletzt bei einem Kalten Büffet, das nicht vollständig wäre ohne Kartoffelsalate. Gerade hier ist Ihre Phantasie gefragt, denn die Möglichkeiten für Kartoffelsalate sind praktisch unbegrenzt. Ob sie ihn pikant und feurig würzen oder schlicht und klassisch, ob sie ihn sündhaft sahnig präsentieren oder traumhaft süß-sauer, ob sie ihn gesundheitsbewußt leicht anrichten oder mit dem Fischgeschmack der Weltmeere – immer ist der Kartoffelsalat heiß begehrt.

Selbst vor dem Fernseher oder in geselliger Runde kommen Sie ganz ohne Kartoffeln nicht gut aus. Knackig frisches und lecker gewürztes Kartoffelgebäck schmeckt allen und trägt zur guten Laune eine gute Portion bei.

Jedes Kind weiß, was eine Kartoffel ist und wie sie aussieht. Aber den wenigsten von uns ist klar, welche Vielfalt im Angebot herrscht. Das gilt nicht nur für die Sorten allgemein, für Form, Färbung und Herkunft, sondern vor allem für die Konsistenz und den Geschmack.

Dieses große Buch der Kartoffelküche bietet ihnen in übersichtlicher und leicht verständlicher Form eine umfangreiche Warenkunde mit allen wichtigen und interessanten Informationen zu diesem Thema.

Ob Sie nun Anfänger sind oder ein alter Hase im Küchenrevier, mit Kartoffeln kann jedermann köstliche Mahlzeiten zubereiten. Einfache Gerichte und solche, die etwas mehr Aufwand und Zeit erfordern sind in diesem Buch zusammengetragen worden. Jedes einzelne Rezept ist sorgfältig erprobt und verfeinert. Was aber nicht heißt, daß Sie es nicht noch nach eigenem Geschmack und mit kreativen Ideen verändern und verbessern könnten.

Die zahlreichen, erstklassigen Fotos rücken die Rezepte ins rechte Licht und werden Ihnen garantiert Appetit auf leckere Kartoffelgerichte machen.

Zum Studieren und zum Schmökern, zum Nachkochen und zum Ausprobieren eigener Varianten wünsche ich Ihnen viel Zeit, und Spaß, einen guten Appetit und vor allem gutes Gelingen.

Kartoffeln in Hülle und Fülle

Die Sortenvielfalt bei Kartoffeln ist für einen Laien kaum überschaubar. Allein in Deutschland werden zur Zeit etwa 150 Sorten unterschieden. Viel davon werden allerdings nur für industrielle Zwecke angebaut, etwa zur Produktion von Alkohol oder Stärke, zur Neuzüchtung oder als Saatkartoffeln.
Bei den reinen Speisekartoffeln unterscheiden wir fünf Gruppen je nach ihrer Reife- und Erntezeit. Ein großer Teil der Speisekartoffeln kommt nicht roh auf den Markt, sondern wird industriell weiterverarbeitet. Die Palette der Kartoffelprodukte reicht von Chips über Kroketten bis zum Knödelmehl.

Frühkartoffeln

Viele Feinschmecker halten Frühkartoffeln für eine wahre Delikatesse. Anders als bei den gewöhnlichen Kartoffeln ist ihre Schale zart und eßbar.
Kartoffeln haben je nach Sorte etwa eine Reifezeit von 100-130 Tagen. Die Saatkartoffeln können frühestens Ende März ausgelegt werden. Frühkartoffeln werden unter schützenden Folien aufgezogen. Sie können bereits Ende Mai oder Anfang Juni geerntet werden. Frühkartoffeln schmecken frisch am besten und sind nicht lange haltbar. Zum Einkellern sind sie ungeeignet. Länger als zwei Wochen sollten Frühkartoffeln nicht aufbewahrt werden, und auch das nur in dunklen Räumen.

Sehr frühe Kartoffeln

Sie werden im Juni gleich nach den Frühkartoffeln erntereif. Die Schale ist schon fest, und der Geschmack nicht mehr ganz so fein wie bei den Frühkartoffeln.

Bekannte Sorten sind Arkula, Atica, Berber, Christa, Gloria, Hela, Karla, Layla und Ukama. Alle diese Sorten ähnlen sich durch die gelbe Fleischfarbe und die glatte Haut. Was die Kocheigenschaften betrifft: alle sind vorwiegend festkochend.
„Sehr frühe" Kartoffeln sollten bald aufgebraucht werden. Sie eignen sich ebenfalls nicht zur Einkellerung und sind auch im Haushalt nur sehr kurz lagerfähig.

Frühe Kartoffeln

Sie haben eine feste Schale und werden zwischen Anfang Juli und Mitte August geerntet.
Frühe Kartoffeln können Sie bis in den späten Herbst hinein im Haushalt aufbewahren.
Vorwiegend festkochende Sorten sind Arnika, Cinja, Karat oder Rikea. Forelle und Sieglinde sind dagegen festkochende frühe Kartoffeln

Mittelfrühe Kartoffeln

Sie sind frühestens Mitte August reif und werden spätestens Ende September geerntet.
Sie haben eine sehr feste Schale und können deshalb im Haushalt lange Zeit aufbewahrt werden. Zur Einkellerung sind sie sehr gut geeignet. Diese Gruppe ist die größte, was die Erntemenge und die Sortenvielfalt angeht.

Einige der bekanntesten festkochenden Sorten sind Exquisa, Hansa, Linda oder Nicola.

„Vorwiegend festkochende" Sorten sind Grandifolia, Koretta, Lilu, Quarta, Roxy oder Solina.

„Mehlige" Sorten sind Adretta, Irmgard und Likaria.

Alle diese „mittelfrühen" Kartoffeln haben gelbes Fleisch und eine glatte bis leicht rauhe Haut.

Mittelspäte und späte Kartoffeln

Diese Sorten haben ihren Reifeprozeß erst zwischen Mitte September und Ende Oktober beendet.
In diese Gruppe gehören Aula, Datura, Isola und Saturna. Sie sind eher rundlich-oval und sind, mit Ausnahme der vorwiegend festkochenden Isola, allesamt mehlig kochend.

Importware

Kartoffeln wachsen in vielen Gegenden der Welt. Durch die abweichenden klimatischen Bedingungen kommt es auch zu Unterschieden in der Reifedauer und im Erntezeitpunkt. So kommt es, daß zum Beispiel in Sizilien die Sorte Sieglinde angebaut wird und zu einem Zeitpunkt reif wird, an dem die einheimischen Verwandten sich noch im Winterschlaf befinden.
Für uns Konsumenten hat das den großen Vorteil, daß die Kartoffel eigentlich das ganze Jahr über Saison hat, auch wenn wir keine Vorrä-

te eingekellert haben. Das permanente Angebot von frischer Ware ist heute um so wichtiger, als in vielen modernen Häusern und Wohnungen keine geeigneten, kühlen Kellerräume mehr vorzufinden sind.
Schon im Januar kommen frische Kartoffeln bei uns in den Handel. Sie stammen aus Israel oder aus den nordafrikanischen Ländern Marokko und Tunesien.
Im Anschluß kommen Kartoffeln aus anderen Mittelmeerländern auf den Markt. Italien, Spanien und Frankreich sind wichtige Anbauländer. Aber auch aus den Ländern der ehemaligen Sowjetunion, aus England oder China werden große Mengen von Kartoffeln importiert.

Kartoffelprodukte – würzig und praktisch

Der Verbrauch von Kartoffeln ist in den letzten 40 Jahren praktisch um die Hälfte zurückgegangen. Wenn man die Kartoffeln nicht rechnet, die von Bauern und Privatleuten in kleinen Mengen zum Eigenverbrauch angebaut werden, so bleiben es jedoch immer noch gut 70 Kilogramm Kartoffeln, die jeder Bundesbürger jährlich kauft und verzehrt. In den letzten Jahren ist der Verbrauch allerdings wieder langsam angestiegen. Dieses Wachstum ist vor allem auf den zunehmenden Absatz von Kartoffelprodukten zurückzuführen. Von diesen konsumieren wir jährlich etwa 30 Kilogramm.

Der Nährwert all dieser Produkte ist geringer als der roher Kartoffeln. Durch die Verarbeitung und die Beigabe von Salz, Fett oder chemischen Zusätzen können Kartoffelkonserven nicht mehr als vollwertige Lebensmittel eingestuft werden. Ihr Vorteil liegt in der schnellen Verwendbarkeit im Haushalt. Wer jedoch ein wenig Zeit investiert, kann all diese Waren auch selber herstellen.

Chips und Sticks

Sie gehören für viele unbedingt zur Freizeit. Ob beim Kartenspiel oder beim Fernsehen Knabbersachen liegen stets griffbereit. Und die Kinder sind auch zu jeder anderen Gelegenheit ganz wild auf diese Waren. Beliebt sind Chips und Sticks vor allem wegen der besonderen, meist recht deftigen Würzung.
Kartoffelchips kann man natürlich auch selber herstellen. Dazu schneidet man rohe geschälte Kartoffeln in sehr feine Scheibchen und legt sie einige Minuten in Salzwasser ein. Nachdem die Chips getrocknet sind, werden sie in reichlich Fett goldgelb ausgebacken.
Allerdings sollten Sie immer daran denken daß Chips und Sticks einen Fettgehalt von bis zu 40 % haben.

Zum Sattessen sind diese Dinge also in keinem Fall geeignet. Und auch beim Knabbern sollte man es nicht übertreiben, wenn man seine Linie bewahren will. Außer Kalorien bringen diese Knabbersachen kaum wertvolle Nährstoffe.

Kartoffelkonserven

Dabei handelt es sich meist um kleine, geschälte Knollen, die in einem Wasseraufguß in Gläsern angeboten werden. Daneben gibt es auch geschnittene Kartoffeln, die sich für die Zubereitung von Salaten und Bratkartoffeln eignen.
Diese Kartoffeln werden hitzesterilisiert und dabei gleich vollständig gegart. Sie eignen sich besonders für die schnelle Küche, da sie nicht mehr gekocht, sondern nur noch erhitzt werden müssen.
Zum Hitzesterilisieren werden in der Regel festkochende Kartoffeln verwendet.

Kartoffelmehl

Kartoffelmehl, das aus getrockneten und zerriebenen Kartoffeln produziert wird, ist ein Hilfsmittel beim Kochen. Man braucht es zum Abbinden von Saucen und Suppen.

Knödel / Klöße

Ob roh, gekocht oder halb und halb, der Verbraucher hat auch hier die Qual der Wahl. Je nach Zweck werden die Knödelmehle aus Kartoffelreibseln, -püree, -flocken oder gemahlenen Trockenkartoffeln hergestellt. Kartoffelreibsel werden von rohen Kartoffeln abgerieben und dann getrocknet. Sie sind der Hauptbestandteil bei „rohen“ Klößen. Dazu kommen Bindemittel, wie Kartoffelstärke, Salz, Gewürze sowie weitere Aroma- und Zusatzstoffe. Durch diese Bindemittel erreichen Knödel einen wesentlich höheren Kalorienwert als etwa eine vergleichbare Menge gekochter Kartoffeln.
Zusätzlich gibt es auch tiefgefrorene Knödel zu kaufen, die lediglich noch erhitzt werden müssen.

Pommes frites

Sie werden vorwiegend tiefgefroren angeboten und sind deshalb einige Monate lang haltbar.
Aus gesundheitlicher Sicht sind solche industriell vorgefertigten Pommes frites nicht ganz unbedenklich. Beim Fritieren vor dem Einfrosten nehmen die Kartoffeln schon eine gehörige Menge an Fett auf, und zwar bis zu 9 % des Gesamtgewichtes. Schließlich werden die Pommes vor dem Verzehr noch einmal fritiert, wobei sie erneut reichlich Fett aufsaugen. Ein einzelnes Stäbchen kann leicht 15 % Fett enthalten.
Den Fettgehalt können Sie auf einfache Weise reduzieren, wenn Sie die Pommes nicht schwimmend im Fett herausbacken, sondern sie im Backherd auf dem Backblech oder Backpapier liegend braten.

Püree

Bei der industriellen Herstellung werden Kartoffeln geschält, zerkleinert, gekocht und anschließend schonend getrocknet. Dabei entsteht ein Trockenprodukt, das sehr gut ausquillt, wenn man es mit Wasser und Milch anmischt. In manchen Pürees sind schon Trockenmilcherzeugnisse verarbeitet, so daß Sie nur noch Wasser zugeben müssen.

Reibekuchen

Auch Reibekuchen (Reiberdatschis, Kartoffelpuffer) müssen sie nicht unbedingt selbst herstellen. Aus getrockneten Kartoffeln werden Kartoffelreibsel gewonnen. Diese werden gewürzt und zu einer gebrauchsfertigen Mischung weiterverarbeitet.

Kartoffeln – Gesundheit aus dem Inneren der Erde

Gemüse ist ein wesentlicher Bestandteil unserer Ernährung. Es liefert fast alle lebensnotwendigen Nährstoffe in einer für den Körper leicht zu verabeitenden Form. Die Kartoffel wird gerne als unser wichtigstes Gemüse bezeichnet. Dabei stellt man bei der ersten Analyse fest, daß eine Kartoffel aus 75–80 % Wasser besteht. Aber dennoch bringt sie es in der Endabrechnung auf ganz erstaunliche Mengen wertvoller Inhaltsstoffe. Mit diesen Eigenschaften ist die Kartoffel auch für Diäten sowie Schonkost ein ideales Lebensmittel.

Stärke

Eine Kartoffel besteht zu etwa 15–20 % aus Stärke. Die weichen, mehlig kochenden Sorten sind stärkereicher, als die festkochenden oder die vorwiegend festkochenden Sorten.
Stärke gehört zu den verwertbaren Kohlenhydraten. Im Gegensatz zum Zucker wird die Stärke langsam abgebaut und dem Körper verfügbar gemacht. Stärke- und ballaststoffreiche Lebensmittel sind nicht nur für zuckerkranke Menschen sehr wertvoll, auch für gesunde sind sie ein unverzichtbarer Bestandteil der täglichen Ernährung.

Eiweiß

Eiweiß ist für unseren Körper lebensnotwendig, kann aber nicht selber im Stoffwechsel produziert werden. Vielmehr muß es mit der täglichen Nahrung in ausreichender Menge zugeführt werden.
Wir unterscheiden zwischen tierischem und pflanzlichem Eiweiß. Das tierische galt lange als das wertvollere und deshalb auch als unverzichtbar. Diese Einschätzung hat sich mittlerweile geändert. Vor allem seit man herausgefunden hat, daß durch eine Kombination von verschiedenen pflanzlichen Eiweißen ein hochwertiges Eiweiß entsteht, das dem tierischen überlegen sein kann. Die besten Werte erhält man allerdings wenn tierisches und pflanzliches Eiweiß kombiniert wird. Das ist etwa beim Kartoffelbrei der Fall, bei dem tierisches Milcheiweiß mit Kartoffeleiweiß verbunden wird.
Von allen Kombinationen abgesehen ist das Kartoffeleiweiß aber auch für sich genommen wertvoll. Es vereinigt nämlich gesättigte und ungesättigte Aminosäuren in einem sehr günstigen Verhältnis, das heißt, diese essentiellen Fettsäuren können vom Organismus sehr leicht und effektiv aufgenommen und weiterverarbeitet werden.
Da macht es auch nichts aus, daß eine Kartoffel im Schnitt nur 2 % Eiweiß enthält. Aber diese 2 % sind eben von allererster Güte. Eine bessere biologische Wertigkeit haben unter all den Nahrungsmitteln ohnehin nur noch das Sojaeiweiß und das der Hülsenfrüchte.
Festkochende Sorten sind eiweißreicher als mehlige.

Ballaststoffe

Ballaststoffe sind nichtverdauliche Kohlenhydrate. Sie haben den Ruf als überflüssige Schlacke längst verloren. Wir wissen inzwischen, wie wertvoll gerade diese Stoffe für eine reibungslose und wirksame Verdauung sind. Ballaststoffe nehmen auf ihrem Weg durch den Darm Fäulnis- und Giftstoffe auf und entsorgen diese, bevor sie dem Organismus lästig oder gar gefährlich werden können.
Ballaststoffe liefern zwar keine Energie, füllen aber den Darm und bewirken dadurch ein Sättigungsgefühl, was uns davor bewahrt, zu viel zu essen.

Der Ballaststoffanteil der Kartoffeln ist etwa so hoch wie der an Eiweiß, also 2 %.

Vitamine

Viele glauben, man müsse möglichst viel Zitrusfrüchte essen, wenn man sich ausreichend mit Vitamin C versorgen will. Dieses Vitamin ist sehr wichtig für ein aktives und stabiles Immunsystem. Es hilft, allen Arten von Infekten vorzubeugen und fördert außerdem die Wundheilung. Aber hätten Sie gedacht, daß eine unscheinbare Kartoffel bei 100 g Gewicht stolze 20 mg an Vitamin C liefert? Damit liegt die Kartoffel immerhin gleichauf mit der Ananas.

Auch das Vitamin Niacin steckt in der Kartoffel. Niacin sorgt für eine problemlose Verdauung und eine gleichmäßige Haut.

Von den Vitaminen der B-Gruppe finden wir vor allem das B1 und das B2 in relevanten Mengen vor. Beide sind wichtig, um gegen Haut- oder Verdauungsstörungen vorzubeugen.

Schließlich ist auch noch das Vitamin K, das die Blutgerinnung reguliert, in der Kartoffel enthalten.

Mineralstoffe

Natürlich weist die Kartoffel auch die wichtigen Mineralstoffe auf. In erster Linie ist hier Kalium zu nennen. Von diesem Mineral liefern Kartoffeln etwa 400 mg/100 g. Im Zusammenspiel mit Natrium reguliert Kalium den Wasserhaushalt jeder Körperzelle. Der Natriumgehalt liegt etwa bei 3 mg. Mit diesem Wert gehört die Kartoffel eindeutig zu den natriumarmen Lebensmitteln. Dann bietet eine Kartoffel durchschnittlich 0,8 mg Eisen, das im Blutkreislauf beim Sauerstofftransport benötigt wird. Auch Magnesium und Phosphor findet man in Kartoffeln. Von letzterem, das für die Festigkeit der Knochen mitverantwortlich ist, immerhin etwa 50 mg/ 100 g.
Und schließlich liefert eine Kartoffel auch noch Calcium (10 mg), das für die Stabilität von Knochen und Zähnen gebraucht wird.

Fett

Wie es sich für ein gesundes Lebensmittel gehört, so liegt der Fettgehalt der Kartoffel fast bei Null. Rohe Kartoffeln bringen es allenfalls auf 0,1 % Fett.
Fett wird eine Kartoffel nur durch das Fett, in dem man sie fritiert, oder durch die Mayonnaise im Salatdressing. 100 g Chips liefern Ihnen 580 kcal., Sticks bringen es auch auf 500 kcal., mit Pommes frites kommen Sie fast auf 300 kcal., während Sie bei einfachen, gekochten Kartoffeln gerade mal 70 kcal. konsumieren.

Kartoffelanbau – selbst gemacht!

Warum denn nicht? Schließlich können die Kartoffelblüten sogar eine Zierde für jeden Garten sein. Sie haben vielfältige Formen, und auch die Farbpalette reicht von blütenweiß bis lila und violett.
In der Regel hat der fleißige Gärtner es aber auf die Knollen abgesehen.
Wer den nötigen Platz zur Verfügung hat, der sollte es einfach einmal mit einer Kartoffelplantage probieren. Prinzipiell ist es nicht schwer, und die erforderliche Mühe ist auch nicht allzu groß. An den Boden werden keine besonders großen Anforderungen gestellt; günstig ist es jedoch, wenn er ein wenig sandig und humusreich ist.
Die Saatkartoffeln werden zwischen Ende März und Anfang Mai in geraden Reihen ausgesetzt. Zwischen den einzelnen Setzlingen sollte etwa 30 cm Abstand bleiben. Wenn die Triebe dann wachsen und die ersten Knollen ins Freie schauen, muß Erde aufgehäufelt werden.
Nach etwa 120-130 Tagen sind die Kartoffeln ausgereift, können aber noch bis in den Spätherbst hinein in der Erde liegen gelassen werden.
Während der gesamten Wachstumsperiode benötigen Kartoffeln regelmäßig und reichlich Wasser.
Wer Kartoffeln selbst anbaut, der kann sicher sein, daß ihnen nur die beste Pflege und der günstigste Dünger zuteil wurde. Allerdings ist vor Krankheiten und Schädlingen niemand sicher.
Die **Krautfäule,** die den Iren eine so entsetzliche Hungersnot bescherte, ist immer noch eine der meistgefürchteten Kartoffelkrankheiten.
Dazu zählt auch der **Schorf,** eine Viruserkrankung, die durch Blattläuse übertragen wird.
Der bekannteste Schädling ist der **Kartoffelkäfer** mit seinen schwarzen Längsstreifen auf hellem Körperpanzer. Pflanzungen im Garten sind in der Regel nicht sehr groß. Wenn hier überhaupt Kartoffelkäfer auftauchen, dann sollte man sie einfach per Hand einsammeln. Schädlingsbekämpfungsmittel sind in diesem Rahmen nicht zweckvoll. In privaten Gärten richten Schnecken weitaus mehr Schaden an.
Wenn Sie Kartoffeln selber anpflanzen, dann werden Sie und Ihre Kinder eines auf jeden Fall aus eigener Anschauung lernen: daß Kartoffeln nicht die Früchte der Kartoffelpflanze sind. Die Früchte sind grüne Beeren, die sich aus den Blüten bilden. Die Kartoffeln selbst sind lediglich unterirdische Sproßverdickungen. In ihnen sammelt die Pflanze Nährstoffe als Reserve für Wachstum und Fortpflanzung. Die „Augen“ genannten Vertiefungen in der Kartoffeloberfläche sind die Stellen, an denen sich Keime entwickeln, die später als frische Triebe auswachsen.

Kartoffeln unter der Lupe

Kartoffeln wachsen auf dem freien Feld. Logischerweise sind sie damit allen Umwelteinflüssen ebenso ausgesetzt wie jedes andere Freilandgemüse.
Die meisten Schadstoffe stammen aus Industrie- oder Autoabgasen. Zusätzlich wird Gemüse noch mit Giftstoffen belastet, die bei der Düngung und Schädlingsbekämpfung ausgebracht werden. In einer ökologisch ausgerichteten Landwirtschaft entfallen wenigstens diese Giftstoffe.

Nitrate

Von allen Schadstoffen, denen Freilandgemüse ausgesetzt ist, sind die Nitrate am bekanntesten. Prinzipiell kommen Nitrate in allen natürlichen Lebensmitteln vor, aber die gewöhnlichen Mengen werden vom Organismus problemlos verarbeitet. Kritisch wird es durch Überdüngung der Felder mit Stickstoff und Gülle. Daraus resultieren starke Nitratkonzentrationen in Lebensmitteln, aber auch im Trinkwasser und sogar im Mineralwasser. Besonders stark belastet ist Gemüse aus Treibhäusern.
Nitrate werden im Verdauungstrakt in Nitrit und Nitrosamine umgewandelt. Letztere werden allgemein als krebserregend eingestuft. Bei mehr als 1000 mg pro kg spricht man von einem hohen Nitratgehalt. In diese Gruppe gehört zum Beispiel der grüne Salat aus dem Treibhaus.
Von niedrigem Nitratgehalt spricht

man bei Werten unter 500 mg pro kg. Bei Kartoffeln wurden Werte bis zu 300 mg/kg gemessen. Sie gehören demnach eindeutig zu den nitratarmen Gemüsesorten. Durch die Zubereitung im Haushalt, durch Waschen, Abbürsten, Schälen und Kochen wird eine Verminderung der Nitrate um bis zu 80 % erreicht.

Solanin

Die Kartoffel gehört wie die Tomate botanisch gesehen zu den Nachtschattengewächsen. In diesen Pflanzen kommt ein natürlicher Giftstoff vor, das Solanin. Es ist stets nur in den grünen Teilen der Pflanze enthalten, vor allem in der Schale und den Keimen, und es entwickelt sich unter Lichteinfluß besonders gut. Solanin kann zu Kopfschmerzen, Übelkeit oder Durchfall führen. Die Solaninkonzentration ist freilich nicht so stark, daß Sie schon beim Verzehr von ein paar Kartoffeln mit Vergiftungserscheinungen rechnen müßten. Aber sicherheitshalber sollten Sie alle grünen Stellen großzügig entfernen. Bei eingelagerten Kartoffeln müssen die Exemplare mit grünen Flecken oder Keimauswüchsen immer sorgfältig aussortiert werden.

Einkaufstips

Fest oder mehlig

Das entscheidende Kriterium beim Kartoffelkauf ist die gewünschte Kocheigenschaft. Üblicherweise unterscheidet man festkochende Sorten, vorwiegend festkochende und mehlige.
Je weniger Stärke eine Kartoffel enthält, desto fester ist ihr Fleisch. Festkochende Knollen haben in der Regel einen höheren Eiweißanteil. Welche Sorte man verwendet, ist vor allem Geschmacksfrage. Aber auch der Verwendungszweck bestimmt beim Kauf mit.

Festkochende Kartoffeln sind favorisiert, wenn die Kartoffeln in dünne Scheiben geschnitten werden sollen, wie es etwa bei Salaten oder Gratins der Fall ist. Die Schalen platzen beim Kochen nicht auf. Das Fleisch ist fest und feucht.

Mehlig kochende Sorten haben einen besonders hohen Stärkeanteil. Ihre Schalen platzen beim Kochen sehr bald. Sie zerfallen schneller als die anderen Sorten und sind vor allem dann geeignet, wenn Kartoffeln püriert, gestampft, gerieben oder sonstwie zerkleinert werden, also etwa für Reibekuchen, Klöße oder Püree. Auch für Eintöpfe sind mehlig kochende Sorten vorzuziehen, denn sie zerfallen, werden schnell sämig und geben dem Eintopf die gewünschte Bindung.

Vorwiegend festkochende Kartoffeln stellen den Kompromiß zwischen den beiden ersten Sorten dar. Besonders beliebt sind sie als Beilage, also für Salz- und Pellkartoffeln, weil sie zwar Sauce gut aufsaugen, aber dennoch kompakt und fest bleiben. Auch für Bratkartoffeln sind vorwiegend festkochende Sorten gut geeignet.

Nachdem Sie sich für die gewünschte Sorte entschieden haben, sollten Sie die einzelnen Exemplare genauer betrachten. Sie sollten etwa gleich groß sein, damit sie etwa bei Pellkartoffeln keine unterschiedlichen Garzeiten berechnen müssen. Aus dem gleichen Grund ist es wichtig, daß gleichzeitig zubereitete Kartoffeln sortenrein sind.

Die Kartoffeln sollten stets schön fest sein. Die Haut muß straff sein und frei von dunklen oder faulen Stellen. Lange Keime, grüne Stellen oder dunkle Flecken im Inneren sind ebenfalls Kennzeichen minderer Qualität.

Wenn möglich, sollten Sie Ihre Kartoffeln frisch und offen kaufen, am besten auf einem Wochenmarkt oder direkt beim Bauern selbst.

In Folie abgepackte Waren müssen ausgepackt werden, wenn sie nicht gleich Verwendung finden. Das Treibhausklima in solchen Kunststoffverpackungen fördert ansonsten unerwünschte Keimung und Fäulnisprozesse.

Einkellern

Moderne Wohnungen und Häuser verfügen nur noch selten über einen Keller, der als Vorratsraum geeignet wäre. Ein geeigneter Raum muß vor allem dunkel sein, weil Kartoffeln unter Lichteinfluß das grüne, giftige Solanin bilden. Kartoffeln mit grünen Stellen müssen stets aussortiert werden.
Dann muß ein Lagerraum kühl sein. Ideal ist eine mittlere Temperatur von 5 °C. Bei niedrigeren Temperaturen verwandelt sich die Stärke in Zucker.
Bei höheren Temperaturen beginnen die Kartoffeln bald zu keimen. Die Keimauswüchse sehen nicht eben appetitlich aus und zudem verlagert die Kartoffel alle wichtigen Nährstoffe in diese Keime, während die Knolle langsam verkümmert.
Feuchtigkeit ist ebenfalls ein Faktor, der unerwünschte Keimung begünstigt. Ein Kellerraum mußdeshalb trocken und gut durchlüftet sein.
Die Kartoffeln müssen zum Einlagern trocken und ausgereift sein und eine feste, unbeschädigte Schale besitzen.
Schließlich brauchen Sie nur noch einen passenden Behälter, meist ein Gittergestell aus Holz oder Draht. Am Boden muß ein Holzrost liegen, damit immer ein Luftaustausch von unten her stattfinden kann.
Schichten Sie die Kartoffeln niemals höher als einen dreiviertel Meter übereinander. Sonst wird der Druck für die untersten zu groß.

Gar nicht so schwer – Kartoffeln garen

Kartoffeln können nicht roh gegessen werden. Verantwortlich dafür ist das Solanin, ein Giftstoff, der sich in Nachtschattengewächsen unter Lichteinwirkung bildet und Magen- und Darmbeschwerden verursachen kann.
Kartoffeln kann man auf die unterschiedlichsten Arten garen: Kochen, dünsten, dämpfen, braten, grillen, mit Schale oder ohne, im Stück, in Scheiben oder Stäbchen geschnitten.

Wer bei der Zubereitung Wert darauf legt, daß die Mineralien und Vitamine optimal erhalten bleiben, der wird **Pellkartoffeln** bevorzugen. Die Kartoffeln werden dazu abgebürstet und anschließend ungeschält in einen Kochtopf mit Wasser gegeben. Das Wasser darf die Kartoffeln nicht ganz bedecken. Der Topf sollte gut schließen, damit die Kartoffeln schonend gedämpft werden.
Pellkartoffeln können Sie auch im Ofen backen. Wickeln Sie die Kartoffeln einfach in Alufolie ein, oder legen Sie die halbierten Kartoffeln auf ein Blech, das dünn mit Öl bestrichen ist. In Alufolie eingewickelte Kartoffeln kann man auch auf einem Grill zubereiten.

Salzkartoffeln gart man entweder in einem herkömmlichen **Kochtopf** oder in einem **Schnellkochtopf**. Dazu werden die Kartoffeln gewaschen, geschält und in etwa gleich große Stücke geschnitten. Man gibt wiederum nur so viel Wasser zu, daß die Kartoffeln nicht ganz bedeckt sind. Salzkartoffeln sollen ihrem Namen keine Ehre machen: 1 Teelöffel Salz pro Liter Wasser ist völlig ausreichend. Je nach Größe der Kartoffeln dauert es 15–25 Minuten, bis sie gar sind. Das kann man leicht feststellen, indem man mit einem Messer in die Kartoffel sticht; wenn das ohne Widerstand möglich ist, dann ist die Kartoffel fertig. In einem Schnellkochtopf dauert das alles höchstens 8–10 Minuten.

Salzkartoffeln können Sie aber auch in der **Mikrowelle** zubereiten, was mehrere Vorteile bietet. Zum einen sind die Kartoffeln hier noch schneller gegart. Allerdings sollten Sie sie nach Ende der Garzeit noch einige Minuten stehen lassen, damit sich die Hitze auch gleichmäßig verteilt, und die Kartoffeln durch und durch gegart sind. Zum anderen brauchen die Kartoffeln kaum Flüssigkeit zum Garen. Einige Eßlöffel Wasser reichen schon aus. Das bewahrt die wertvollen Inhaltsstoffe der Kartoffeln davor, ausgespült und weggegossen zu werden.
Neben den Geräten, die in jeder Küche vorhanden sind, gibt es zum Kartoffelkochen noch ein spezielles, den **Kartoffelteufel.** In diesem Tontopf werden die Kartoffeln ohne Wasser langsam gegart. Das dauert zwar ein wenig länger als gewohnt, etwa 60 Minuten, man wird jedoch mit einem angenehm rauchigen Geschmack reich entschädigt.
Kartoffeln werden freilich nicht nur gekocht. Weithin beliebt sind sie gebraten oder fritiert. Daß man dazu nur bestes und frisches Fett verwenden sollte, versteht sich wohl von selbst.
Eine **Bratpfanne** sollte fest auf der Kochplatte aufliegen und so beschichtet sein, daß man mit wenig Fett arbeiten kann, ohne daß die Kartoffeln gleich ankleben. Das Fett sollte möglichst heiß sein, damit die Kartoffeln schnell gegartsind und nicht lange im Öl schwimmen und sich vollsaugen. Das gilt natürlich vor allem beim Fritieren. Wer Pommes frites nicht nur ein Mal im Jahr genießen will, für den lohnt sich der Kauf einer **Friteuse.** Sie garantiert, daß die Fettemperatur konstant die notwendige hohe Temperatur hält (ca 180 ° C), bei der die Kartoffelstäbchen so schnell und so fettarm wie möglich fritiert werden.

Praktische Helfer in der Kartoffelküche

Für die Zubereitung von Kartoffeln brauchen Sie keine ausgefallenen Geräte und Werkzeuge. Aber einige Dinge sind doch sehr praktisch. Zum perfekten Fritieren gehört zum Beispiel ein **Pommes-frites-Schneider,** mit dem sie die Kartoffeln mühelos in eine appetitliche Form bringen. Übrigens müssen es nicht immer Stäbchen sein: Sie können Kartoffeln auch in phantasievollen Formen zuschneiden. Etwa in Spiralen, wobei Sie nur einen **Rettichschneider** zweckentfremden müssen. Auch mit einem **Kugelausstecher,** einem **Aushöhler** oder mit einem normalen, scharfen **Gemüsemesser** können Sie beliebig neue Formen kreieren.

Wie Ihre fritierten Kartoffeln auch aussehen mögen, sie müssen letztlich aus dem Öl gefischt werden. Dazu brauchen Sie entweder ein **Körbchen,** das als Einsatz in Ihre Friteuse paßt, ein **Sieb** oder eine **Fritierkelle.** Diese Geräte sollten handlich und zweckvoll sein. Denn in der Nähe von siedend heißem Öl sollte man nicht mit ungeeignetem Werkzeug improvisieren.

So einfach wie beliebt sind Pellkartoffeln vom Grill, nur mit Salz, Butter oder Dips serviert. Man kann die Kartoffeln in **Alufolie** einwickeln und auf den Grill oder direkt in die Holzkohle legen. Es gibt aber auch **Drahtkörbe,** ähnlich den Fischkörben, in die man eine Kartoffel einklemmt und grillt.

Weitere nützliche Geräte in der Kartoffelküche sind diverse **Reiben** und **Scheibenschneider,** bei der Zubereitung von Kartoffelpuffern, Bratkartoffeln oder Gratins fast unentbehrlich. Nicht zu vergessen einen **Kartoffelstampfer** oder eine **Kartoffelpresse.**

Eine **dreizackige Gabel**, mit der Sie Pellkartoffeln aufspießen und ohne Verbrennungsgefahr schälen können, sollte in keinem Haushalt fehlen.

Ein sehr wichtiges Gerät ist und bleibt der **Kartoffelschäler.** Gerade der sollte von bester Qualität sein vor allem natürlich scharf.

Eine kurze Kartoffel-Geschichte

Kartoffeln haben eine lange Geschichte. Vermutlich gehören sie zu den ersten Feldfrüchten, die vom Menschen als Kulturpflanze genützt wurden. Archäologische Funde belegen den Kartoffelanbau bis in eine Zeit um 4000 vor unserer Zeitrechung. Zur Zeit der Inka-Kultur war die Kartoffel in den Andenländern weit verbreitet..

Während ihrer Eroberungszüge in Süd- und Mittelamerika fanden die Spanier nicht nur unermeßliche und sagenhafte Goldschätze, sondern auch eine Pflanze, deren unterirdische Knollen eines der Hauptnahrungsmittel für die Menschen in diesen Ländern war.

Während der Mais nur in tiefer gelegenen, wärmeren Gegenden wachsen kann, verträgt die Kartoffel auch die Kälte im Andenhochland.

Einer der spanischen Eroberer, Pedro Cieza de Léon (1520-1554). berichtete in seinen Reisetagebüchern von chuños. So bezeichneten die Indios getrocknete Kartoffeln. Diese werden in Scheiben oder ganz der sehr kalten und trockenen Höhenluft ausgesetzt. Durch diese natürliche Methode der Gefriertrocknung bleiben die Kartoffeln sehr lange haltbar und stellen einen sicheren Nahrungsvorrat dar.

Die Kartoffel zählte zu den Beutestücken, die die Spanier zurück in die Alte Welt brachten. Von Spanien aus wurde die Kartoffel schnell in ganz Europa bekannt. Die Portugiesen brachten die Kartoffel andererseits sogar bis in ihre indischen Provinzen, wo sie erfolgreich angepflanzt wurde.

Der Nützling mit den bunten Blüten

Obwohl die Spanier die Kartoffel schon als billige und sicherer Nahrungsquelle entdeckt und genutzt hatten - sie versorgten die indianischen Arbeiter in den Silberbergwerken mit chuños - machte sich die Kartoffel zuerst aus ganz anderen Gründen einen Namen. Die Knolle erscheint zwar wenig ansehnlich, aber die farbenprächtigen Blüten der Kartoffelpflanze sind es umso mehr. Kein Wunder also, daß die Kartoffel im 16. und 17. Jh. von den Europäern vor allem als Zierblume geschätzt wurde. Dennoch gibt es Belege, daß die Kartoffel etwa um 1600 in Italien, Deutschland und auch England durchaus in vielen Gärten als Nahrungspflanze angepflanzt wurde. Der systematische und großflächige Anbau jedoch kam nur sehr langsam in Gang.

Ein Grund dafür ist sicherlich, daß die ersten nach Europa importierten Kartoffelsorten unter den klimatischen Bedingungen nicht optimal wachsen konnten. Es dauerte einige Zeit, bis die geeigneten Sorten gefunden oder gezüchtet waren.

Im 18. Jh. jedoch avanierte die Kartoffel in verschiedenen Ländern zu einem Grundnahrungsmittel. Kartoffeln waren billig und konnten in großen Mengen produziert werden. Mit ihnen schien es möglich, die schnell wachsende Bevölkerungszahl ausreichend zu ernähren. Englische Zeitzeugen berichten, daß für die meisten Arbeiter bei zwei der täglichen Hauptmahlzeiten Kartoffeln aufgetischt wurden.

Sich überwiegend auf eine Nahrungsquelle zu verlassen, birgt Gefahren in sich. In Irland kam es in der Mitte des 19. Jahrhunderts zur Katastrophe, als fast die gesamte Ernte auf der Insel durch eine Pilzkrankheit vernichtet wurde. Die Folge war die größte Hungersnot in der Geschichte Irlands. Innerhalb weniger Jahre starben mehr als 1 Million Iren und fast ebenso viele wanderten aus. Trotz der leidvollen Erfahrungen sind die Iren der Kartoffel treu geblieben, Mit einem durchschnittlichen Pro-Kopf-Verbrauch von etwa 140 kg im Jahr liegen sie weltweit an der Spitze.

Ein Exote wird heimisch

Kartoffelanbau gehört zu den wesentlichen Zweigen unserer Landwirtschaft. Das war freilich nicht immer so, und es dauerte auch viele Jahrzehnte bis die Kartoffel in Deutschland zu einem Grundnahrungsmittel wurde. Anfangs wurde sie wie im übrigen Europa nur als exotische Zierpflanze geschätzt.
Erst am Beginn des 17. Jahrhunderts wird von Kartoffelanbau in Deutschland berichtet.

Für die Ausbreitung als Nutzpflanze war vor allem Friedrich der Große verantwortlich. Sowohl als Herrscher in Friedenszeiten wie auch als Oberbefehlshaber im Krieg hatte er größtes Interesse daran daß sein Volk gut genährt war. Da kam die billige und stärkereiche Kartoffel wie gerufen. Allerdings waren die Bauern dem exotischen Gewächs gegenüber lange Zeit mißtrauisch eingestellt. Mit einem Trick soll der König jedoch das Ansehen der Kartoffel gesteigert haben. Er ließ die königlich-preußischen Versuchsäcker tagsüber streng bewachen; dadurch entstand der Eindruck, die dort angebauten Kartoffeln müßten wohl etwas besonders Wertvolles sein. Nachts hingegen wurden die Äcker nicht bewacht, und so konnte es nicht verwundern, daß die Felder immer wieder leergeplündert wurden. So verbreitete sich das „kostbare" Pflanzgut rasch übers ganze Land. Nach und nach fanden die Menschen Geschmack an der Kartoffel. Bald wurde sie nicht mehr nur gestohlen, sondern ganz offiziell angebaut.

Gewürze und Kräuter – stark im Geschmack

Gewürze und Kräuter sind die Garanten für vielfältigen Geschmack und einzigartiges Aroma. Zugleich wirken die Inhaltsstoffe etwa die ätherischen Öle günstig auf viele Körperfunktionen. Sie regen nicht nur den Appetit an, sondern auch den Speichelfluß, was zu einer besseren Verdauung beiträgt. Einige Gewürze stärken den Kreislauf, andere wirken antibakteriell und konservierend.

Am besten verwenden Sie Kräuter dann, wenn sie ausgereift und frisch sind. Wie auch das Gemüse, sind Kräuter nicht lange haltbar. Gerade die aromatischen ätherischen Öle verflüchtigen sich rasch. Deshalb sollten Sie Gewürze und Kräuter erst kurz vor dem Servieren den Speisen beifügen. Einige wenige werden mitgekocht, etwa Lorbeerblätter, Senfkörner oder Kümmel. Die Anispflanze ist im östlichen und westlichen Mittelmeerraum beheimatet. **Anis** enthält beruhigende und krampfstillende ätherische Öle. Die Früchte mit dem leicht süßlichen, typischen Geschmack dienen zum Würzen von Backwerk, aber auch von Fleisch und Suppen.

Basilikum stammt aus Indien. Es ist stark aromatisch und regt Appetit und Verdauung an. Frische Blätter harmonieren sehr gut mit Tomaten. Für zahlreiche Rezepte der italienischen Küche ist es unentbehrlich.

Borretsch ist ein ursprünglich europäisches Gewürzkraut, dem eine starke Heilwirkung zugeschrieben wird. Die frischen,saftigen Blätter eignen sich besonders zum Würzen von Salaten.

Unter dem Namen **Cayennepfeffer** wird ein rotes Pulver gehandelt, das eine Mischung aus getrockneten und gemahlenen Chiliarten ist. Er bringt würzige Schärfe ins Essen.

Currypulver ist vor allem für indische Gerichte charakteristisch. Curry ist eine Mischung aus bis zu 30 Gewürzen.

Dill ist besonders beliebt zum Einlegen von Gurken und zum Würzen von Fisch. Das ätherische Öl beruhigt den Darm.

Estragon ist ein Staudengewächs, das in den Steppen Rußlands beheimatet ist, aber auch rund ums Mittelmeer sehr oft zu finden ist. Die Blätter duften stark und aromatisch. Sie können frisch oder getrocknet in Fleischgerichten oder Salaten verwendet werden.

Fenchel war früher im Mittelmeerraum heimisch, wird inzwischen aber weltweit angebaut. Der charakteristische Geschmack wird in Gemüseaufläufen, Salaten und Saucen geschätzt.
Fenchel ist Bestandteil des Fünf-Gewürz-Pulvers, das vor allem in chinesischen Gerichten oft verwendet wird.

Ingwer regt die Bildung von Magensäure an. Sein zugleich frischer und scharfer Geschmack ist bei asiatischen Gerichten ebenso beliebt, wie bei bestimmten Kuchen und Süßspeisen.

Kardamom ist ein altes Hausmittel bei Verdauungsbeschwerden. Aber auch seine Wirkung als Aphrodisiakum wurde gerühmt. Auf jeden Fall trägt er bei Reisgerichten, aber auch bei Süßspeisen und Gebäck ein feines, leichtes Aroma bei.

Kerbel mit dem süßlich-aromatischen Geschmack und einem leichten Anisaroma gilt als besonders gesundheitsfördernd. Wie alle Kräuter schmeckt auch der Kerbel frisch am besten. Er sollte nicht mitgekocht, vielmehr erst kurz vor dem Servieren beigegeben werden.

Kümmel wirkt sehr beruhigend auf den Magen. Man verwendet ihn beim Brotbacken, aber auch in Suppen und Gemüsegerichten.

Liebstöckel ist auch als Maggikraut bekannt. Es hat einen feinen sellerieähnlichen Geschmack und enthält reichlich Vitamin C.

Lorbeer wächst im gesamten Mittelmeergebiet. Die Blätter werden nach dem Pflücken getrocknet und bei der Zubereitung mitgekocht. Sie enthalten wohltuende ätherische Öle und Bitterstoffe.

Meerrettich wird gerieben verwendet. Sein brennender Geschmack wird von Senfölen verursacht. Frisch geriebener Meerrettich muß mit Zitronensaft beträufelt werden, damit er nicht unansehnlich braun wird.

Die **Muskatnuß** wird frisch gerieben. Sie hat einen angenehm würziges, aber auch starken Geschmack, so daß man Muskat vorsichtig dosieren sollte.Dann harmoniert es mit Gemüse wie dem Blumenkohl ebenso gut wie mit Schokolade und Gebäck. Die Muskatnuß sollte immer frisch gerieben verwendet werden.

Oregano bringt einen Hauch von Mittelmeer in die Küche., wirkt magenfreundlich und krampflindernd.

Petersilie ist in Europa heimisch und weit verbreitet. Die frischen Blätter eignen sich für Saucen und Salate, für Gemüsegerichte, Eintöpfe, Omelettes und vieles mehr. Bemerkenswert ist auch der hohe Gehalt an Vitamin C.

Rosmarin enthält ein krampflösendes ätherisches Öl. Frisch oder getrocknet paßt Rosmarin vor allem zu Fleischgerichten oder Aufläufen.

Salbei ist nicht nur ein Heilkraut und geschätztes Hausmittel bei Husten. Frische oder getrocknete Blätter passen zu vielen Fisch- und Fleischgerichten sowie zu Gemüse und Salaten.

Schnittlauch ist eines der bekanntesten Kräuter. Die Blätter haben einen erfrischenden, kräftigen Zwiebelgeschmack. Sie werden feingehackt und über Salate und Suppen gestreut, oder in Eierspeisen und Dips eingearbeitet.

Thymian enthält das antibakteriell wirkende ätherische Öl Thymol, das für einen stark aromatischen Geschmack sorgt. Thymian harmoniert besonders gut mit Rosmarin, Salbei und Oregano.

Zitronenmelisse wirkt krampflösend. Für alle grünen Salate oder Rohkostsalate, aber auch für Drinks, Süßspeisen, Obstsalate und Gemüsegerichte liefert sie das herbfrische Aroma.

Feinstes Öl, würziger Essig

Fett ist ein Hauptbestandteil unserer Nahrung. Ohne Fett könnten wir nicht leben, aber zu viel Fett darf es auch nicht sein, wenn wir gesund und schlank bleiben wollen. Die meisten pflanzlichen Fette enthalten mehr ungesättigte Fettsäuren, die für den Körper wichtiger sind als die gesättigten, die vor allem in tierischen Produkten vorkommen.

Fett liefert nicht nur Energie, sondern ist auch bei anderen Prozessen notwendig. So wird zum Beispiel das fettlösliche Provitanin A nur dann vom Körper aufgenommen und zu Vitamin A weiterverarbeitet, wenn es mit Fett zusammen verzehrt wird.
Schließlich ist Fett auch ein unersetzlicher Träger von Geschmacks- und Aromastoffen.
Ob Sie nun Bratkartoffeln zubereiten oder Pommes fritieren, entscheidend ist, welches Öl Sie verwenden. Bei Kartoffelsalaten sollten Sie zudem den Essig sorgfältig auswählen, denn die Qualität eines jeden Salats steigt oder fällt mit dem Dressing.

Speiseöle, die nach einer bestimmten Pflanze benannt sind, enthalten garantiert nur das reine und unvermischte Öl eben dieser Pflanze. Was als **Salat**- oder **Tafelöl** in den Handel kommt besteht aus einer nicht genau benannten Mischung verschiedener Öle. Geschmacklich sind solche Öle meist ganz neutral. Einen kulinarischen Akzent können Sie damit in der Regel nicht setzen.

Speiseöle oder reine Pflanzenöle können mit Kräutern aromatisiert sein und werden dann als **Kräuteröle** gehandelt. Vor allem die Gewürze aus dem Mittelmeerraum – Basilikum, Rosmarin oder Thymian – kommen dabei als Aromaträger in Frage.

Nußöl

Besonders das kaltgepreßte schmeckt ausgeprägt nach Nuß. Gewonnen wird es aus Walnüssen, Haselnüssen oder Erdnüssen. Erdnußöl aus Argentinien hat einen wesentlich höheren Linolsäuregehalt als das aus anderen Gebieten der Welt.

Olivenöl

Olivenbäume sind ein typisches Kennzeichen der Mittelmeerlandschaft. Die grünen oder schwarzen Steinfrüchte enthalten zwischen 20 und 30 % Öl.
Olivenöl hat eine leicht grünliche Färbung und einen deutlichen Eigengeschmack.
Am wertvollsten ist das kaltgepreßte Öl aus der ersten Pressung, das sogenannte „native Olivenöl" oder „Huile vierge" (Jungfernöl).

Leinöl

Es wird aus Leinsamen gewonnen und enthält reichlich ungesättigte und gesättigte Ölsäuren sowie 30–60 % der dreifach ungesättigten Linolensäure, die in den anderen Ölen höchstens 1 Prozent ausmacht.
Leinöl schmeckt ausgeprägt nussig.

Distelöl

Distelöl hat mit 74% den höchsten Linolsäuregehalt aller Speisefette. Die zweifach ungesättigte Linolsäure ist die wichtigste der mehrfach ungesättigten, essentiellen Ölsäuren.

Weizen- und Maiskeimöl

Beide werden aus dem stark fetthaltigen Keimling des reifen Korns extrahiert.

Kürbiskernöl

Es wird aus frischen oder gerösteten Kürbiskernen gewonnen, die etwa 40 % Öl enthalten. Das kaltgepreßte Öl ist nicht lange haltbar.

Sesamöl

Auch hierfür kann man frische wie geröstete Kerne verwenden. Das Öl aus den frischen Kernen ist sehr hell und gilt als eines der feinsten und aromatischsten Speiseöle.

Sonnenblumenöl

Die Kerne der Sonnenblumen enthalten 40–65% Öl und sind der Grundstoff für ein ausgezeichnetes Speiseöl mit einem sehr zarten Geschmack.

Traubenkernöl
Es wird aus den getrockneten Traubenkernen gewonnen und hat mit seinem leicht süßlichen Geschmack in der letzten Zeit immer mehr Freunde gefunden. Seine Farbe liegt zwischen gelb und grün. Aus gesundheitlicher Sicht überzeugt es durch einen hohen Gehalt an ungesättigten Fettsäuren.

Kokosfett

Das Fleisch der Kokosnuß enthält etwa 60 % Fett, davon entfallen fast 90 % auf gesättigte Fettsäuren. Das Fett ist rein weiß, entfaltet einen angenehmen Eigengeschmack und wird wegen seines hohen Schmelzpunktes vor allem zum Braten und Fritieren verwendet.
Ähnliches gilt für das Palmfett, das aus den Früchten der Ölpalme gewonnen wird,

Fritierfett kann man sehr stark erhitzen; bei Temperaturen um 180 °C werden die Speisen sehr schnell gegart und können sich nicht mit Fett vollsaugen, was den Geschmack verderben und für unnötige Kalorien sorgen würde.

Aceto Balsamico

Ein weltbekannter Essig aus der norditalienischen Stadt Modena. Er wird aus eingekochtem Traubensaft gewonnen. Den einmaligen Geschmack erhält er durch die langjährige Lagerung in Holzfässern,
Aceto balsamico ist dunkelrot bis dunkelbraun gefärbt und sehr würzig; ein paar Tropfen reichen meist schon aus, um dem Salat den richtigen Geschmack zu geben.

Weinessig
Echter Weinessig unterscheidet sich deutlich von Branntweinessig, sowohl im Preis als auch im Geschmack. Ein Kenner kann sogar die Weinsorte herausschmecken. Eine köstliche Spezialität ist der aus Spanien stammende Sherry-Essig.

Obstessig

Er wird in der Regel aus Äpfeln gewonnen, gelegentlich werden auch Birnen mitverwendet. Obstessig ist nicht so säurehaltig wie der Weinessig.

Kräuteressig

Ausgangsstoff kann sowohl ein Obst- als auch ein Weinessig sein. Dieser wird mit Kräutern nach Geschmack aromatisiert.

Suppen und Eintöpfe

Kartoffel-Porree-Suppe

FÜR 4 PERSONEN:

1 Zwiebel
2-3 EL Butter oder Margarine
500 g Kartoffeln
1 TL Currypulver
2 Stangen Lauch
3/8 l Hühnerbrühe
400 g Frischkäse
Salz
Pfeffer aus der Mühle
1 Prise Muskat
1 Bund Petersilie
4 Scheiben Toastbrot
150 g Kräuterfrischkäse

1. Die Zwiebel schälen und fein hacken, mit der Butter oder Margarine in einen Topf geben und glasig schwitzen.
2. Die Kartoffeln schälen, in feine Würfel schneiden, zu den Zwiebeln geben und kurz mitschwitzen.
3. Mit Currypulver bestauben und den geputzten und in feine Würfel oder Streifen geschnittenen Porree dazugeben.
4. Das Gemüse kurz dünsten und mit der Hühnerbrühe auffüllen.
5. Die Suppe bei mäßiger Hitze 20-25 Minuten köcheln lassen.
6. Den Frischkäse unter die Suppe rühren, mit Salz, Pfeffer und Muskat kräftig würzen und die gehackte Petersilie dazugeben.
7. Die Toastbrotscheiben toasten, mit Kräuterfrischkäse bestreichen und in Ecken schneiden.
8. Die Kartoffel-Porree-Suppe nochmals abschmecken, anrichten. Mit den Toastbrotscheiben belegen, ausgarnieren und sofort servieren.

Cremiges Grünkernsüppchen

FÜR 4 PERSONEN:

50 g Grünkern
1/4 l Gemüsebrühe
1-2 EL Butter oder Margarine
1 Zwiebel
250 g Kartoffeln
250 frischen Spinat
1/4 l Milch
1 Becher Sahnedickmilch
Salz
Pfeffer aus der Mühle
1 Prise Ingwerpulver
1 Prise Cayennepfeffer
1 Prise Zucker

AUSSERDEM

4 Scheiben Toastbrot
2-3 EL Butter oder Margarine
2 Knoblauchzehen

1. Den Grünkern waschen, gut abtropfen lassen, in eine Schüssel geben, mit Gemüsebrühe angießen und über Nacht quellen lassen.
2. Die Butter oder Margarine in einem Topf erhitzen und die geschälte und feingehackte Zwiebel darin glasig schwitzen.
3. Die geschälten und gewürfelten Kartoffeln mit dem gut abgetropften Grünkern dazugeben und kurz mitschwitzen.
4. Das Einweichwasser mit dem Weißwein angießen und das Ganze bei mäßiger Hitze 20-30 Minuten köcheln lassen.
5. Den verlesenen, gewaschenen und kleingeschnittenen Spinat in die Suppe geben und einmal aufkochen lassen.
6. Das Ganze im Mixer oder mit dem Pürierstab pürieren, die Milch und die Dickmilch angießen und mit Salz, Pfeffer, Ingwerpulver, Cayennepfeffer und Zucker kräftig abschmecken.
7. Das Toastbrot in Würfel schneiden, das Fett in einer Pfanne erhitzen und den geschälten und feingehackten Knoblauch darin anschwitzen.
8. Die Toastbrotwürfel im Knoblauchfett goldgelb rösten.
9. Die Grünkernsuppe nochmals abschmecken, anrichten, mit den Knoblauchwürfeln bestreuen, ausgarnieren und servieren.

Blumenkohlsuppe mit Weizensprossen

FÜR 4 PERSONEN:

1 Zwiebel
1 Knoblauchzehe
1 Prise Salz
2–3 EL Butter oder Margarine
300 g Kartoffeln
200 g Blumenkohlröschen
1 Schuß Weißwein
1/2 l Gemüsebrühe
1 Becher Sahnedickmilch
Salz
Pfeffer aus der Mühle
1 Prise Muskat
1 Prise Cayennepfeffer
1 Tasse Sahne
2 Eigelb
2–3 EL Weizensprossenkeimlinge
1/2 Bund Petersilie

1. Die Zwiebel schälen und fein hacken. Die Knoblauchzehe mit Salz zu einer Paste zerreiben.
2. Die Butter oder Margarine in einem Topf erhitzen und die Zwiebel und Knoblauchpaste darin glasig schwitzen.
3. Die geschälten und in Würfel geschnittenen Kartoffeln ins Fett geben und kurz mitschwitzen.
4. Die verlesenen, gewaschenen und kleingeschnittenen Blumenkohlröschen zu den Kartoffeln geben und kurz mitschwitzen.
5. Mit dem Weißwein ablöschen und mit der Gemüsebrühe auffüllen.
6. Die Suppe bei mäßiger Hitze 20–25 Minuten köcheln lassen.
7. Nach Ende der Garzeit die Suppe mit Salz, Pfeffer, Cayennepfeffer und Muskat kräftig abschmecken.
8. Die Sahne mit den Eigelben verschlagen und die Suppe damit legieren. Vom Feuer nehmen und nicht mehr kochen lassen.
9. Die Weizensprossenkeimlinge verlesen, waschen und mit der gehackten Petersilie unter die Suppe ziehen.
10. Die Blumenkohlsuppe anrichten, ausgarnieren und sofort servieren.

Allgäuer Kartoffelsuppe

FÜR 4 PERSONEN:

1 Zwiebel
2 Knoblauchzehen
1 TL Salz
1-2 EL Butter oder Margarine
500 g mehlig kochende Kartoffeln
2 Karotten
1 Stange Lauch
1 Schuß Weißwein
3/4 l Gemüsebrühe
200 g Kräuterschmelzkäse
Salz, Pfeffer aus der Mühle
1 TL Majoran
1 Prise Muskat
1 Prise Cayennepfeffer
4 Scheiben Baguette
1 Tasse gemischte, gehackte Kräuter

1. Die Zwiebel schälen und fein hacken. Die Knoblauchzehen schälen und mit Salz zu einer Paste zerreiben.
2. Die Butter oder Margarine in einem Topf erhitzen, Zwiebeln und Knoblauchpaste darin glasig schwitzen.
3. Die geschälten und in Würfel geschnittenen Kartoffeln mit den geschälten und in Würfel geschnittenen Karotten ins Fett geben und kurz mitschwitzen.
4. Den Lauch putzen, in feine Scheiben oder Stücke schneiden, in den Topf geben und ebenfalls kurz mitschwitzen.
5. Mit Weißwein ablöschen und mit der Gemüsebrühe auffüllen.
6. Die Suppe bei mäßiger Hitze 20–25 Minuten köcheln lassen.
7. Den Schmelzkäse unter die Suppe rühren. Mit Salz, Pfeffer, Majoran, Cayennepfeffer und Muskat kräftig abschmecken.
8. Die Baguettescheiben in Würfel schneiden und in einer trockenen Pfanne kurz rösten.
9. Die Allgäuer Kartoffelsuppe anrichten. Mit den Brotwürfeln und den gehackten Kräutern bestreuen, ausgarnieren und sofort servieren.

Kartoffel-Fisch-Suppe

FÜR 4 PERSONEN:

500 g Kabeljaufilet
je einige Tropfen Zitronensaft und Worcestersauce
Salz
Pfeffer aus der Mühle
1 Zwiebel
2 Karotten
1 Stück Sellerie
400 g Kartoffeln
1–2 EL Butter oder Margarine
1 Glas Weißwein
1 Zweig Dill
1 Lorbeerblatt
1/2 l Fischbrühe
1 Becher Sahne
1 EL Currypulver
1 Prise Zucker
1 Prise Cayennepfeffer
1/2 Bund Dill

1. Das Filet waschen, trockentupfen, mit Zitronensaft und Worcestersauce beträufeln, würfeln, mit Salz und Pfeffer würzen und 10 Minuten ziehen lassen.
2. Die Zwiebel schälen, hacken, die Karotten und den Sellerie putzen und fein würfeln.
3. Die Kartoffeln schälen und ebenfalls fein würfeln.
4. Die Butter oder Margarine in einem Topf erhitzen und das Gemüse darin glasig schwitzen.
5. Mit Wein ablöschen, den Dillzweig und das Lorbeerblatt dazugeben, mit der Brühe auffüllen und bei mäßiger Hitze 15–20 Minuten köcheln lassen.
6. Das Lorbeerblatt und den Dillzweig aus der Suppe nehmen und das Ganze pürieren.
7. Die Sahne einrühren, mit Curry, Zucker, Cayennepfeffer, Salz, Pfeffer und Zitronensaft abschmecken, zum Kochen bringen und die Fischwürfel in die heiße Suppe geben.
8. Die Fischwürfel in 6–8 Minuten garziehen lassen, die Suppe nochmals abschmecken, anrichten und mit dem feingehackten Dill bestreuen.

Cremige Gemüsekaltschale

FÜR 4 PERSONEN:

- 2–3 EL Butter oder Margarine
- 1 Zwiebel
- 250 g Kartoffeln
- 250 g Blumenkohlröschen
- 1 Schuß Weißwein
- 3/4 l Hühnerbrühe
- 1 Stange Lauch
- 1 Becher Sahnedickmilch
- Salz
- Pfeffer aus der Mühle
- 1 Prise Cayennepfeffer
- 1 Prise Muskat
- 3–4 EL gehackte Haselnüsse

1. Die Butter oder Margarine in einem Topf erhitzen und die geschälte und feingehackte Zwiebel darin glasig schwitzen.
2. Die Kartoffeln schälen, in feine Würfel schneiden, mit den geputzten und kleingeschnittenen Blumenkohlröschen zu den Zwiebeln geben und kurz mitschwitzen.
3. Mit Weißwein ablöschen und mit der Hühnerbrühe auffüllen.
4. Das Ganze bei mäßiger Hitze 15–20 Minuten köcheln lassen.
5. Den Lauch putzen, in feine Streifen schneiden, 5 Minuten vor Garende in die Suppe geben und mitgaren.
6. Die Sahnedickmilch in die Suppe einrühren und das Ganze mit Salz, Pfeffer, Cayennepfeffer und Muskat kräftig würzen.
7. Die Suppe vom Feuer nehmen, vollständig erkalten lassen und nochmals nachwürzen.
8. Die Cremige Gemüsekaltschale anrichten, mit den gehackten Haselnüssen bestreuen, ausgarnieren und sofort servieren.

Bunter Linsentopf

FÜR 4 PERSONEN:

- 250 g rote Linsen
- 3/4 l Fleisch- oder Gemüsebrühe
- 75 g durchwachsenen geräucherten Speck
- 1-2 EL Butter oder Margarine
- 250 g mehlig kochende Kartoffeln
- 2-3 Frühlingszwiebeln
- 1 gelbe Paprikaschote
- 1 roten Apfel
- 150 g Frischkäse mit feinen Kräutern der Provence
- Salz
- Pfeffer aus der Mühle
- 1 Prise Paprikapulver
- 1 Prise Cayennepfeffer
- 1 Bund Schnittlauch
- 4 Scheiben Stangenweißbrot

1. Die Linsen waschen, gut abtropfen lassen, in eine Schüssel geben. Mit der Fleisch- oder Gemüsebrühe angießen und über Nacht quellen lassen.
2. Für die Zubereitung den in feine Würfel geschnittenen Speck mit der Butter oder Margarine in einen Topf geben und auslassen.
3. Die Kartoffeln schälen, in Würfel schneiden, zum Speck geben und kurz mitschwitzen.
4. Die Frühlingszwiebeln putzen, die Paprikaschote ebenfalls putzen, beides kleinschneiden. Zu den Kartoffeln geben und kurz mitschwitzen.
5. Den Apfel schälen, entkernen, in Würfel schneiden, zum Gemüse geben und das Ganze mit der Linsenbrühe auffüllen.
6. Den Linseneintopf bei mäßiger Hitze 20-25 Minuten köcheln lassen.
7. Kurz vor Garende den Frischkäse in den Linsentopf einrühren. Das Ganze mit Salz, Pfeffer, Paprika und Cayennepfeffer kräftig würzen.
8. Den Linsentopf anrichten, mit frisch geschnittenem Schnittlauch bestreuen und mit Stangenweißbrot servieren.

Buchweizen-Kartoffel-Topf

FÜR 4 PERSONEN:

- 1-2 EL Butter oder Margarine
- 1 Zwiebel
- 100 g Buchweizen
- 2 Karotten
- 500 g Kartoffeln
- 1 Stück Stangensellerie
- 1 1/2 l Gemüsebrühe
- 200 g Erbsen (TK-Produkt)
- Salz
- Pfeffer aus der Mühle
- 1 Prise Zucker
- 1 EL Kräuter der Provence
- Saft von 1 Zitrone
- 2-3 EL Tomatenmark
- 1 Becher Sahnedickmilch
- 1 Tasse gemischte, gehackte Kräuter

1. Die Butter oder Margarine in einem Topf erhitzen und die geschälte und feingehackte Zwiebel darin glasig schwitzen.
2. Den Buchweizen unter fließendem Wasser waschen, gut abtropfen lassen, zur Zwiebel geben und kurz mitschwitzen.
3. Die Karotten und die Kartoffeln schälen, in Würfel schneiden, mit dem geputzten und kleingeschnittenen Staudensellerie zum Buchweizen geben und ebenfalls kurz mitschwitzen.
4. Mit der Gemüsebrühe auffüllen und das Ganze bei mäßiger Hitze 50-60 Minuten köcheln lassen.
5. Die Erbsen unterheben, das Ganze mit Salz, Pfeffer, Zucker und Kräutern der Provence abschmecken, mit Zitronensaft und Tomatenmark verfeinern.
6. Die Sahnedickmilch in den Eintopf einrühren, das Ganze nochmals erhitzen, abschmecken, anrichten, ausgarnieren und mit Kräutern bestreut servieren.

Fischsuppe mit Steinpilzen

FÜR 4 PERSONEN

600 g Fischfilet (Kabeljau, Lengfisch oder Goldbarsch)
Saft von 1 Zitrone
einige Tropfen Worcestersauce
Salz
Pfeffer aus der Mühle
2 Beutel getrocknete oder 250 g frische Steinpilze
500 g Kartoffeln
1 Zwiebel
2–3 EL Butter oder Margarine
3/4 l Fischbrühe
1 Zweig Thymian
1 Zweig Borretsch
1 Lorbeerblatt
1 Prise Cayennepfeffer

1. Das Fischfilet waschen, trockentupfen, in mundgerechte Stücke schneiden, mit Zitronensaft und Worcestersauce beträufeln, mit Salz und Pfeffer würzen und im Kühlschrank 10–15 Minuten ziehen lassen.
2. Je nach Bedarf die getrockneten Steinpilze einweichen oder die frischen Steinpilze putzen und in mundgerechte Stücke schneiden.
3. Die Kartoffeln schälen und in feine Würfel oder Scheiben schneiden.
4. Die Zwiebel fein hacken.
5. Die Butter oder Margarine erhitzen, die Zwiebel und die Kartoffeln anschwitzen und 4–5 Minuten dünsten.
6. Die Fischbrühe angießen und das Ganze zum Kochen bringen. Den Thymian, den Borretsch und das Lorbeerblatt dazugeben.
7. Das Ganze mit Salz, Pfeffer, Zitronensaft und Worcestersauce sowie Cayennepfeffer kräftig abschmecken und weitere 10–15 Minuten köcheln lassen.
8. Die Steinpilze mit dem Fischfilet unter die Suppe heben und das Ganze weitere 8–10 Minuten garen.
9. Nach Ende der Garzeit die Fischsuppe nochmals kräftig abschmecken, anrichten, ausgarnieren und servieren.

Boullionkartoffeln mit Rindfleisch

FÜR 4 PERSONEN:

750 g Kartoffeln
4 Karotten
2 Zwiebeln
1 kleine Stange Lauch
2–3 EL Butter oder Margarine
1 l Gemüse- oder Fleischbrühe
2 Lorbeerblätter
einige Nelken
Salz
Pfeffer aus der Mühle
1 Prise Cayennepfeffer
4 Portionen gekochte gepökelte Rinderbrust
4 Portionen Frankfurter Soße

1. Die Kartoffeln schälen und in Würfel schneiden.
2. Die Karotten ebenfalls schälen und würfeln.
3. Die Zwiebeln schälen, in feine Würfel schneiden. Den Lauch putzen und ebenfalls fein würfeln.
4. Die Butter oder Margarine in einem Topf erhitzen und das Gemüse darin glasig schwitzen.
5. Mit der Gemüse- oder Fleischbrühe auffüllen und zum Kochen bringen.
6. Die Lorbeerblätter und die Nelken dazugeben und das Ganze mit Salz, Pfeffer und Cayennepfeffer abschmecken.
7. Die Kartoffeln und das Gemüse bißfest garen. Nochmals kräftig abschmecken. Mit der erhitzten Rinderbrust dekorativ anrichten.
8. Die Frankfurter Soße dazugeben. Das Ganze ausgarnieren und sofort servieren.

Feine Kartoffelsuppe

FÜR 4 PERSONEN:

1–2 EL Butter oder Margarine
1 Zwiebel
500 g Kartoffeln
1 Bund Suppengrün
1 Schuß Weißwein
1 l Gemüse- oder Fleischbrühe
1 Lorbeerblatt
125 g Sahnefrischkäse
Salz
Pfeffer aus der Mühle
1 Prise Muskat
100 g durchwachsenen geräucherten Speck
1 Bund Petersilie

1. Das Fett in einem Topf erhitzen und die geschälte und feingehackte Zwiebel darin glasig schwitzen.
2. Die Kartoffeln schälen, in feine Würfel schneiden, zu den Zwiebeln geben und kurz mitschwitzen.
3. Das Suppengrün putzen, kleinschneiden. Die Hälfte zu den Kartoffeln geben und ebenfalls kurz mitschwitzen. Die andere Hälfte in Rauten schneiden, kurz blanchieren und bereitstellen.
4. Mit Weißwein ablöschen und mit der Gemüse- oder Fleischbrühe auffüllen.
5. Das Lorbeerblatt dazugeben und das Ganze bei mäßiger Hitze 20–25 Minuten köcheln lassen.
6. Das Lorbeerblatt aus der Suppe entfernen und das Ganze im Mixer oder mit dem Pürierstab pürieren.
7. Die Suppe nochmals erhitzen und den Sahnefrischkäse einrühren.
8. Die Suppe mit Salz, Pfeffer und Muskat kräftig würzen.
9. Den in feine Würfel geschnittenen Speck in einer Pfanne rösten. Die Suppe anrichten, mit Speck, dem bereitgestellten Suppengrün und der verlesenen, gewaschenen und feingehackten Petersilie bestreuen. Ausgarnieren und sofort servieren.

Brennessel-Süppchen

FÜR 4 PERSONEN:

- 2 EL Butter/Margarine
- 1 Zwiebel
- 500 g Kartoffeln
- 1 Glas Weißwein
- 100 g frische junge Brennesselblätter
- 1/2 l Gemüsebrühe
- Salz
- Pfeffer aus der Mühle
- 1 Prise Zucker
- 1 Prise Cayennepfeffer
- 1 Prise Muskat
- einige Tropfen Zitronensaft
- 1 Becher Sahne
- 3 Eigelb
- 1/2 Bund Petersilie

1. Die Butter oder Margarine in einer Pfanne erhitzen und die geschälte und feingehackte Zwiebel darin glasig schwitzen.

2. Die geschälten und in feine Würfel geschnittenen Kartoffeln dazugeben und kurz mitschwitzen.

3. Mit Weißwein ablöschen und 6–8 Minuten dünsten lassen.

4. Die verlesenen, grob geschnittenen Brennesselblätter dazugeben und mit der Gemüsebrühe auffüllen und zum Kochen bringen.

5. Das Ganze mit Salz, Pfeffer, Zucker, Cayennepfeffer, Muskat und Zitronensaft kräftig abschmecken und weitere 15–20 Minuten köcheln lassen.

6. Die Suppe anschließend im Mixer oder mit dem Pürierstab pürieren und erneut erhitzen, nochmals abrunden.

7. Die Sahne mit den Eigelben verschlagen und die Suppe damit legieren. Vom Feuer nehmen und nicht mehr kochen lassen.

8. Die Suppe nochmals kräftig abrunden, anrichten und mit der verlesenen, gewaschenen und feingehackten Petersilie bestreut servieren.

Klare Kartoffelsuppe

FÜR 4 PERSONEN:

1–2 EL Butter oder Margarine
1 Zwiebel
500 g kleine Kartoffeln
1 mittelgroßen Zucchino
2 Karotten
1 l Fleisch- oder Gemüsebrühe
Salz
Pfeffer aus der Mühle
1 Prise Cayennepfeffer
1 Prise Muskat
1/2 Bund Basilikum
1 Tasse Sahne
4 Eigelb

1. Die Butter oder Margarine in einem Topf erhitzen und die geschälte und feingehackte Zwiebel darin glasig schwitzen.
2. Die Kartoffeln schälen, je nach Größe kleinschneiden, zu den Zwiebeln geben und kurz mitschwitzen.
3. Den Zucchino putzen und kleinschneiden. Die Karotten schälen und ebenfalls kleinschneiden.
4. Zucchino und Karotten zu den Kartoffeln geben und kurz mitschwitzen.
5. Mit Fleisch- oder Gemüsebrühe auffüllen. Mit Salz, Pfeffer, Cayennepfeffer und Muskat kräftig abschmecken.
6. Die Suppe bei mäßiger Hitze 20–25 Minuten köcheln lassen.
7. Nach Ende der Garzeit die Suppe erneut abschmecken und das verlesene, gewaschene und feingehackte Basilikum unterziehen.
8. Die Sahne mit den Eigelben verschlagen und die Suppe damit legieren. Vom Feuer nehmen und nicht mehr kochen lassen.
9. Die Kartoffelsuppe anrichten, ausgarnieren und sofort servieren.

Berliner Kartoffelsuppe

FÜR 4 PERSONEN:

500 g Markknochen
1 Lorbeerblatt
einige Pfefferkörner
600 g Rindfleisch
2 l Gemüsebrühe
750 g Kartoffeln
2–3 Karotten
2 Stangen Lauch
1 Petersilienwurzel
1 kleinen Staudensellerie
Salz
Pfeffer
Muskat
1 EL Majoran
100 g durchwachsenen Speck
2 Zwiebeln
1 Bund Petersilie

1. Die Suppenknochen unter fließendem Wasser waschen, trockentupfen und in einen Topf legen.
2. Die Gewürze und das gewaschene Rindfleisch dazugeben, mit der Gemüsebrühe auffüllen, zum Kochen bringen und etwa 60–70 Minuten köcheln lassen.
3. In der Zwischenzeit mehrmals abschäumen. Die Kartoffeln schälen und in 2–3 cm große Würfel schneiden.
4. Die Karotten, den Lauch, die Petersilienwurzel und den Staudensellerie putzen und ebenfalls in Stücke schneiden.
5. Nach Ende der Garzeit das Gemüse zum Fleisch geben und weitere 25–30 Minuten köcheln lassen.
6. Die Suppe mit Salz, Pfeffer, Muskat und Majoran kräftig abschmecken.
7. Den in feine Würfel geschnittenen Speck in eine Pfanne geben und auslassen. Die geschälten und feingehackten Zwiebeln zum Speck geben und kurz mitbraten.
8. Die verlesene, gewaschene und feingehackte Petersilie unter die Speckzwiebeln mischen.
9. Die Berliner Kartoffelsuppe anrichten, mit den Speckzwiebeln bestreuen, ausgarnieren und servieren.

Frankfurter Kartoffelsuppe

FÜR 4 PERSONEN:

750 g Kartoffeln
2–3 EL Butter oder Margarine
1 Zwiebel
1 Karotte
1 Stange Lauch
200 g Rauchfleisch
2 Paar Wiener Würstchen
1 l Gemüsebrühe
Salz
Pfeffer aus der Mühle
1 Prise Muskat
1 Prise Cayennepfeffer
1/2 Becher Sahne
1 Bund Petersilie

1. Die Kartoffeln schälen, waschen und würfeln.
2. Das Fett in einem Topf erhitzen und die Kartoffeln darin anschwitzen.
3. Die Zwiebel, die Karotte und den Lauch putzen, ebenfalls würfeln, zu den Kartoffeln geben und kurz mitschwitzen.
4. Das Rauchfleisch in feine Würfel schneiden, zum Gemüse geben und bei mäßiger Hitze 8–10 Minuten dünsten lassen.
5. Die Wiener Würstchen in Scheiben schneiden, zum Gemüse geben und das Ganze mit der Gemüsebrühe auffüllen.
6. Die Suppe zum Kochen bringen, mit Salz, Pfeffer, Muskat und Cayennepfeffer abschmecken und weitere 8–10 Minuten köcheln lassen.
7. Die Kartoffelsuppe mit der Sahne verfeinern, nochmals abschmecken, anrichten und mit der verlesenen, gewaschenen und feingehackten Petersilie bestreuen.
8. Die Frankfurter Kartoffelsuppe kann sehr schnell mit tiefgefrorenem Suppengrün und einem fertigen Kartoffeleintopf mit Würstchen zubereitet werden.

Kartoffelsuppe mit Champignons

FÜR 4 PERSONEN:

1–2 EL Butter oder Margarine
125 g durchwachsenen geräucherten Speck
2 Zwiebeln
2 Knoblauchzehen, Salz
1 Stange Lauch
1 kg Kartoffeln
1 1/2–2 l Gemüsebrühe
150 g frische Champignons
Saft von 1 Zitrone
Salz
Pfeffer aus der Mühle
1 Prise Muskat
1 Prise Cayennepfeffer
1/2 TL Kümmelpulver
1 Bund Petersilie
2 Eigelb
1/4 l saure Sahne

1. Das Fett in einem Topf erhitzen und den in feine Würfel geschnittenen Speck darin auslassen.
2. Die Zwiebeln schälen und fein würfeln, die Knoblauchzehen schälen, mit Salz zu einer Paste zerreiben, beides zum Speck geben und kurz mitbraten.
3. Den Lauch putzen, in Scheiben oder Würfel schneiden, mit den geschälten und in Würfel oder in Scheiben geschnittenen Kartoffeln zum Speck geben und kurz anschwitzen.
4. Die Gemüsebrühe angießen und das Ganze zum Kochen bringen.
5. Die verlesenen, gewaschenen und in Scheiben geschnittenen Champignons mit Zitronensaft beträufeln und in die Suppe geben.
6. Die Suppe mit Salz, Pfeffer, Muskat, Cayennepfeffer und dem Kümmel abschmecken und bei mäßiger Hitze 20–25 Minuten köcheln lassen.
7. Die verlesene, gewaschene und feingehackte Petersilie untermischen. Die Eigelbe mit der sauren Sahne verrühren und die Suppe damit legieren.
8. Die Suppe vom Feuer nehmen und nicht mehr kochen lassen. Nochmals abrunden, anrichten, ausgarnieren und servieren.

Eintopf der Fischer

FÜR 4 PERSONEN:

500 g Rotbarschfilet
Saft von 1 Zitrone
einige Tropfen Worcestersauce
Salz
Pfeffer aus der Mühle
1 Zwiebel
2 Knoblauchzehen
1 TL Salz
2-3 EL Butter oder Margarine
2 grüne Paprikaschoten
400 g Kartoffeln
1 Glas Weißwein
3/4 l Fischbrühe
1 EL Paprikapulver edelsüß
je 1 Prise Muskat, Cayennepfeffer und Zucker
4 Tomaten
einige Tropfen Pernod

1. Das Fischfilet waschen, trockentupfen, in mundgerechte Würfel schneiden, mit Zitronensaft und Worcestersauce beträufeln, mit Salz und Pfeffer würzen und im Kühlschrank 10-15 Minuten ziehen lassen.

2. Die Zwiebel schälen und fein hacken, die Knoblauchzehen schälen und mit Salz zu einer Paste zerreiben.

3. Die Butter oder Margarine in einem Topf erhitzen und Zwiebeln und Knoblauch darin glasig schwitzen.

4. Die Paprikaschoten putzen, schneiden, die Kartoffeln schälen und würfeln, zu den Zwiebeln geben und mitschwitzen.

5. Mit Weißwein ablöschen und mit der Fischbrühe auffüllen. Das Ganze bei mäßiger Hitze 10-15 Minuten köcheln lassen.

6. Den Eintopf mit Paprikapulver, Muskat, Cayennepfeffer, Zucker, Salz, Pfeffer, Zitronensaft und Worcestersauce kräftig abschmecken.

7. Die enthäuteten, entkernten und in Würfel geschnittenen Tomaten mit dem Fischfilet in den Eintopf geben, mit Pernod aromatisieren und weitere 8-10 Minuten garziehen lassen.

8. Den Eintopf anrichten, ausgarnieren und servieren.

Kartoffeltopf mit Minirouladen

FÜR 4 PERSONEN:

3 dünne Rinderrouladen à 200 g
Salz
Pfeffer aus der Mühle
1 Prise Paprikapulver
4 EL süßen Senf
4 EL Butterschmalz
2 Zwiebeln
4 Karotten
500 g Kartoffeln
1 kleine Stange Lauch
1/2 l Gemüsebrühe
1 Prise Cayennepfeffer
1 Prise Zucker
1/2 Becher Crème fraîche
1 Bund Petersilie

1. Die Fleischscheiben unter fließendem Wasser waschen, trockentupfen und der Länge nach in drei Streifen schneiden.
2. Die Fleischstreifen mit Salz, Pfeffer und Paprikapulver kräftig würzen und mit süßem Senf bestreichen.
3. Anschließend die Streifen zu Rouladen zusammendrehen und mit Zahnstochern feststecken.
4. Das Butterschmalz in einem Topf erhitzen und die Rouladen darin rundherum kräftig anbraten.
5. Die Zwiebeln schälen, fein hacken, mit den geschälten und in Würfel oder Scheiben geschnittenen Karotten zum Fleisch geben und kurz mitbraten.
6. Die Kartoffeln schälen, würfeln, zum Gemüse geben und weiterbraten.
7. Den Lauch putzen, waschen, in Scheiben schneiden, ebenfalls zum Gemüse geben und kurz mitschwitzen.
8. Das Ganze mit der Gemüsebrühe auffüllen, mit Salz, Pfeffer, Cayennepfeffer und Zucker kräftig abschmecken und bei mäßiger Hitze 50–60 Minuten köcheln lassen.
9. Den Eintopf mit Crème fraîche verfeinern, nochmals abschmecken, anrichten, mit gehackter Petersilie bestreuen, ausgarnieren und servieren.

Kartoffeleintopf mit Tortellini

FÜR 4 PERSONEN:

1 Stange Lauch
1 Stück Sellerie
2 Karotten
100 g Rosenkohl und Blumenkohlröschen
je 100 g grüne Bohnen und Erbsen (TK-Produkt)
2 EL Butter/Margarine
1 Zwiebel
500 g Kartoffeln
1 1/2 l Gemüsebrühe
Salz, Pfeffer aus der Mühle
1 Prise Muskatpulver
200 g bißfest gegarte Tortellini
1 Becher Sahnedickmilch
1/2 Tasse gemischte, gehackte Kräuter

1. Den Lauch schneiden und den Sellerie würfeln. Die Karotten schälen und in dünne Scheiben schneiden.
2. Die Rosenkohl- und Blumenkohlröschen putzen und bereitstellen.
3. Die Bohnen und Erbsen auftauen lassen.
4. Die Butter oder Margarine in einem Topf erhitzen und die geschälte und feingehackte Zwiebel darin glasig schwitzen.
5. Die gewürfelten Kartoffeln zu den Zwiebeln geben und kurz mitschwitzen.
6. Die Gemüsebrühe dazugeben und zum Kochen bringen. Den Lauch, den Sellerie, die Karotten und die Rosen- und Blumenkohlröschen dazugeben und bei mäßiger Hitze 15–20 Minuten köcheln lassen.
7. Kurz vor Garende die Bohnen und Erbsen dazugeben, mit Salz, Pfeffer und Muskat kräftig abschmecken.
8. Nach Ende der Garzeit die Tortellini mit der Sahnedickmilch unter den Eintopf heben, abschmecken, erhitzen, anrichten und mit gehackten Kräutern bestreut servieren.

Bohnensuppe mit Äpfeln

FÜR 4 PERSONEN:

600 g Rindfleisch	
2 Zwiebeln	
2-3 EL Butterschmalz	
1/2 l Gemüsebrühe	
500 g grüne Bohnen	
250 g Kartoffeln	
100 g durchwachsenen geräucherten Speck	
Salz	
Pfeffer aus der Mühle	
1 EL Majoran	
1 Prise Zucker	
2-3 EL Weinessig	
2 säuerliche Äpfel	
Saft von 1 Zitrone	
1 Bund Petersilie	

1. Das Rindfleisch waschen, trockentupfen und in mundgerechte Würfel schneiden.

2. Die Zwiebeln schälen und fein hacken. Das Butterschmalz in einem Topf erhitzen.

3. Das Fleisch ins heiße Fett geben und rundherum Farbe nehmen lassen. Die Zwiebeln dazugeben und kurz mitbraten.

4. Mit der Gemüsebrühe auffüllen und das Fleisch bei mäßiger Hitze 50-60 Minuten garen.

5. In der Zwischenzeit die Bohnen putzen, je nach Bedarf kleinschneiden. Die Kartoffeln schälen und würfeln. Den Speck in feine Würfel schneiden.

6. Die Bohnen, die Kartoffeln und den Speck in den Eintopf geben, mit Salz, Pfeffer und Majoran abrunden und weitere 20-25 Minuten garen.

7. 5 Minuten vor Garende den Eintopf mit Zucker und Weinessig süßsauer abschmecken.

8. Die geschälten, entkernten, in Schnitze geschnittenen und mit Zitronensaft beträufelten Äpfel dazugeben.

9. Den Eintopf fertiggaren, nochmals abschmecken, anrichten, ausgarnieren und mit gehackter Petersilie bestreut servieren.

Gemüse-Eintopf mit Kalbfleisch

FÜR 4 PERSONEN:

500 g Kalbsschulter
1 Zwiebel
2 Stangen Lauch
4 Kartoffeln
4 EL Sonnenblumenöl
1 1/2 l Kalb-Fond oder Fleischbrühe
200 ml Crème fraîche
Salz, weißen Pfeffer
geriebene Muskatnuß
1 Bund Schnittlauch

1. Das Fleisch waschen, trok-kentupfen und in Würfel schneiden.
2. Die Zwiebel schälen und würfeln.
3. Den Lauch putzen, in Ringe schneiden und waschen.
4. Die Kartoffeln schälen und in Würfel schneiden.
5. Das Öl in einem Topf erhit-zen, das Fleisch, die Zwiebeln, den Lauch und die Kartoffeln darin andünsten, mit dem Kalb-Fond aufgießen und 25 Minu-ten garen.
6. Den Eintopf mit der Crème fraîche verfeinern und mit Salz, frisch gemahlenem Pfeffer und Muskatnuß abschmecken, nochmals erwärmen.
7. Den Schnittlauch waschen, in Röllchen schneiden und den Gemüse-Eintopf damit bestreuen.
8. Mit Petersilien-Kartoffeln servieren.

Kohlrabieintopf

FÜR 4 PERSONEN:

500 g Kalbsschulter
1 Zwiebel
500 g Kohlrabi
500 g Kartoffeln
4 EL Sonnenblumenöl
1 1/2 l Gemüse-Fond
200 ml Crème fraîche
Salz, weißen Pfeffer
1 Bund Petersilie

1. Das Fleisch waschen, trockentupfen und in Streifen schneiden.
2. Die Zwiebel schälen und würfeln.
3. Die Kohlrabi und die Kar-toffeln schälen und in Würfel schneiden.
4. Das Öl in einem Topf er-hitzen und das Fleisch und die Zwiebeln darin anbraten.
5. Die Kohlrabi und die Kar-toffeln dazugeben und andün-sten. Mit dem Fond aufgießen und 25 Minuten garen.
6. Den Eintopf mit der Crème fraîche verfeinern und mit Salz und frisch gemahlenem Pfeffer abschmecken, nochmals erwärmen.
7. Die Petersilie waschen, fein hacken und den Kohlrabi-Eintopf damit bestreuen.
8. Mit Kartoffelpüree servieren.

Pichelsteiner-Topf

FÜR 8 PERSONEN:

200 g Rindfleisch aus der Schulter
200 g Schweinefleisch aus der Schulter
200 g Lammfleisch aus der Schulter
200 g Kalbfleisch aus der Schulter
le 200 g Zwiebeln, Karotten, Sellerieknolle, Kartoffeln, Lauch, Wirsing
60 g Butter
Salz, schwarzen Pfeffer
1 Prise Muskatnuß
1/2 TL geriebenen Majoran
1/2 TL Kümmel
1 Zweig Liebstöckel
500 ml Rinder-Fond

1. Das Fleisch in Würfel schneiden. Die Zwiebeln schälen und würfeln.
2. Die Karotten, den Sellerie und die Kartoffeln schälen und würfeln.
3. Den Lauch putzen, waschen und in Ringe schneiden.
4. Den Wirsing putzen, den Strunk entfernen und in Streifen schneiden.
5. Das Liebstöckel kleinhacken.
6. Die Butter in einem Topf erhitzen, das Fleisch und die Zwiebeln darin anbraten. Herausnehmen und mit dem Gemüse lagenweise wieder einschichten, mit Salz, Pfeffer, Muskat, Kümmel, Majoran und Liebstöckel würzen.
7. Zum Schluß mit dem Rinder-Fond aufgießen.
8. Im geschlossenen Topf bei schwacher Hitze 90 Minuten schmoren.
9. Die Petersilie waschen, kleinhacken und über den in eine Terrine gefüllten Eintopf streuen.
10. Dazu serviert man Bauernbrot und Bier.

»SPITZENKLASSE«
GERMANY ROSTFREI INOX

Kartoffelsuppe mit Räucherforellen

FÜR 4 PERSONEN:

2–3 El Butter oder Margarine
1 Zwiebel
2 Karotten
1 Stück Lauch
600 g mehlig kochende Kartoffeln
1 l Fleisch- oder Gemüsebrühe
Salz
Pfeffer aus der Mühle
1 Prise Cayennepfeffer
1 Prise Muskat
1 TL Majoran
1 Becher Sahnedickmilch
2 Eigelb
4 geräucherte Forellenfilets
einige Majoranblättchen zum Garnieren

1. Die Butter oder Margarine in einem Topf erhitzen und die geschälte und feingehackte Zwiebel darin glasig schwitzen.

2. Die Karotten schälen, in Würfel schneiden. Den Lauch putzen und ebenfalls würfeln.

3. Die Kartoffeln schälen, in Würfel schneiden, mit dem restlichen Gemüse zu den Zwiebeln geben und kurz mitschwitzen.

4. Mit der Fleisch- oder Gemüsebrühe auffüllen und bei mäßiger Hitze 15–20 Minuten köcheln lassen.

5. Die Kartoffelsuppe mit Salz, Pfeffer, Cayennepfeffer, Muskat und Majoran kräftig würzen.

6. Die Suppe im Mixer oder mit dem Pürierstab pürieren und erneut erhitzen.

7. Die Sahnedickmilch mit den Eigelben zerschlagen und die Suppe damit legieren. Vom Feuer nehmen und nicht mehr kochen lassen.

8. Die enthäuteten Forellenfilets in Streifen schneiden, in die Suppe geben, anrichten. Mit Majoranblättchen ausgarnieren und sofort servieren.

Scharfer Radieschentopf

FÜR 4 PERSONEN:

je 1 Peperoni + 1 Zwiebel
100 g Lauch, 400 g Kartoffeln
1 rote Paprikaschote
250 g Radieschen
1/4 l Gemüsebrühe
je 1 TL Majoran + Thymian
Salz, schwarzen Pfeffer
1-2 EL Butter/ Margarine
1 gr. Dose gesch. Tomaten
1/4 l gebund. Bratensauce
1 TL Paprikapulver
1 Prise Cayennepfeffer
1 Prise Zucker
150 g saure Sahne
2-3 EL geschnittenen Schnittlauch

1. Die Peperoni fein hacken, die Zwiebel schälen und in feine Würfel schneiden.
2. Den Lauch putzen, in feine Streifen schneiden, waschen und gut abtropfen lassen.
3. Die Kartoffeln schälen, würfeln, waschen und ebenfalls gut abtropfen lassen.
4. Die Paprikaschote halbieren, entkernen, waschen und in Würfel schneiden.
5. Die Radieschen putzen, abwaschen und in Scheiben schneiden.
6. Das Gemüse mit der heißen Brühe, dem Majoran und dem Thymian in einen Topf geben. Mit Salz und Pfeffer würzen und bei mäßiger Hitze 20-25 Minuten garen.
7. Die Tomaten mit einer Gabel zerdrücken und mit der Bratensauce vermischen.
8. Die Sauce angießen und mit dem Paprikapulver, dem Cayennepfeffer sowie dem Zucker würzen, weitere 8-10 Minuten garen.
9. Nach Ende der Garzeit den Radieschentopf nochmals abschmecken und anschließend die saure Sahne unterziehen.
10. Anrichten und mit Schnittlauch bestreut servieren.

Buttermilch-Kartoffelsuppe Dörfliche Art

FÜR 4 PERSONEN:

100 g durchwachsenen geräucherten Speck	
1–2 EL Butter oder Margarine	
1 kg gekochte Kartoffeln	
1/8 l Gemüsebrühe	
3/4 l Buttermilch	
Salz	
Pfeffer aus der Mühle	
1 Prise Cayennepfeffer	
1 Prise Muskat	
1 Bund Petersilie	
4 Scheiben Schwarzbrot	
2–3 EL Butter oder Margarine	

1. Den in feine Würfel geschnittenen Speck mit der Butter oder Margarine in einen Topf geben und den Speck auslassen.

2. Die Kartoffeln in Würfel schneiden und kurz anbraten.

3. Das Ganze mit der Gemüsebrühe ablöschen und mit der Buttermilch auffüllen.

4. Die Suppe zum Kochen bringen. Mit Salz, Pfeffer, Cayennepfeffer und Muskat kräftig abschmecken.

5. Je nach Geschmack mit etwas Speisestärke oder Johannisbrotkernmehl leicht binden.

6. Das Schwarzbrot würfeln, und im erhitzten Fett kurz rösten. Die Kartoffelsuppe anrichten, mit frisch geschnittener Petersilie bestreuen, ausgarnieren und sofort servieren.

Spinatsuppe mit Kasseler

FÜR 4 PERSONEN:

2 EL Butter oder Margarine
1 Zwiebel
250 g Kartoffeln
1/2 l Fleischbrühe
250 g frischen Spinat
Salz
schwarzen Pfeffer aus der Mühle
1 Prise Ingwerpulver
1 Prise Muskatpulver
1 Prise Cayennepfeffer
100 g Kasseleraufschnitt
1 Becher Sahne
2 Eigelb
4 EL ger. Mandelblättchen

1. Die Butter oder Margarine in einem Topf erhitzen und die geschälte und feingewürfelte Zwiebel anschwitzen.
2. Die Kartoffeln schälen, fein würfeln, waschen, abtropfen lassen, zu den Zwiebeln geben und kurz mitschwitzen.
3. Die Fleischbrühe angießen und 8–10 Minuten garen.
4. Währenddessen den Spinat verlesen, waschen, abtropfen lassen und kleinschneiden.
5. Den Spinat dazugeben und weitere 6–8 Minuten garen.
6. Die Spinatsuppe im Mixer oder mit dem Pürierstab pürieren.
7. Erneut in einen Topf geben. Mit Salz, Pfeffer, Ingwerpulver, Muskat und Cayennepfeffer kräftig würzen.
8. Den Kasseleraufschnitt in feine Würfel oder Streifen schneiden und unter die Spinatsuppe heben.
9. Die Sahne mit den Eigelben verrühren und unter die Suppe ziehen, erhitzen, aber nicht kochen lassen.
10. Die Spinatsuppe nochmals abschmecken, anrichten und mit den Mandelblättchen bestreut servieren.

Linsentopf mit Würstchen

FÜR 4 PERSONEN:

1 Zwiebel
100 g Kartoffeln
100 g Karotten
100 g Lauch
100 g Sellerie
2 EL Butter oder Margarine
1 Schuß Weißwein
2 EL Tomatenmark
1 Tasse Gemüsebrühe
1 große Dose Linsen
2–3 EL Essig
1 TL Majoran
1 Knoblauchzehe
1 TL Salz
1 Prise Zucker
Salz
schwarzen Pfeffer aus der Mühle
2 EL Crème fraîche
4 Paar Wiener Würstchen
2 EL geschnittenen Schnittlauch

1. Die Zwiebel, die Kartoffeln, die Karotten, den Lauch und den Sellerie putzen, waschen und in feine Würfel schneiden.
2. Das Gemüse mit der Butter oder Margarine in einen Topf geben und das Gemüse anschwitzen.
3. Den Weißwein angießen und 8–10 Minuten garen.
4. Das Tomatenmark einrühren und mit der Gemüsebrühe auffüllen.
5. Die Linsen in das Gemüse rühren. Mit Essig, Majoran und der mit Salz zerriebenen Knoblauchzehe würzen.
6. Mit Zucker, Salz und Pfeffer kräftig abschmecken und bei mäßiger Hitze 8–10 Minuten garen.
7. Nach Ende der Garzeit die Crème fraîche unterziehen.
8. Die Wiener Würstchen mit einer Gabel einige Male einstechen und auf das Gemüse legen.
9. Bei mäßiger Hitze die Würstchen 3–4 Minuten erhitzen.
10. Den Linsentopf mit den Würstchen anrichten, mit Schnittlauch bestreuen und servieren.

Westfälischer Steckrübentopf

FÜR 4 PERSONEN:

75 g geräucherten Speck
600 g Schweinebauch
2 EL Olivenöl
1 Glas Altbier
2 Zwiebeln, 4 Kartoffeln
500 g Steckrüben
1 Lorbeerblatt
1 Zweig Thymian, Salz
schwarzen Pfeffer aus der Mühle
1 Prise Zucker
1 Prise Pimentpulver
1 Prise Cayennepfeffer
1/2 l Gemüse- oder Fleischbrühe
4 rohe Bratwürste
2-3 EL geschnittenen Schnittlauch

1. Den Speck und den Schweinebauch in Würfel schneiden, ,mit dem Öl 8-10 Minuten braten.
2. Mit Altbier ablöschen. Die geschälte und in feine Würfel geschnittene Zwiebel dazugeben.
3. Die Kartoffeln schälen, in feine Würfel schneiden und waschen.
4. Die Steckrüben schälen und ebenfalls fein würfeln. Das Gemüse zum Fleisch geben und mitschwitzen.
5. Das Lorbeerblatt und den Thymianzweig dazugeben, mit Salz, Pfeffer, Zucker, Pimentpulver und Cayennepfeffer kräftig würzen.
6. Die Fleischbrühe angießen und 45-50 Minuten köcheln lassen.
7. Die Bratwürste aus dem Darm drücken, zu Klößchen formen und in die Suppe geben. Weitere 10-15 Minuten garziehen lassen.
8. Nach Ende der Garzeit den Eintopf nochmals kräftig abschmecken, anrichten und mit Schnittlauch bestreut servieren.

Kartoffel-Lauchtopf mit Würstchen

FÜR 8 PERSONEN:

1 kg Kartoffeln
2 Karotten
500 g Lauch
3 EL Butter
2 l Gemüsefond
8 Pfälzer Würstchen
1 Bund Petersilie
200 ml Crème fraîche
Salz
schwarzen Pfeffer

1. Die Kartoffeln und die Karotten schälen und in dünne Scheiben schneiden.
2. Den Lauch putzen, waschen und in feine Ringe schneiden.
3. Die Butter in einem Topf zerlassen, die Kartoffeln und die Karotten darin andünsten, den Lauch zugeben und mit dem Gemüsefond aufgießen.
4. Zum Kochen bringen und 20 Minuten kochen lassen, bis das Gemüse fast gar ist.
5. Die letzten 10 Minuten die Würstchen zugeben.
6. Die Petersilie waschen und kleinhacken.
7. Kurz vor dem Servieren die Crème fraîche einrühren und die Petersilie darüber streuen.
8. Mit Salz und Pfeffer abschmecken.

Kartoffel-Kräuter-Suppe

FÜR 4 PORTIONEN:

1-2 EL Pflanzenmargarine
1 Zwiebel
500 g geschälte Kartoffeln
100 g Lauch
3/4 L Gemüsebrühe
Salz
Pfeffer aus der Mühle
1 Prise Muskat
1 Prise Cayennepfeffer
1 TL Majoran
1 Tasse süße Sahne
1 EL Schnittlauch
1 EL Dill
1 EL Estragon

1. Die Margarine in einem Topf erhitzen und die geschälte und feingehackte Zwiebel darin glasig schwitzen.
2. Die Kartoffeln in feine Würfel oder Scheiben schneiden, zu den Zwiebeln geben und glasig schwitzen.
3. Den Lauch putzen, waschen, in Streifen schneiden, zu den Kartoffeln geben und ebenfalls kurz mitschwitzen.
4. Mit der Gemüsebrühe auffüllen, mit Salz, Pfeffer, Muskat, Cayennepfeffer und Majoran kräftig würzen und das Ganze bei mäßiger Hitze 10-15 Minuten köcheln lassen.
5. Die Suppe nochmals abschmecken, mit der Sahne verfeinern.
6. Die verlesenen, gewaschenen und feingehackten Kräuter unter die Suppe ziehen, anrichten und servieren.

Tomatensuppe

FÜR 4 PORTIONEN:

2-3 EL Margarine
1 Zwiebel
4 Kartoffeln
400 g Tomaten
2 EL Tomatenmark
1/4 L Rotwein
1/2 L Gemüsebrühe.
1 Prise Meersalz
Pfeffer aus der Mühle
1 Prise Cayennepfeffer
je 1 TL Basilikum und Oregano
2 Becher Dickmilch
2 Scheiben Weißbrot
1 Knoblauchzehe
1-2 EL Margarine

1. Die Margarine in einem Topf erhitzen, die geschälte und gehackte Zwiebel glasig schwitzen.
2. Die geschälten und gewürfelten Kartoffeln und die enthäuteten, gewürfelten Tomaten dazugében und ebenfalls kurz mitschwitzen.
3. Das Tomatenmark unterrühren, mit Rotwein ablöschen und mit der Gemüsebrühe auffüllen.
4. Die Suppe mit Salz, Pfeffer, Cayennepfeffer, Basilikum und Oregano kräftig würzen und bei mäßiger Hitze 8-10 Minuten köcheln lassen.
5. Die Dickmilch untermischen, nochmals erhitzen aber nicht mehr kochen lassen.
6. Das Weißbrot in Würfel schneiden, die Knoblauchzehe schälen, fein hacken, mit den Weißbrotwürfeln in der Margarine rösten.
7. Die Tomatensuppe mit den gerösteten Knoblauchwürfeln bestreuen und servieren.

Labskaus „Bremer Art“

FÜR 4 PERSONEN:

750 g gepökeltes Rindfleisch
4 Zwiebeln, 1 Lorbeerblatt
einige Wacholderbeeren
einige Pfefferkörner
3/4 l Gemüsebrühe
1 kg Kartoffeln, Salzwasser
1/4 l heiße Milch
Salz, Pfeffer aus der Mühle
4 sauer eingelegte Heringe oder Rollmöpse
200 g Rote-Bete-Salat
4 Gewürzgurken, 4 Eier
1-2 EL Butter oder Margarine

1. Das Rindfleisch würfeln.
2. Die Zwiebeln vierteln, die Gewürze und das Fleisch in einen Topf geben.
3. Die heiße Brühe angießen und 60-70 Minuten köcheln lassen.
4. Die Kartoffeln schälen, garen.
5. Das Fleisch auskühlen lassen. Die Brühe passieren.
6. Die Kartoffeln abgießen, durch die Kartoffelpresse in eine Schüssel treiben und mit der Milch und der Brühe zu einem nicht zu steifen Kartoffelpüree verrühren.
7. Das Püree würzen und das durch die grobe Scheibe des Fleischwolfs gedrehte Fleisch untermischen.
8. Das Labskaus in eine vorgewärmte Schüssel geben.
9. Die Heringe mit den Roten Beten und den Gewürzgurken auf einer Platte anrichten und servieren.
10. Die Eier in einer Pfanne mit etwas Butter zu Spiegeleiern braten. Jede Portion Labskaus mit einem Spiegelei belegen, salzen, pfeffern und sofort servieren.

Ratatouille

FÜR 4 PERSONEN:

2 Zwiebeln
4 Kartoffeln
1 Zucchino
1 rote Paprikaschote
1 grüne Paprikaschote
1 kleine Aubergine
2 EL Salz
2 Knoblauchzehen
1 TL Salz
4–6 Tomaten
5–6 EL Olivenöl
1 TL Kräuter der Provence
1/4 l Weißwein
Salz, Pfeffer aus der Mühle
1 Prise Cayennepfeffer
1 Prise Zucker
etwas Zitronensaft
1 Tasse gehackte Kräuter

1. Die Zwiebeln schälen, die Kartoffeln schälen, und mit den Zwiebeln in Würfel schneiden.
2. Den Zucchino putzen, waschen und ebenfalls würfeln.
3. Die beiden Paprikaschoten halbieren, entkernen, unter fließendem Wasser abwaschen, trockentupfen und würfeln.
4. Die Aubergine putzen, in Würfel schneiden und mit Salz bestreuen.
5. Die Auberginenwürfel 10–15 Minuten ziehen lassen, anschließend unter fließendem Wasser abwaschen und abtropfen lassen.
6. Die Knoblauchzehen schälen, auf einer Arbeitsfläche grob hacken, mit Salz bestreuen und zu einer Paste zerreiben.
7. Die Tomaten enthäuten, entkernen und in feine Würfel schneiden.
8. Das Gemüse mit der Knoblauchpaste, den Tomaten und dem Olivenöl in einen Topf geben und 10 Minuten braten.
9. Die Kräuter der Provence unterrühren, den Weißwein angießen und weitere 15–20 Minuten garen.
10. Nach Ende der Garzeit das Ratatouille mit Salz, Pfeffer, Cayennepfeffer, Zucker und Zitronensaft kräftig abschmecken.
11. Das Ratatouille anrichten und mit Kräutern bestreut servieren.

Scharfer Paprikaeintopf

FÜR 4 PERSONEN:

2 Zwiebeln
1 rote Paprikaschote
1 grüne Paprikaschote
1 Stange Lauch
500 g Kartoffeln
2 EL Butter oder Margarine
2 Knoblauchzehen
1 TL Salz
1/4 l Sangrita Pikante
je 1 TL Majoran, Thymian, Paprika- und Currypulver
1/4 l gebundene Bratensauce
Salz
schwarzen Pfeffer aus der Mühle
1 Prise Zucker
150 ml Crème fraîche
3-4 EL Schnittlauch

1. Die Zwiebeln schälen und in feine Streifen schneiden.

2. Die beiden Paprikaschoten halbieren, entkernen, unter fließendem Wasser abwaschen, trockentupfen und ebenfalls in Streifen schneiden.

3. Den Lauch putzen, in feine Streifen schneiden, waschen und gut abtropfen lassen.

4. Die Kartoffeln schälen, in feine Scheiben schneiden, waschen und gut abtropfen lassen.

5. Die Butter oder Margarine in einem Topf erhitzen und die mit Salz zerriebenen Knoblauchzehen darin anbraten. Das Gemüse dazugeben und 8–10 Minuten dünsten.

6. Mit dem Sangrita Pikante ablöschen.

7. Mit dem Majoran, dem Thymian, dem Paprika- und Currypulver kräftig würzen. Die gebundene Bratensauce angießen und nochmals 6–8 Minuten kochen.

8. Mit Salz, Pfeffer und Zucker kräftig abschmecken und die Crème fraîche unterziehen.

9. Den Eintopf anrichten und mit geschnittenem Schnittlauch bestreut servieren.

Kleine Köstlichkeiten

Pellkartoffeln mit Schnittlauch-Quark

FÜR 4 PERSONEN:

1,2 kg Kartoffeln
Salzwasser
1-2 EL Kümmel
2 EL Kräuter der Provence

FÜR DEN SCHNITTLAUCHQUARK:

500 g Quark
1/8 l Buttermilch
1 Zwiebel
Saft von 1 Zitrone
1 EL gemahlenen Kümmel
je 1 Prise Muskat und Cayennepfeffer
einige Tropfen Worcestersauce
Salz
Pfeffer aus der Mühle
1 Prise Zucker
1-2 Bund Schnittlauch

1. Die Kartoffeln waschen und in einen Topf geben.
2. Das Salzwasser angießen, mit Kümmel und den Kräutern würzen.
3. Die Kartoffeln zugedeckt zum Kochen bringen und bißfest garen.
4. Den Quark mit der Buttermilch in einer Schüssel glattrühren.
5. Die Zwiebel fein reiben, mit dem Zitronensaft und dem Kümmel unter den Quark rühren.
6. Mit Muskat, Cayennepfeffer, Worcestersauce, Salz, Pfeffer und Zucker abschmecken.
7. Den geschnittenen Schnittlauch untermischen und das Ganze abschmecken.
8. Die Kartoffeln abgießen, anrichten und mit dem Schnittlauchquark servieren.

Gebackene Kartoffeln mit Dips

FÜR 4 PERSONEN:

1,5 kg Kartoffeln
1 Tasse Olivenöl
Salz
Pfeffer aus der Mühle
1 EL Kümmel, Majoran, Thymian und Rosmarin

FÜR DIE DIPS:

500 g Magerquark
1/2 Becher Kefir
1 Zwiebel
Saft von 1 Zitrone

AUSSERDEM:

1/2 Salatgurke
1 Bund Schnittlauch
1 EL Tsatsiki-Gewürz
1 Prise Cayennepfeffer
1 Prise Zucker
1 Kästchen Kresse
3 EL Tomatenmark und Johannisbeergelee
1 rote Paprikaschote
1/2 Bund Radieschen

1. Die Kartoffeln halbieren und auf ein mit Alufolie ausgelegtes Blech setzen.
2. Mit Olivenöl bestreichen, mit Salz und Pfeffer würzen, mit Kümmel, Majoran, Thymian und Rosmarin bestreuen.
3. Im auf 180-200 °C vorgeheizten Backofen 30-40 Minuten backen.
4. Den Magerquark mit Kefir und der feingeriebenen Zwiebel sowie dem Zitronensaft glattrühren.
5. Die Quarkmasse halbieren und auf zwei Schüsseln verteilen.
6. Die Salatgurke fein reiben.
7. Mit dem Schnittlauch und dem Tsatsiki-Gewürz unter einen Teil des Quarks rühren und abschmecken.
8. Die Kresse mit Tomatenmark und Johannisbeergelee unter den zweiten Teil des Quarks rühren.
9. Die Paprikaschote und die Radieschen fein würfeln, unter die Quarkmasse rühren und abschmecken.
10. Die Kartoffeln anrichten, ausgarnieren und mit den Dips servieren.

Feinschmecker-kartoffeln Granola

FÜR 4 PERSONEN:

- 1,2 kg Kartoffeln
- Salz
- 1–2 EL Kümmel
- 2 Becher Sahnedickmilch
- 2–3 El mittelscharfen Senf
- Saft von 1 Zitrone
- Salz
- Pfeffer aus der Mühle
- 1 Prise Cayennepfeffer
- 1 Tasse Sauerampfer
- 1 Bund Schnittlauch
- 4 hartgekochte Eier
- einige Tropfen Worcestersauce

1. Die Kartoffeln mit einer Bürste unter fließendem Wasser kräftig abbürsten und auf entsprechend große Stücke Alufolie legen.

2. Die Kartoffeln mit Salz und Kümmel bestreuen, in die Alufolie einwickeln.

3. Die Kartoffeln auf ein Backblech setzen und im auf 180–200 °C vorgeheizten Backofen 20–25 Minuten ausbacken.

4. In der Zwischenzeit die Sahnedickmilch mit dem Senf und dem Zitronensaft in eine Schüssel geben und glattrühren.

5. Den Dip mit Salz, Pfeffer und Cayennepfeffer kräftig abschmecken.

6. Den Sauerampfer verlesen, waschen, gut abtropfen lassen, fein hacken. Mit dem verlesenen, gewaschenen und kleingeschnittenen Schnittlauch zur Sauce geben.

7. Die hartgekochten Eier pellen, fein hacken und mit den Kräutern unter den Dip rühren.

8. Den Dip nochmals abschmecken und mit Worcestersauce verfeinern.

9. Die fertigen Kartoffeln mit einem Messer an der Oberfläche über Kreuz einschneiden und von außen her zusammendrücken.

10. In die Öffnung etwas Dip geben, anrichten und sofort servieren.

Feinschmecker-kartoffeln Desiree

FÜR 4 PERSONEN:

1,2 kg Kartoffeln, Salzwasser
1 EL Kümmel
1 EL Majoran
125 g Magerquark
1 Becher Sahnedickmilch
Saft von 1 Zitrone
einige Tropfen Worcestersauce
Salz, Pfeffer aus der Mühle
1 Prise gemahlenen Kümmel
100 g geräucherten Speck
1–2 EL Butter oder Margarine
2 Gemüsezwiebeln
1 Bund Petersilie

1. Die Kartoffeln waschen und mit einer Bürste abreiben.

2. Die Kartoffeln in einen Topf geben und mit Salzwasser bedecken.

3. Den Kümmel und den Majoran dazugeben und die Kartoffeln zugedeckt in 20 Minuten garen.

4. In der Zwischenzeit den Magerquark mit der Sahnedickmilch und dem Zitronensaft glattrühren.

5. Das Ganze mit Worcestersauce, Salz, Pfeffer und Kümmel kräftig abschmecken und bereitstellen.

6. Den in feine Würfel geschnittenen Speck mit der Butter oder Margarine in eine Pfanne geben und kräftig rösten.

7. Die Gemüsezwiebeln schälen, in feine Würfel oder Streifen schneiden, zum Speck geben und glasig schwitzen.

8. Die verlesene, gewaschene und feingehackte Petersilie zu den Speckzwiebeln geben und das Ganze mit Salz und Pfeffer abschmecken.

9. Die Kartoffeln pellen, anrichten, mit einem Klacks Quark überziehen und die noch warmen Speckzwiebeln gleichmäßig darauf verteilen.

10. Das Ganze ausgarnieren und sofort servieren.

Feinschmecker-kartoffeln Nicola

FÜR 4 PERSONEN:

1,2 kg Kartoffeln
Salzwasser
1 EL Kümmel
1 EL Majoran
125 g Magerquark
1 Becher Sahnedickmilch
Saft von 1 Zitrone
einige Tropfen Worcestersauce
3–4 EL frisch geriebenen Meerrettich
Salz
Pfeffer aus der Mühle
1 Prise Cayennepfeffer
1 Prise Zucker
150 g Räucherlachs
1 Bund Dill

1. Die Kartoffeln unter fließendem Wasser waschen, mit einer Bürste kräftig abreiben und in einen Topf geben.
2. Die Kartoffeln mit Salzwasser bedecken. Den Kümmel und den Majoran dazugeben und zugedeckt in 20 Minuten garen.
3. In der Zwischenzeit den Magerquark mit der Sahnedickmilch, dem Zitronensaft, der Worcestersauce und dem Meerrettich verrühren.
4. Den Dip mit Salz, Pfeffer, Cayennepfeffer und Zucker kräftig abschmecken.
5. Die Kartoffeln pellen, anrichten, mit einem Klacks Dip überziehen. Den Räucherlachs in Streifen schneiden oder im Ganzen dekorativ darauf anrichten.
6. Den Dill kleinschneiden und das Ganze damit bestreuen. Ausgarnieren und sofort servieren.

Eier–Dip

FÜR 4 PERSONEN:

200 g Doppelrahmfrischkäse
1 Schuß Buttermilch
4 hartgekochte Eigelb
einige Tropfen Zitronensaft
Salz
Pfeffer aus der Mühle
eine Prise Zucker

1. Den Doppelrahmfrischkäse mit der Milch in eine Schüssel geben und glattrühren.
2. Die Eigelbe durch ein Sieb streichen und unter den Frischkäse ziehen.
3. Den Dip mit Zitronensaft, Salz, Pfeffer und Zucker kräftig abschmecken. Anrichten ausgarnieren und servieren.

Feinschmeckerkartoffeln mit Kaviar

FÜR 4 PERSONEN:

1,2 kg frische Pellkartoffeln
1 Becher Sahnedickmilch
1 Becher Sauerrahm
Saft von 1 Zitrone
einige Tropfen Worcestersauce
Salz
Pfeffer aus der Mühle
1 Prise Cayennepfeffer
1 Glas Lachskaviar
Brunnenkresse und Limettenscheiben zum Garnieren

1. Die Pellkartoffeln wie im Rezept Feinschmeckerkartoffeln Nicola beschrieben garen und bereitstellen.
2. In der Zwischenzeit die Sahnedickmilch mit der sauren Sahne, dem Zitronensaft und der Worcestersauce glattrühren.
3. Den Dip mit Salz, Pfeffer und Cayennepfeffer kräftig würzen.
4. Die Pellkartoffeln pellen, anrichten, mit einem Klacks Dip überziehen und mit Lachskaviar belegen.
5. Die verlesene, gewaschene Brunnenkresse dazugeben, mit Limettenscheiben ausgarnieren und sofort servieren.

Roquefort-Kresse-Dip

FÜR 4 PERSONEN:

2 Schalotten
125 g Roquefort-Käse
1 Becher Sahnedickmilch
einige Tropfen Worcestersauce
einige Tropfen Zitronensaft
Salz
Pfeffer aus der Mühle
eine Prise Cayennepfeffer
einge Tropfen Weinbrand
1 Kästchen Kresse

1. Die Schalotten schälen, fein hacken, mit dem mit einer Gabel zerdrückten Roquefort-Käse und der Sahnedickmilch in eine Schüssel geben und glattrühren.
2. Den Dip mit Zitronensaft, Worcester-Sauce, Salz, Pfeffer, und Cayennepfeffer abschmecken und mit Weinbrand aromatisieren.
3. Die verlesene, gewaschene Kresse in den Dip rühren, nochmals abschmecken und zum weiteren Verzehr bereitstellen

Pellkartoffeln mit Dips

FÜR 4 PERSONEN:

- 1,2 kg neue Kartoffeln
- Salzwasser
- 1-2 EL Kümmel

FÜR DEN PFEFFERDIP:

- 250 g Magerquark
- 1/2 Becher Sahnedickmilch
- Saft von 1 Zitrone
- 1 El mittelscharfen Senf
- Salz
- Pfeffer aus der Mühle
- 1 Prise Zucker
- 1 Zwiebel
- 1 EL grüne Pfefferkörner
- 1/2 Bund Schnittlauch

FÜR DIE KÄSECREME:

- 100 g Rotschimmelkäse
- 250 g Magerquark
- 1/2 Becher Dickmilch
- Saft von 1 Zitrone
- Salz
- Pfeffer aus der Mühle
- je 1 Prise Muskat und Zucker
- 1/2 Tasse Walnüsse

FÜR DEN SCHINKENDIP:

- 1-2 EL Butter oder Margarine
- 1 Zwiebel
- 50 g Schinkenspeck
- 250 g Magerquark
- 1/2 Becher Sahnedickmilch
- Salz
- Pfeffer aus der Mühle
- je 1 Prise Cayennepfeffer und Zucker
- 1 EL geschrotete Pfefferkörner

1. Die Kartoffeln mit dem Kümmel bißfest garen.

2. Für den Dip den Quark mit der Dickmilch, dem Zitronensaft und dem Senf glattrühren und mit Salz, Pfeffer und Zucker abschmecken.

3., Die feingehackte Zwiebel, die Pfefferkörner und den geschnittenen Schnittlauch untermischen.

4. Für die Käsecreme den Rotschimmelkäse in einer Schüssel zerdrücken, mit Magerquark, Dickmilch und Zitronensaft glattrühren und mit Salz, Pfeffer, Muskat und Zucker abschmecken.

5. Die Walnüsse hacken, 2/3 der Nüsse unter die Creme rühren, den Rest zum Bestreuen bereitstellen.

6. Für den Schinkendip das Fett mit der Zwiebel und dem gewürfelten Speck in einer Pfanne braten.

7. Das Ganze vom Feuer nehmen, erkalten lassen, mit dem Magerquark und der Sahnedickmilch glattrühren. Mit Salz, Pfeffer, Cayennepfeffer und Zucker abschmecken. anrichten und mit den geschroteten Pfefferkörnern bestreuen.

8. Die Kartoffeln mit den Dips anrichten, ausgarnieren und servieren

Pellkartoffeln mit Sprossen

FÜR 4 PERSONEN:

1,2 kg frische Pellkartoffeln	
2 rote Zwiebeln	
500 g Magerquark	
1/4 l Buttermilch	
Saft von 1 Zitrone	
3-4 EL Sahnemeerrettich	
Salz	
Pfeffer aus der Mühle	
1 Prise Cayennepfeffer	
1 Prise Zucker	
2 Tassen gemischte, frische Sprossen oder Keimlinge	

1. Die Pellkartoffeln wie im Rezept Feinschmeckerkartoffeln Nicola beschrieben garen und bereitstellen.
2. Während der Garzeit die Zwiebeln hacken und bereitstellen.
3. Den Magerquark mit der Buttermilch, dem Zitronensaft, der Worcestersauce und dem Meerrettich in eine Schüssel geben und glattrühren.
4. Die Zwiebeln in den Quark einrühren und das Ganze mit Salz, Pfeffer, Cayennepfeffer und Zucker kräftig abschmecken.
5. Die verlesenen, gewaschenen Sprossen je nach Bedarf kleinschneiden und 2/3 der Keimlinge unter den Quark ziehen.
6. Den Quark nochmals abschmecken. Die Pellkartoffeln pellen, anrichten. Mit dem Quark überziehen, mit den restlichen Sprossen bestreuen, ausgarnieren und sofort servieren.

Kräuter-Rahm-Dip

FÜR 4 PERSONEN:

250 g Sauerrahm
1/2 Tasse Buttermilch
Salz
Pfeffer aus der Mühle
1 Prise Cayennepfeffer
einige Tropfen Zitronensaft
1 Tasse frische, gehackte Kräuter

1. Den Sauerrahm mit der Buttermilch in eine Schüssel geben und glattrühren.
2. Das Ganze mit Salz, Pfeffer, Cayennepfeffer und Zitronensaft kräftig abschmecken.
3. Die frischgehackten Kräuter unterrühren, in eine Schale füllen und zum weiteren Verzehr bereitstellen.

Ofenkartoffeln Play Off

FÜR 4 PERSONEN:

1,2 kg Pellkartoffeln
250 g Magerquark
250 g Sahnedickmilch
1 Zwiebel
2 Essiggurken
2 Knoblauchzehen
1 TL Salz
Salz
Pfeffer aus der Mühle
1 Prise Cayennepfeffer
1 Prise Zucker
1 EL Zazikigewürz
1 Bund Petersilie
1 Bund Schnittlauch
4 Portionen Rote- Bete-Salat

1. Die frischen Pellkartoffeln bereitstellen.
2. Den Magerquark mit der Sahnedickmilch glattrühren.
3. Die geschälte und feingehackte Zwiebel mit den gehackten Essiggurken und den mit Salz zerriebenen Knoblauchzehen unter den Quark rühren.
4. Den Quark mit Salz, Pfeffer, Cayennepfeffer, Zucker und Zazikigewürz kräftig abschmecken.
5. Die verlesenen, gewaschenen, feingehackten bzw. geschnittenen Kräuter unter den Dip rühren.
6. Die Pellkartoffeln anrichten und mit etwas Dip überziehen. Den Rote-Bete-Salat dazugeben. Das Ganze ausgarnieren und sofort servieren.

Pellkartoffeln mit Buttermilchquark

FÜR 4 PERSONEN:

500 g Sahnequark
1/8 l Buttermilch
Saft von 1 Zitrone
einige Tropfen Worcestersauce
1 Zwiebel
1 Bund Radieschen
Salz
Pfeffer aus der Mühle
1 Prise Cayennepfeffer
1 Prise Zucker
1 Bund Schnittlauch
1,2 kg frische Pellkartoffeln

1. Den Quark mit der Buttermilch und dem Zitronensaft sowie der Worcestersauce in eine Schüssel geben und glattrühren.
2. Die Zwiebel schälen und fein hacken.
3. Die Radieschen putzen, waschen und ebenfalls fein hacken oder in Streifen schneiden.
4. Die Zwiebeln und die Radieschen unter den Quark rühren und das Ganze mit Salz, Pfeffer, Cayennepfeffer und Zucker kräftig abschmecken.
5. Den Schnittlauch verlesen, waschen, fein schneiden und unter den Buttermilchquark ziehen.
6. Die frischen Pellkartoffeln pellen, anrichten. Mit dem Buttermilchquark überziehen, ausgarnieren und sofort servieren.

Sesamkartoffeln mit Joghurtcreme

FÜR 4 PERSONEN:

12–16 kleine Pellkartoffeln
Salzwasser
40–50 g ungeschälten Sesam
2–3 EL Sonnenblumenöl

AUSSERDEM:

2 Becher Joghurt
2–3 EL Mayonnaise
1 EL mittelscharfen Senf
Salz
Pfeffer aus der Mühle
1 Prise Zucker
1 Prise Cayennepfeffer
2–3 EL Kürbiskerne

1. Die Kartoffeln unter fließendem Wasser waschen, gut abtropfen lassen, in einen Topf geben, mit Salzwasser angießen und zu Pellkartoffeln kochen.

2. Die noch heißen Kartoffeln pellen, halbieren und rundherum mit Sesam bestreuen.

3. Das Sonnenblumenöl erhitzen und die Kartoffeln darin kurz rösten.

4. In der Zwischenzeit den Joghurt mit der Mayonnaise in eine Schüssel geben und glattrühren.

5. Den Senf einrühren und das Ganze mit Salz, Pfeffer, Zucker und Cayennepfeffer würzen.

6. Die Kürbiskerne untermischen.

7. Die Pellkartoffeln anrichten, portionsweise die Joghurtcreme dazugeben, das Ganze ausgarnieren und servieren.

Überbackene Käsekartoffeln

FÜR 4 PERSONEN:

4–8 große Kartoffeln
Salzwasser

FÜR DIE FÜLLUNG:

400 g Frischkäse mit französischen Kräutern
200 g Gorgonzola
200 g gekochten Schinken
2 Eigelb
1 TL Kümmel
Salz
Pfeffer aus der Mühle

1. Die Kartoffeln waschen, mit der Schale in einen Topf geben, Salzwasser angießen und zum Kochen bringen.
2. Die Kartoffeln 25 Minuten kochen lassen.
3. In der Zwischenzeit für die Füllung den Frischkäse mit einer Gabel zerdrücken, mit dem Gorgonzola in eine Schüssel geben und kräftig durchschlagen.
4. Den Schinken fein würfeln, mit den Eigelben und dem Kümmel unter die Käsemasse rühren.
5. Das Ganze mit Salz und Pfeffer kräftig abschmecken.
6. Die Kartoffeln etwas abkühlen lassen und mit der Schale der Länge nach halbieren.
7. Die Kartoffelhälften mit einem Teelöffel etwas aushöhlen, das Ausgehöhlte mit einer Gabel zerdrücken und unter die Käsemasse mischen.
8. Die Kartoffelhälften damit füllen, in eine Auflaufform setzen und das Ganze im auf 220 °C vorgeheizten Backofen goldgelb in 10–15 Minuten überbacken. Herausnehmen, auf Blattsalaten anrichten, ausgarnieren und servieren.

Deftige Kartoffelrollen

FÜR 4 PERSONEN:

50 g Grünkern
1/4 l Gemüsebrühe
600 g mehlig kochende Kartoffeln,
Salzwasser
1 Ei, 3 EL Sahnedickmilch
Salz, Pfeffer aus der Mühle
1 TL gemahlenen Kümmel
2–3 EL Semmelbrösel

AUSSERDEM:

1 Tasse Weizenmehl
2 Eier
1 Tasse Semmelbrösel
Butterschmalz

FÜR DIE SCHNITT-LAUCHSAUCE:

1 Becher Sahnedickmilch
1 Tasse Mayonnaise
2 EL Sahnemeerrettich
1 Schuß Weißwein
Saft von 1 Zitrone
Salz, Pfeffer aus der Mühle
1 Prise Zucker
einige Tropfen Zitronensaft und Worcestersauce
2 Bund Schnittlauch

1. Den Grünkern in der Brühe über Nacht einweichen.
2. Den Grünkern mit dem Einweichwasser 20-25 Minuten zugedeckt köcheln lassen.
3. Die Kartoffeln in Salzwasser garen, pellen und durch die Presse treiben.
4. Das Ei mit der Dickmilch unter den Kartoffelbrei rühren, mit Salz, Pfeffer und Kümmel abschmecken.
5. Die Semmelbrösel und den abgetropften Grünkern unter die Masse heben, abschmecken.
6. Die Masse zu Rollen von 4–5 cm Länge und 2–3 cm Dicke formen.
7. Die Rollen zuerst im Mehl wenden, anschließend durch das verquirlte Ei ziehen und mit Semmelbröseln panieren.
8. Die Kartoffelrollen im Schmalz goldgelb braten, herausnehmen und mit der Schnittlauchsauce servieren.
9. Für die Schnittlauchsauce die Sahnedickmilch mit der Mayonnaise glattrühren.
10. Den Sahnemeerrettich, den Wein sowie den Zitronensaft dazugeben und alles gut vermischen.
11. Mit Salz, Pfeffer, Zucker, Zitronensaft und Worcestersauce abschmecken.
12. Den Schnittlauch verlesen, waschen, fein schneiden und unter die Sauce ziehen. Das Ganze nochmals abschmecken und servieren.

Gemüse-Kartoffel-Plätzchen

FÜR 4 PERSONEN:

1 kg gekochte Kartoffeln
125 g Mehl
2 Eier
Salz
Pfeffer aus der Mühle
1 Prise Muskatpulver
1–2 EL Butter oder Margarine
75 g durchwachsenen geräucherten Speck
1 Zwiebel
je 1 rote und grüne Paprikaschote
100 g gek. Schinken
1 TL Kräuter der Provence
1/2 Bund Schnittlauch
Öl zum Ausbacken

1. Die Kartoffeln schälen und durch die Kartoffelpresse treiben.
2. Das Mehl und die Eier dazugeben und alles zu einem glatten, kompakten Teig verarbeiten. Mit Salz, Pfeffer und Muskat kräftig würzen.
3. Die Butter oder Margarine in einer Pfanne erhitzen und den in feine Würfel geschnittenen Speck darin auslassen.
4. Die Zwiebel und die Paprikaschoten putzen. In feine Würfel schneiden, zum Speck geben und kurz mitbraten.
5. Den in feine Würfel geschnittenen Schinken dazugeben, die Kräuter der Provence und den feingeschnittenen Schnittlauch untermischen. Das Ganze mit Salz und Pfeffer abschmecken. Vom Feuer nehmen und unter die Kartoffelmasse arbeiten.
6. Die Masse auf einer bemehlten Arbeitsfläche zu einer 5–6 cm dicken Rolle ausrollen und anschließend mit einem Messer 1 cm dicke Scheiben abschneiden.
7. Die Kartoffelscheiben im schwimmenden Fett goldgelb ausbacken. Herausnehmen, anrichten und servieren.
8. Sehr gut lassen sich aus dieser Masse Figuren, wie Sterne, Halbmonde oder andere Tierzeichen ausstechen und ausbacken.

Kartoffel-Pflanzerl

FÜR 4 PERSONEN:

1 kg Kartoffeln
Salzwasser
1 EL Kümmel
2–3 EL Butter / Margarine
100 g gekochten Schinken
1 Zwiebel
4 Frühlingszwiebeln
100 g ger. Emmentaler
4 Eier
1 Bund Schnittlauch
1 Bund Petersilie
1 EL Kräuter der Provence
Haferflocken zum Binden
Salz
Pfeffer aus der Mühle
1 Prise Muskat
1 Prise Cayennepfeffer
Pflanzenfett zum Backen

1. Die Kartoffeln in Salzwasser mit Kümmel kochen, anschließend durch die Kartoffelpresse treiben.
2. Die Butter oder Margarine erhitzen und den fein gewürfelten Schinken anschwitzen.
3. Die Zwiebel und die Frühlingszwiebeln würfeln, zum Schinken geben und glasig schwitzen.
4. Die Schinkenmasse vom Feuer nehmen und zur Kartoffelmasse geben.
5. Den Emmentaler mit den Eiern, den gehackten Kräutern und den Kräutern der Provence zur Kartoffelmasse geben und vermischen.
6. Die Kartoffelmasse mit Haferflocken leicht binden.
7. Mit Salz, Pfeffer, Muskat und Cayennepfeffer abschmecken.
8. Den Kartoffelteig zu kleinen Buletten abdrehen, Pflanzenfett erhitzen und die Kartoffelpflanzerl auf beiden Seiten goldgelb backen.
9. Die Kartoffelpflanzerl anrichten, mit einer Tomatensauce und gemischtem Salat servieren.

Pellkartoffeln mit Frankfurter Soße

FÜR 4 PERSONEN:

4 Eigelb
2–3 EL mittelscharfen Senf
1 Tasse Olivenöl
1 Becher saure Sahne
2–3 EL Obstessig
einige Tropfen Zitronensaft
einige Tropfen Worcestersauce
Salz
Pfeffer aus der Mühle
1 Prise Cayennepfeffer
1 Prise Zucker
1 1/2 Tassen gemischte, gehackte Kräuter (Dill, Estragon, Schnittlauch, Petersilie, Pimpinelle, Zitronenmelisse und Borretsch)
4 Portionen frische Pellkartoffeln
4 Eier
2–3 EL Butter oder Margarine

1. Die Eigelbe mit dem Senf in eine Schüssel geben und glattrühren.
2. Das Olivenöl tropfenweise mit dem Schneebesen unter die Eigelbcreme rühren.
3. Die saure Sahne einrühren. Das Ganze mit Obstessig, Zitronensaft und Worcestersauce abschmecken.
4. Die Soße mit Salz, Pfeffer, Cayennepfeffer und Zucker abrunden.
5. Die verlesenen, gewaschenen und feingehackten Kräuter unter die Soße ziehen und bereitstellen.
6. Die Pellkartoffeln pellen, anrichten, mit der Soße überziehen.
7. Die Eier zu Spiegeleiern ausbacken. Zu den Pellkartoffeln geben. Das Ganze ausgarnieren und sofort servieren.

Gratinierte Gnocchi auf Spinat

FÜR 4 PERSONEN:

750 g mehlig kochende Kartoffeln
Salzwasser
250 g Mehl
1 Ei
1 Prise Salz
1 Prise Muskat
1 Zwiebel
2-3 EL Butter oder Margarine
2 Knoblauchzehen
1 TL Salz
500 g frischen Blattspinat
1 Tasse Gemüsebrühe
1 Tasse Vollmilch
200 g Frischkäse mit französischen Kräutern
Johannisbrotkernmehl zum Binden

1. Die Kartoffeln waschen, und in einen Topf geben.
2. Salzwasser angießen und die Kartoffeln zugedeckt in 20 Minuten garen.
3. Anschließend abgießen, kurz erkalten lassen, pellen und durch die Kartoffelpresse treiben.
4. Die Kartoffeln mit dem gesiebten Mehl und dem Ei zu einem glatten, kompakten Teig verrühren.
5. Den Teig mit Salz und Muskat kräftig würzen und bereitstellen.
6. Die Zwiebel schälen, fein hacken, in einer Pfanne mit etwas Butter oder Margarine glasig schwitzen.
7. Die Knoblauchzehen schälen, mit Salz zu einer Paste zerreiben, zur Zwiebel geben und kurz mitschwitzen.
8. Den verlesenen, gewaschenen und grob geschnittenen Spinat ebenfalls kurz mitschwitzen.
9. Mit der Gemüsebrühe und der Milch aufgießen. Den Frischkäse einrühren und vollständig auflösen lassen.
10. Mit 2 Teelöffeln Gnocchi aus dem Teig formen und auf den Spinat legen.
11. Die Gnocchi auf dem Blattspinat zugedeckt in 6-8 Minuten garziehen lassen.
12. Anschließend den Spinat und die Gnocchi anrichten. Die Soße mit etwas Johannisbrotkernmehl binden, gleichmäßig darauf verteilen, ausgarnieren und servieren.

GRESSO

Kartoffel-schupfnudeln

FÜR 4 PERSONEN:

1 kg Kartoffeln
60 g Mehl
40 g Speisestärke
1 EL Salz
weißen Pfeffer aus der Mühle
1 Prise Muskatpulver
Mehl zum Bestauben

AUSSERDEM:

Salzwasser
100 g Butterschmalz
1 Bund Petersilie
1/2 Bund Majoran
Salz
Pfeffer aus der Mühle

1. Die Kartoffeln waschen, in der Schale garen, pellen und zweimal durch die Kartoffelpresse treiben. Vollständig erkalten lassen, mit dem Mehl, der Speisestärke, dem Salz, dem weißen Pfeffer und dem Muskat zu einem glatten Teig verarbeiten.

2. Den Teig auf einer bemehlten Arbeitsfläche zu einer ca. 2 cm dicken Rolle formen und in 1 cm dicke Scheiben schneiden.

3. Die Scheiben zu etwa fingerdicken Röllchen formen und diese portionsweise in kochendes Salzwasser geben.

4. Die Nudeln garen. Anschließend mit einem Schaumlöffel herausnehmen, mit kaltem Wasser abbrausen und gut abtropfen lassen.
Etwa 2 Stunden auf ein sauberes Küchentuch zum Abtrocknen legen.

5. Das Butterschmalz in einer großen Pfanne erhitzen und die Schupfnudeln darin goldbraun braten.

6. Mit den feingehackten Kräutern bestreuen, mit Salz und Pfeffer würzen, ausgarnieren und servieren.

Kartoffelnocken mit Apfelsauce

FÜR 4 PERSONEN:

- 750 g mehlig kochende Kartoffeln
- Salzwasser
- 200 g Weizenvollkornmehl
- 1 Ei
- 1 TL Salz
- 1 Prise Muskat

FÜR DIE SAUCE:

- 3 Äpfel, z.B. Jonagold
- Saft von 1 Zitrone
- 1-2 EL Butter/Margarine
- 1 Stange Lauch
- 1 Staudensellerie
- 1 Glas Apfelsaft
- 1/4 l Gemüsebrühe
- Salz
- Pfeffer aus der Mühle
- 1/2 Bund Majoran
- 2-3 EL Crème fraîche

1. Die Kartoffeln waschen, mit der Schale in einen Topf geben, Salzwasser angießen und die Kartoffeln in 20-25 Minuten garen.

2. Die Kartoffeln herausnehmen, abgießen, leicht erkalten lassen, pellen und sofort durch die Kartoffelpresse treiben.

3. Das Weizenvollkornmehl mit Ei, Salz und dem Muskat dazugeben und das Ganze zu einer Masse verarbeiten.

4. Den Teig etwa 15 Minuten ruhen lassen und anschließend mit zwei Teelöffeln Nocken abstechen.

5. Die Kartoffelnocken im siedenden Wasser 5 Minuten garziehen lassen, gut abtropfen lassen und warm stellen.

6. Für die Sauce die Äpfel schälen, entkernen und würfeln, mit Zitronensaft beträufeln.

7. Das Fett in einer Pfanne erhitzen und das kleingeschnittene Gemüse darin anschwitzen.

8. Die Äpfel dazugeben, mit Apfelsaft ablöschen, mit der Gemüsebrühe auffüllen und kräftig einreduzieren lassen.

9. Die Sauce mit Salz und Pfeffer abschmecken, den frisch gehackten Majoran unterziehen und mit der Crème fraîche verfeinern.

10. Die Kartoffelnocken in die Sauce geben, nochmals erhitzen, durchschwenken, anrichten, ausgarnieren und servieren.

Kartoffel-Gemüse-Pflanzerl

FÜR 4 PERSONEN:

1 kg Kartoffeln
Salzwasser
1 EL Kümmel
2-3 EL Butter oder Margarine
100 g gekochten Schinken
1 Zwiebel
4 Frühlingszwiebeln
100 g geriebenen Emmentaler
4 Eier
1 Bund Schnittlauch
1 Bund Petersilie
1 EL Kräuter der Provence
Haferflocken zum Binden
Salz
Pfeffer aus der Mühle
1 Prise Muskat
1 Prise Cayennepfeffer
Pflanzenfett zum Backen

1. Die Kartoffeln in Salzwasser mit Kümmel kochen und anschließend durch die Karoffelpresse treiben.
2. Das Fett erhitzen und den fein gewürfelten Schinken darin auslassen.
3. Die Zwiebel und die Frühlingszwiebeln fein würfeln, zum Schinken geben und glasig schwitzen.
4. Die Schinkenmasse vom Feuer nehmen und zur Kartoffelmasse geben.
5. Den Emmentaler mit den Eiern und den feingehackten Kräutern sowie den Kräutern der Provence zur Kartoffelmasse geben und vermischen.
6. Die Kartoffelmasse mit Haferflocken leicht binden und kräftig mit Salz, Pfeffer, Muskat und Cayennepfeffer abschmecken.
7. Den Kartoffelteig zu kleinen Buletten abdrehen, das Pflanzenfett erhitzen und die Kartoffelpflanzerl auf beiden Seiten goldgelb backen.
8. Die Kartoffelpflanzerl anrichten, mit einer Tomatensauce überziehen und mit einem gemischten Salat servieren.

Kartoffelpfannkuchen mit Speck

FÜR 4 PERSONEN:

1 kg festkochende Kartoffeln
2 Zwiebeln
150 g durchwachsenen geräucherten Speck
Salz
Pfeffer aus der Mühle
1 Prise Muskat
1 Prise Cayennepfeffer
3 Eier
1 Tasse Buttermilch
1 Tasse Mehl
Sonnenblumenöl

AUSSERDEM:

5-6 feste Tomaten
2 Schalotten
einige Tropfen Aceto balsamico
einige Tropfen Olivenöl
1 Prise Zucker
1/2 Bund Basilikum
1/2 Bund Schnittlauch

1. Die Kartoffeln schälen, grob reiben, in ein sauberes Küchentuch geben und kräftig ausdrücken.
2. Die Zwiebeln hacken, mit dem gewürfelten Speck trocken in eine Pfanne geben und ausbraten.
3. Die Speckzwiebeln mit den Kartoffeln in einer Schüssel vermischen und kräftig würzen.
4. Die Eier mit der Buttermilch und dem Mehl verrühren, zur Kartoffelmischung geben und alles miteinander vermischen.
5. Eine beschichtete Pfanne mit Öl leicht ausstreichen und portionsweise den Teig in die Pfanne geben.
6. Den Teig mit einer Palette andrücken und die Kartoffelpfannkuchen auf beiden Seiten goldgelb ausbacken.
7. Die Tomaten in Ecken schneiden, mit den feingehackten Schalotten in eine Schüssel geben, mit Essig und Olivenöl beträufeln, mit Salz, Pfeffer und Zucker bestreuen.
8. Das feingeschnittene Basilikum untermischen. Die Kartoffelpfannkuchen anrichten, den Tomatensalat dazugeben, mit geschnittenem Schnittlauch bestreuen, ausgarnieren und servieren.

Kartoffelkuchen mit Schinken

FÜR 4 PERSONEN:

800 g mehlig kochende Kartoffeln
3-4 EL Butterschmalz
150 g gekochten Schinken
1 Zwiebel
1 TL Majoran
30 g Mehl
3 Eigelb
Salz
Pfeffer aus der Mühle
1 Prise Muskat
1 Prise Cayennepfeffer
3 Eiweiß
100 ml Sahne

1. Die Kartoffeln 20-25 Minuten garen.
2. Das Schmalz erhitzen und den fein gewürfelten Schinken darin anschwitzen.
3. Die Zwiebel schälen, fein hacken, zum Schinken geben und kurz mitschwitzen.
4. Die Kartoffeln abgießen, schälen und durch die Kartoffelpresse treiben.
5. Die Zwiebel-Schinken-Mischung mit dem Majoran, dem Mehl und den Eigelben unter die Masse rühren.
6. Mit Salz, Pfeffer, Muskat und Cayennepfeffer abschmecken.
7. Die Eiweiße und die Sahne vermischen, steif schlagen und unter die Kartoffelmasse heben.
8. Eine Pie-Form mit Butter oder Margarine ausfetten und mit Paniermehl bestreuen.
9. Die Masse einfüllen, glattstreichen und das Ganze im Wasserbad ca. 70-80 Minuten garziehen lassen. Anschließend herausnehmen und 10 Minuten garziehen lassen.
10. Den Kartoffelkuchen aus der Form stürzen, in Scheiben schneiden, anrichten und nach Geschmack mit einem Tomatenquark überziehen, ausgarnieren und servieren.

Schollenfilet auf Erbsen-Kartoffelbett

FÜR 4 PERSONEN:

4 Schollenfilets à 200 g
einige Tropfen Zitronensaft
einige Tropfen Worcestersauce
Salz
Pfeffer aus der Mühle
2-3 EL Butter oder Margarine
1 Zwiebel
500 g gekochte Kartoffeln
200 g grüne Erbsen (TK-Produkt)
1 Schuß Weißwein
1/4 l Fischbrühe
1 Prise Cayennepfeffer
1 Tasse gemischte, gehackte Kräuter (Dill, Kerbel, Schnittlauch)
1 Becher Crème fraîche

1. Die küchenfertigen Schollenfilets unter fließendem Wasser waschen, trockentupfen, mit Zitronensaft und Worcestersauce beträufeln. Mit Salz und Pfeffer würzen und 10-15 Minuten ziehen lassen.
2. Die Butter oder Margarine in einer Auflaufform erhitzen und die geschälte und feingehackte Zwiebel darin glasig schwitzen.
3. Die Kartoffeln schälen, in Würfel oder Scheiben schneiden, mit den Erbsen zu den Zwiebeln geben und kurz anschwitzen.
4. Mit Weißwein ablöschen und mit der Fischbrühe auffüllen. Mit Salz, Pfeffer, Cayennepfeffer, Zitronensaft und Worcestersauce abschmecken.
5. Die Schollenfilets auf das Erbsen-Kartoffelbett legen.
6. Die verlesenen, gewaschenen und feingehackten Kräuter unter die Crème fraîche ziehen. Diese ebenfalls mit Zitronensaft, Worcestersauce, Salz und Pfeffer abschmecken und gleichmäßig auf den Filets verteilen.
7. Das Ganze im auf 180-200 °C vorgeheizten Backofen in 15-20 Minuten garen. Herausnehmen, anrichten, ausgarnieren und servieren.

Thüringer Klöße

FÜR 4 PERSONEN:

1 kg Kartoffeln
65 g Grieß
1/4 l Milch
Salz
weißen Pfeffer aus der Mühle
1 Prise Muskat
2 Scheiben Toastbrot
20 g Butter/ Margarine

1. Die Kartoffeln schälen, gut waschen und bereitstellen.
2. Den Grieß unter Rühren langsam in die kochende Milch einrieseln lassen und bei ganz schwacher Hitze ausquellen lassen.
3. In der Zwischenzeit die Kartoffeln reiben und in ein großes Küchentuch geben, kräftig ausdrücken.
4. Die Kartoffeln und den heißen Grieß gründlich miteinander vermischen, mit Salz, Pfeffer und Muskat kräftig würzen.
5. Die Toastbrotscheiben würfeln und in der heißen Butter goldgelb rösten.
6. Aus dem Teig mit angefeuchteten Händen Klöße von etwa 6-7 cm Durchmesser formen und in die Mitte 2-3 Brotwürfel drücken.
7. Zu Klößen rollen, bis eine glatte Außenschicht entsteht.
8. Salzwasser aufkochen lassen, alle Klöße einlegen und bei milder Hitze garziehen lassen, bis alle Klöße an der Oberfläche schwimmen. Die Klöße herausnehmen und als Beilage servieren.

Bratkartoffeln mit Rote-Bete-Salat

FÜR 4 PERSONEN:

800 g Kartoffeln
800 g Rote Bete
1/4 l Gemüsebrühe
Salz
Pfeffer aus der Mühle
1 TL Kümmel
1 Schuß Obstessig
einige Tropfen Olivenöl
1 Becher Dickmilch
einige Tropfen Zitronensaft
1 Prise Zucker
je 1 Bund Schnittlauch und Dill
1 Kästchen Kresse
Olivenöl zum Braten
4 Eier

1. Die Kartoffeln im Salzwasser mit Kümmel bißfest garen, abtropfen lassen, pellen und würfeln.
2. Für den Salat die Roten Bete putzen, waschen, schälen und in der Gemüsebrühe bißfest garen.
3. Die Roten Bete herausnehmen, abtropfen lassen, in Streifen schneiden, mit Salz, Pfeffer, Kümmel, Obstessig und Olivenöl beträufeln und kurz durchziehen lassen.
4. Für das Dressing die Dickmilch glattrühren, mit Obstessig, Zitronensaft, Salz, Pfeffer und Zucker abschmecken und die verlesenen, gewaschenen und feingehackten Kräuter untermischen.
5. Die Kartoffelwürfel im Olivenöl goldgelb braten, die Eier zu Spiegeleiern braten.
6. Die Bratkartoffeln, den Rote-Bete-Salat, das Dressing und die Spiegeleier anrichten, ausgarnieren und servieren.

Pfälzer Kartoffelklöße

FÜR 4 PERSONEN:

4-5 altbackene Brötchen
1/2 l Milch
1 kg Kartoffeln
Salz
Pfeffer aus der Mühle
1 Prise Muskat
1 Ei
1/2 Bund Petersilie
Salzwasser
40 g Butter/Margarine
20 g Semmelbrösel

1. Die Brötchenrinde mit der Küchenreibe entfernen und die Brötchen in dünne Scheiben schneiden.
2. Die Milch zum Kochen bringen und über die Scheiben gießen.
3. Die Kartoffeln schälen und fein reiben. In einem großen Küchentuch auspressen.
4. Die Kartoffeln zu den Brötchen geben, mit Salz, Pfeffer und Muskat würzen. Das Ei und die gehackte Petersilie dazugeben und das Ganze zu einem glatten Teig verkneten.
5. Aus dem Teig mit feuchten Händen Klöße von 5-6 cm Durchmesser formen und in kochendes Salzwasser legen.
6. Die Klöße bei milder Hitze garziehen lassen bis sie an der Oberfläche schwimmen.
7. Die Klöße herausnehmen, abtropfen lassen und anrichten. Die Butter oder Margarine erhitzen und die Semmelbrösel darin goldgelb rösten.
8. Die gerösteten Brösel auf die Klöße verteilen. Die Klöße ausgarnieren und als Beilage servieren.

Meerrettichcreme

FÜR 4 PERSONEN:

- 200 g Doppelrahmfrischkäse
- 1 Schuß Sahne
- 2–3 EL Sahnemeerrettich
- 4 Cocktailtomaten
- 1 eingelegte Paprikaschote
- Salz
- Pfeffer aus der Mühle
- 1 Prise Cayennepfeffer
- 1 Prise Zucker

1. Den Frischkäse mit der Sahne und dem Meerrettich glattrühren.
2. Die Tomaten und die Paprikaschote würfeln und unter die Creme ziehen.
3. Mit Salz, Pfeffer, Cayennepfeffer und Zucker abschmecken, anrichten und servieren.

Knoblauch-Kräutercreme

FÜR 4 PERSONEN:

- 200 g Doppelrahmfrischkäse
- 1 Schuß Sahne
- 2 Knoblauchzehen
- 1 TL Salz
- 1/2 Bund Schnittlauch
- 1/2 Bund Petersilie
- 1/2 Kästchen Kresse
- Salz
- Pfeffer aus der Mühle
- einige Tropfen Zitronensaft
- einige Tropfen Worcester-Sauce
- 1 Prise Zucker

1. Den Frischkäse mit der Sahne und den geschälten und mit Salz zerriebenen Knoblauchzehen in einer Schüssel glattrühren.
2. Die verlesenen, gewaschenen und feingehackten Kräuter untermischen, mit Salz, Pfeffer, Zitronensaft, Worcester-Sauce und Zucker abschmecken, anrichten, ausgarnieren und servieren.

Tomatencreme

FÜR 4 PERSONEN:

- 200 g Doppelrahmfrischkäse
- 1 Schuß Milch
- 2 EL Tomatenmark
- 1–2 EL Tomaten-Ketchup
- 1 hartgekochtes Ei
- Salz
- Pfeffer aus der Mühle
- 1 Prise Cayennepfeffer
- 1 Prise Zucker
- 1/2 Bund Basilikum

1. Den Frischkäse mit der Milch, dem Tomatenmark und dem Tomaten-Ketchup in eine Schüssel geben und glattrühren.
2. Das Ei pellen, fein hacken und unter die Creme ziehen.
3. Mit Salz, Pfeffer, Cayennepfeffer und Zucker kräftig abschmecken und das verlesene, gewaschene und feingehackte Basilikum untermischen.
4. Die Creme anrichten, ausgarnieren und servieren.

Käse–Quark–Dip

FÜR 4 PERSONEN:

- 250 g Speisequark
- 1/2 Becher Sahne
- 1 Zwiebel
- Saft von 1 Zitrone
- 1 Schuß Weißwein
- 75 g ger. Parmesankäse
- 1/2 Bund Petersilie
- 1/2 Bund Basilikum
- Salz
- Pfeffer aus der Mühle
- 1 Prise Cayennepfeffer
- 1 Prise Zucker

1. Den Speisequark mit der Sahne in einer Schüssel glattrühren.
2. Die Zwiebel fein hacken. Mit dem Zitronensaft, dem Weißwein und dem Parmesan unter den Quark rühren.
3. Die Petersilie und das Basilikum fein hacken und ebenfalls unter den Dip rühren.
4. Den Dip mit Salz, Pfeffer, Cayennepfeffer und Zucker abschmecken, anrichten und zum weiteren Verzehr bereitstellen.

Köstliche Salate

Lyoner Kartoffelsalat

FÜR 4 PERSONEN:

2 Karotten
250 g Kartoffeln
1 kleine Sellerieknolle
1/4 l Gemüsebrühe
1 Glas Weißwein
1 Lorbeerblatt
einige Nelken
Saft von 1 Zitrone
250 g gekochtes Rindfleisch
gefüllte Oliven
1 kl. Glas Sardellenfilets

FÜR DAS DRESSING:

1/2 Tasse Estragonessig
1/2 Tasse Olivenöl
Salz
Pfeffer aus der Mühle
1 Prise Zucker
1/2 Bund Kerbel
1/2 Bund Estragon
2 hartgekochte Eier

1. Die Karotten, die Kartoffeln und die Sellerieknolle in gleich große Würfel schneiden.
2. Die Brühe mit dem Weißwein zum Kochen bringen.
3. Das Lorbeerblatt und die Nelken dazugeben und kurz ziehen lassen.
4. Das Gemüse in den Sud geben und bißfest garen.
5. Das Gemüse herausnehmen, und mit Zitronensaft beträufeln.
6. Das in Würfel geschnittene Rindfleisch, die in Scheiben geschnittenen Oliven sowie die kleingeschnittenen Sardellenfilets unter das Gemüse heben.
7. Für das Dressing eine halbe Tasse Gemüsefond abmessen. Mit dem Estragonessig und mit dem Olivenöl vermischen.
8. Das Dressing mit Salz, Pfeffer und Zucker kräftig abschmecken und die verlesenen, gewaschenen und feingeschnittenen Kräuter untermischen.
9. Den Salat damit anmachen und dekorativ anrichten.
10. Die Eier schälen, in Scheiben schneiden, auf dem Salat verteilen, ausgarnieren und servieren.

Spinatsalat mit Kartoffeldressing

FÜR 4 PERSONEN:

400 g junge Blattspinatblätter
1 Zwiebel
2 Tomaten
4 hartgekochte Eier
100 g Katenschinken

FÜR DAS DRESSING:

1 Tasse Rinderkraftbrühe
1/2 Tasse Estragonessig
1 Zwiebel
Saft von 1/2 Zitrone
2 gekochte Kartoffeln
Salz
Pfeffer aus der Mühle
1 Prise Cayennepfeffer
1 Prise Zucker
1/2 Bund Oregano
1/2 Bund Basilikum
1/2 Tasse Traubenkernöl

1. Den Blattspinat waschen, abtropfen lassen und in mundgerechte Stücke zerpflücken.
2. Die Zwiebel schälen und in feine Würfel schneiden.
3. Die Tomaten enthäuten, entkernen und ebenfalls würfeln.
4. Die Eier schälen und grob hacken.
5. Den Katenschinken in feine Würfel schneiden.
6. Die Salatzutaten vermischen und dekorativ anrichten.
7. Für das Dressing die Rinderkraftbrühe, den Estragonessig, die geschälte und feingehackte Zwiebel, den Zitronensaft sowie die geschälten und kleingeschnittenen Kartoffeln im Mixer oder mit dem Pürierstab pürieren.
8. Das Dressing mit Salz, Pfeffer, Cayennepfeffer und Zucker kräftig abschmecken und die verlesenen, gewaschenen und feingeschnittenen Kräuter untermischen.
9. Das Traubenkernöl tropfenweise einrühren. Nochmals kräftig abschmecken und den Salat damit anmachen, ausgarnieren und servieren.

Kartoffelsalat „Leichte Art“

FÜR 4 PERSONEN:

800 g festkochende Kartoffeln
1EL Kümmel
Salzwasser

AUSSERDEM:

1 Zwiebel
2 säuerliche Äpfel
Saft von 1 Zitrone
2 Essiggurken
1/8 l Gemüsebrühe
2–3 EL Obstessig

FÜR DAS DRESSING

1 1/2 Becher Sahnedickmilch
1–2 EL mittelscharfen Senf
Salz, Pfeffer aus der Mühle
1 Prise Zucker
1 Bund Schnittlauch

1. Die Kartoffeln unter fließendem Wasser waschen, gut abtropfen lassen, und mit dem Kümmel in einen Topf geben.
2. Das Salzwasser angießen und die Kartoffeln darin bißfest garen.
3. Die Kartoffeln abgießen, leicht erkalten lassen, pellen, in Scheiben schneiden und in eine Schüssel geben.
4. Die Zwiebel schälen und fein hacken. Die Äpfel schälen, entkernen, in feine Würfel schneiden und mit Zitronensaft beträufeln.
5. Die Essiggurken fein würfeln und mit den restlichen Zutaten vorsichtig unter die Kartoffeln heben.
6. Die Gemüsebrühe mit dem Obstessig zum Kochen bringen, heiß über die Kartoffeln gießen und erkalten lassen.
7. Für das Dressing die Sahnedickmilch mit dem Senf in einer Schüssel glattrühren, mit Salz, Pfeffer, und Zucker kräftig abschmecken.
8. Den Salat damit anmachen, nochmals abschmecken, anrichten und mit frisch geschnittenem Schnittlauch bestreut servieren.

Deftiger Kartoffelsalat

800 g Kartoffeln, Salzwasser
1 Lorbeerblatt, einige Nelken
einige Wacholderbeeren
1 TL Kümmel
250 g gekochtes Wildfleisch
1 Paprikaschote, je 1 kleines Glas gefüllte Oliven, Silberzwiebeln und Maiskölbchen, 3 - 4 Dillgurken
1 Becher Joghurt, 2 EL Remoulade
2 - 3 EL Obstessig
1 TL mittelscharfen Senf
Saft von 1 Zitrone
Salz, Pfeffer aus der Mühle
je 1 Prise Cayennepfeffer und Zucker
1 Kopf grünen Salat
4 hartgekochte Eier

1. Die Kartoffeln unter fließendem Wasser waschen und in einen Topf geben und im Salzwasser mit den Gewürzen garen.
2. Herausnehmen, pellen und in Scheiben schneiden.
3. Das Wildfleisch in feine Streifen schneiden.
4. Die Paprikaschote in Streifen schneiden.
5. Das Essiggemüse je nach Bedarf klein schneiden.
6. Die Salatzutaten in eine Schüssel geben und vorsichtig miteinander vermischen.
7. Die Dressingzutaten in einer Schüssel verrühren und kräftig abschmecken.
8. Den verlesenen Kopfsalat in mundgerechte Stücke zerpflücken und anrichten.
9. Den Wildsalat darauf verteilen und mit den geachtelten Eiern garnieren, verzieren und servieren.

Kartoffelsalat Biofarm

FÜR 4 PERSONEN:

1 kg Kartoffeln
Salzwasser
1 EL Kümmel
2 Tassen Gemüse- oder Fleischbrühe
1/2 Tasse Kräuteressig
3-4 EL Distelöl
1 Salatgurke
Salz
Pfeffer aus der Mühle
1 Prise Cayennepfeffer
2 Tassen gemischte Sprossen oder Keimlinge

1. Die Kartoffeln unter fließendem Wasser waschen, mit der Bürste abbürsten und in einen Topf geben.
2. Das Salzwasser angießen, den Kümmel dazugeben und die Kartoffeln in 20 Minuten garen.
3. Die Kartoffeln abgießen, kurz erkalten lassen, pellen, in Scheiben schneiden und in eine Schüssel geben.
4. Die Gemüsebrühe mit dem Obstessig und dem Salatöl in einen Topf geben und zum Kochen bringen.
5. Die geputzte Salatgurke halbieren, mit einem Teelöffel das Kerngehäuse herauslösen und die Gurke in Würfel oder Scheiben schneiden.
6. Die Gurken zum Dressing geben und das Ganze mit Salz, Pfeffer, Cayennepfeffer und Zucker kräftig abschmecken.
7. Den Kartoffelsalat mit dem Dressing überziehen, vorsichtig durchmischen und 10 Minuten ziehen lassen.
8. Den Kartoffelsalat nochmals abschmecken. Die verlesenen, gewaschenen und gut abgetropften Sprossen oder Keimlinge unter den Salat heben. Das Ganze anrichten, ausgarnieren und sofort servieren.

Feiner Kartoffelsalat mit Lachs

FÜR 4 PERSONEN:

1 kg Kartoffeln
Salzwasser
1 EL Kümmel
2 Avocadofrüchte
Saft von 2 Zitronen
1 Tasse Gemüsebrühe
4 EL Sojaöl
Salz
Pfeffer aus der Mühle
1 Prise Muskat
1 Prise Cayennepfeffer
einige Tropfen Worcestersauce
2 Schalotten
1 Kästchen Kresse
400 g Räucherlachs

1. Die Kartoffeln unter fließendem Wasser waschen, abbürsten und in einen Topf geben.
2. Das Salzwasser angießen, den Kümmel dazugeben und die Kartoffeln zugedeckt in 20 Minuten garen.
3. Die Kartoffeln abgießen, pellen, in Scheiben schneiden und in eine Schüssel geben.
4. Die Avocados dünn schälen, halbieren, das Kerngehäuse herausnehmen und das Fruchtfleisch kleinschneiden.
5. Das Avocadofruchtfleisch mit dem Zitronensaft und der Gemüsebrühe im Mixer oder mit dem Pürierstab pürieren.
6. Das Sojaöl tropfenweise einrühren und das Ganze mit Salz, Pfeffer, Muskat, Cayennepfeffer und Worcestersauce kräftig abschmecken.
7. Die geschälten und feingehackten Schalotten mit der verlesenen, gewaschenen und feingehackten Kresse unter das Dressing rühren.
8. Den Kartoffelsalat mit dem Dressing anmachen. Den in Streifen geschnittenen Räucherlachs unterheben. Das Ganze nochmals abschmecken, anrichten, ausgarnieren und servieren.

Speckkartoffelsalat

FÜR 4 PERSONEN:

800 g Kartoffeln
Salzwasser
1 EL Kümmel
1 EL Wacholderbeeren
1EL Pfefferkörner
4 EL Olivenöl
100 g durchwachsenen geräucherten Speck
2 Zwiebeln
2 Tassen Fleisch-oder Gemüsebrühe
1/2 Tasse Obstessig
Salz
Pfeffer aus der Mühle
1 Prise Zucker
1 Bund Schnittlauch

1. Die Kartoffeln unter fließendem Wasser abwaschen und abtropfen lassen.
2. Die Kartoffeln und die Gewürze in einen Topf mit Salzwasser geben und garen.
3. Die Kartoffeln abgießen, leicht erkalten lassen, pellen, in Scheiben schneiden und in eine Schüssel geben.
4. Das Olivenöl in einer Pfanne erhitzen und den in feine Würfel geschnittenen Speck darin auslassen.
5. Die in feine Würfel geschnittenen Zwiebeln dazugeben und glasig schwitzen.
6. Die Fleisch- oder Gemüsebrühe und den Obstessig angießen und einmal aufkochen lassen. Mit Salz, Pfeffer und Zucker kräftig abschmecken.
7. Das Dressing über den Kartoffelsalat verteilen und alles gut miteinander vermischen.
8. Den Kartoffelsalat 10 Minuten ziehen lassen, erneut abschmecken, anrichten und servieren.

Peterchens Kartoffelsalat

FÜR 4 PERSONEN:

- 500 g gekochte Kartoffeln
- 1/2 Tasse Olivenöl
- 50 g durchwachsenen geräucherten Speck
- 1 Zwiebel
- 100 g Karotten
- 100 g Sellerie
- 1 Tasse Gemüse- oder Fleischbrühe
- 1/2 Tasse Obstessig
- 2 EL mittelscharfen Senf
- 2 Paar Wiener Würstchen
- 1 Bund Radieschen
- Salz
- weißen Pfeffer aus der Mühle
- 1 Bund Schnittlauch
- 1 Bund Petersilie

1. Die Kartoffeln schälen, würfeln und in eine Schüssel geben.

2. Das Olivenöl in einer Pfanne erhitzen und den in feine Würfel geschnittenen Speck darin auslassen.

3. Die geschälte und feingehackte Zwiebel dazugeben und kurz mitschwitzen.

4. Die Karotten und den Sellerie putzen, in feine Würfel schneiden, zu den Speckzwiebeln geben und ebenfalls mitschwitzen.

5. Mit der Gemüsebrühe angießen und bei mäßiger Hitze 4–5 Minuten dünsten.

6. Den Obstessig und den Senf unterrühren und die in Scheiben geschnittenen Wiener Würstchen dazugeben.

7. Das Ganze warm unter die Kartoffeln heben.

8. Die geputzten und gewaschenen Radieschen in Scheiben schneiden, unter den Salat heben und das Ganze mit Salz und Pfeffer kräftig würzen.

9. Die verlesenen, gewaschenen und feingeschnittenen bzw. gehackten Kräuter unter den Salat heben, anrichten und servieren.

Kartoffel–Broccoli–Salat mit Krabben

FÜR 4 PERSONEN:

750 g frische Pellkartoffeln
500 g Broccoliröschen
1/4 l Gemüsebrühe
2 Zwiebeln
1/2 Tasse Weinessig
1/2 -1 Tasse Sojaöl
Salz
Pfeffer aus der Mühle
1 Prise Cayennepfeffer
1 Prise Zucker
250 g Tiefseekrabbenfleisch
Endiviensalatblätter zum Garnieren

1. Die frischen Pellkartoffeln noch warm schälen, in Scheiben schneiden und in eine Schüssel geben.
2. Die Broccoliröschen je nach Bedarf kleinschneiden und in der Gemüsebrühe bißfest garen.
3. Die Zwiebeln schälen, fein hacken, zum Broccoli geben und kurz mitgaren.
4. Den Weinessig und das Sojaöl dazugeben und das Ganze mit Salz, Pfeffer, Cayennepfeffer und Zucker kräftig würzen.
5. Vom Feuer nehmen, leicht erkalten lassen und die Krabben unterheben.
6. Den Broccoli, die Krabben und den Sud zum Kartoffelsalat geben. Vorsichtig vermischen und 10–15 Minuten ziehen lassen.
7. Den Kartoffelsalat nochmals kräftig abschmecken. Die geputzten, gewaschenen, gut abgetropften Endiviensalatblätter anrichten. Den Salat gleichmäßig darauf verteilen, ausgarnieren und sofort servieren.

Kartoffelsalat mit Sprossen

FÜR 4 PERSONEN:

1 kg Kartoffeln
Salzwasser
4 Eier
1/2 l Gemüsebrühe
1/21 Tasse Kräuteressig
Salz
Pfeffer aus der Mühle
1 Bund Frühlingszwiebeln
1 Bund Radieschen
50 g Alfalfa-Sprossen
3-4 EL Sonnenblumenkerne

FÜR DAS DRESSING:

300 g saure Sahne
2 EL mittelscharfen Senf
Saft von 1 Zitrone
Salz
Pfeffer aus der Mühle
1 Prise Zucker
1 Prise Cayennepfeffer
einige Salatblätter

1. Die Kartoffeln waschen, in einen Topf , mit Salzwasser angießen und in 25 Minuten garen.
2. Die Eier in etwa 8 Minuten hartkochen.
3. Die Kartoffeln und die Eier abgießen, abschrecken, schälen und auskühlen lassen.
4. Die Kartoffeln in Scheiben schneiden. Die Gemüsebrühe mit dem Kräuteressig in einen Topf geben und zum Kochen bringen.
5. Die Brühe mit Salz und Pfeffer abschmecken, über die Kartoffeln gießen und 30 Minuten ziehen lassen.
6. Die Frühlingszwiebeln putzen und in Scheiben schneiden. Die Radieschen putzen und ebenfalls in Scheiben schneiden.
7. Die Sprossen verlesen, waschen, gut abtropfen lassen.
8. Die Sonnenblumenkerne in einer trockenen Pfanne rösten.
9. Die saure Sahne mit dem Senf glattrühren, mit Zitronensaft, Salz, Pfeffer, Zucker und Cayennepfeffer abschmecken.
10. Den Lauch, die Radieschen, die Sprossen und die Kartoffeln miteinander vermischen und die Sahnesauce untermischen.
11. Die Salatblätter anrichten, den Salat gleichmäßig darauf verteilen, die halbierten Eier darauflegen und das Ganze mit den Sonnenblumenkernen bestreuen, ausgarnieren und servieren.

Deftiger Bauernsalat

FÜR 4 PERSONEN:

250 g gekochte Kartoffeln
250 g Salami
1 Zwiebel
2 Tomaten
1 kleine Dose Mais
1 kleine Dose Erbsen
1 kleine Dose Kidney Beans

FÜR DAS DRESSING:

1 Tasse Mayonnaise
1 Becher Joghurt
1/2 Tasse Tomatenketchup
etwas Obstessig
Salz
Pfeffer aus der Mühle
1 TL Paprikapulver
1 Prise Zucker
1 Bund Petersilie

1. Die Kartoffeln schälen und in Würfel schneiden.
2. Die Salami würfeln. Die Zwiebel fein hacken.
3. Die Tomaten enthäuten, entkernen und in Würfel schneiden.
4. Den Mais, die Erbsen sowie die Kidney Beans gut abtropfen lassen.
5. Die Salatzutaten in eine Schüssel geben und vorsichtig vermischen.
6. Für das Dressing die Mayonnaise mit dem Joghurt und dem Tomatenketchup glattrühren.
7. Mit Obstessig, Salz, Pfeffer, Paprikapulver und Zucker kräftig abschmecken und den Salat damit anmachen.
8. Den Salat dekorativ anrichten. Mit feingehackter Petersilie bestreuen, ausgarnieren und servieren.

Leichter Kartoffelsalat

FÜR 4 PERSONEN:

800 g Kartoffeln
1 Zwiebel
2 Gewürzgurken
1 Röhrchen Kapern
1 Becher Joghurt
200 g leichte Mayonnaise
1-2 EL mittelscharfen Senf
Salz
Pfeffer aus der Mühle
1 Prise Zucker
1 Prise Cayennepfeffer
1 Prise Kümmelpulver
1 Bund Schnittlauch
2 Tomaten

1. Die Kartoffeln waschen, in einen Topf geben; Salzwasser angießen und die Kartoffeln in 20–25 Minuten garen.

2. Die Kartoffeln abschrecken, pellen und vollständig erkalten lassen.

3. Anschließend in Scheiben oder Würfel schneiden und in eine Schüssel geben.

4. Die Zwiebel schälen und fein hacken, mit den in feine Würfel geschnittenen Gewürzgurken und den gut abgetropften Kapern unter die Kartoffeln heben.

5. Den Joghurt mit der Mayonnaise und dem Senf glattrühren, mit Salz, Pfeffer, Zucker, Cayennepfeffer und Kümmelpulver kräftig würzen und den Salat damit anmachen.

6. Den Salat nochmals abschmecken, anrichten, mit dem frisch geschnittenen Schnittlauch bestreuen, mit Tomatenachteln ausgarnieren und servieren.

Kartoffelsalat mit Matjes

FÜR 4 PERSONEN:

800 g Kartoffeln
200 g Heringsfilet nach Matjesart
1/4 l Buttermilch
1 Bund Radieschen

FÜR DAS DRESSING:

1-2 Knoblauchzehen
1 TL Salz
1 Becher Joghurt
1/2 Becher saure Sahne
1 Schuß Sahne
Salz
Pfeffer aus der Mühle
1 Prise Cayennepfeffer
1 Prise Zucker
1 Bund Schnittlauch

1. Die Kartoffeln waschen, in einen Topf geben, Salzwasser angießen und die Kartoffeln in 20-25 Minuten bißfest garen.
2. Die Kartoffeln herausnehmen, abschrecken, pellen, vollständig erkalten lassen und anschließend in Scheiben schneiden.
3. Die Matjesfilets in 1/2 cm breite Streifen schneiden, in eine Schüssel geben und die Buttermilch angießen. Die Matjesfilets darin 10-15 Minuten ziehen lassen.
4. Die Radieschen putzen und in Scheiben schneiden.
5. Für das Dressing die Knoblauchzehen schälen, mit Salz zu einer Paste zerreiben, mit dem Joghurt, dem Sauerrahm und der Sahne glattrühren.
6. Das Dressing mit Salz, Pfeffer, Cayennepfeffer und Zucker kräftig abschmecken.
7. Die Kartoffeln mit den gut abgetropften Matjes und den Radieschen vermischen und mit dem Dressing anmachen.
8. Den Salat nochmals abschmecken, anrichten, ausgarnieren und mit frisch geschnittenem Schnittlauch bestreut servieren.
9. Den Salat können Sie auch sehr gut mit einem fertigen Sauerrahm-Dressing mit Knoblauch anmachen.

Bunter Kartoffelsalat

FÜR 4 PERSONEN:

750 g frische Pellkartoffeln
1/4 l Gemüsebrühe
1/2 -1 Tasse Weinessig
1 Bund Frühlingszwiebeln
1 mittelgroßer Zucchino
1 kleine Salatgurke
4 Tomaten
2 hartgekochte Eier
1 Tasse Olivenöl
Salz
Pfeffer aus der Mühle
1 Prise Cayennepfeffer
1 Prise Zucker
1 Bund Schnittlauch
1 Bund Petersilie

1. Die frischen Pellkartoffeln noch warm pellen, in Scheiben schneiden und in eine Schüssel geben.

2. Die Zwiebel schälen, fein hacken, mit der Gemüsebrühe in einen Topf geben und zum Kochen bringen.

3. Den Weinessig unterrühren und die geputzten und kleingeschnittenen Frühlingszwiebeln dazugeben.

4. Den Zucchino und die Salatgurke putzen, halbieren, in Scheiben oder Würfel schneiden und ebenfalls in den Sud geben.

5. Das Gemüse mit dem Sud vorsichtig unter die Kartoffeln heben.

6. Die enthäuteten, entkernten und in Würfel geschnittenen Tomaten mit den gepellten und geachtelten Eiern ebenfalls unter den Salat heben.

7. Das Olivenöl gleichmäßig darauf verteilen, untermischen und das Ganze mit Salz, Pfeffer, Cayennepfeffer und Zucker kräftig würzen.

8. Die verlesenen, gewaschenen und kleingeschnittenen Kräuter ebenfalls unterheben. Das Ganze nochmals abschmecken, anrichten, ausgarnieren und sofort servieren.

Kartoffelsalat mit Frischkäse

FÜR 4 PERSONEN:

1 kg Salatkartoffeln
Salzwasser
200 ml Gemüsebrühe
1/2 Tasse Obstessig
1/2 Tasse Olivenöl
1–2 EL mittelscharfen Senf
200 g Frischkäse „leicht"
Salz
Pfeffer aus der Mühle
1 Bund Brunnenkresse
200 g Räucherlachs

1. Die Kartoffeln waschen und im Dämpfer oder in einem Topf mit Salzwasser garen.

2. Die Kartoffeln abschrecken, pellen, erkalten lassen, in Scheiben oder Würfel schneiden und in eine Schüssel geben.

3. Für die Marinade die Gemüse oder Fleischbrühe mit dem Essig, dem Olivenöl und dem Senf sowie dem Frischkäse verrühren. Mit Salz und Pfeffer kräftig würzen.

4. Die Brunnenkresse verlesen, waschen, gut abtropfen lassen. Den Lachs in 1 cm breite und etwa 5 cm lange Streifen schneiden.

5. Die Brunnenkresse und den Lachs unter die Kartoffeln heben, mit der Frischkäsemarinade anmachen, anrichten, ausgarnieren und servieren.

Kartoffelsalat nach Aretsrieder Art

FÜR 4 PERSONEN:

600 g Kartoffeln
1/4 l Fleischbrühe
1 Salatgurke, 2 Bund Radieschen
2 Zwiebeln
100 g gekochten Schinken

AUSSERDEM:

1 Becher Sahnedickmilch
Saft von 1 Zitrone
4 Eßlöffel Weißweinessig
Salz, Pfeffer aus der Mühle
1 Prise Cayennpfeffer
1 Prise Zucker
je 1/2 Bund Petersilie und Kerbel
bunten Pfeffer aus der Mühle

1. Die Kartoffeln waschen, garen, pellen und in Scheiben schneiden.
2. Mit der heißen Fleischbrühe übergießen und darin erkalten lassen.
3. Die Salatgurke waschen, halbieren und in Scheiben schneiden.
4. Die Radieschen putzen und in feine Scheiben schneiden.
5. Die geschälten Zwiebeln und den Schinken in feine Würfel schneiden, mit den restlichen Zutaten unter die Kartoffelscheiben heben.
6. Für das Dressing die Sahnedickmilch mit dem Zitronensaft und dem Essig glattrühren.
7. Das Dressing mit Salz, Pfeffer, Cayennepfeffer und Zucker kräftig würzen und die feingehackten Kräuter untermischen.
8. Den Kartoffelsalat anmachen, anrichten und mit buntem Pfeffer bestreut servieren.

Kartoffelsalat mit Kresse

FÜR 4 PERSONEN:

800 g festkochende Kartoffeln
1 EL Kümmel
Salzwasser

AUSSERDEM:

1 kleine Salatgurke
1 Zwiebel
1/8 l Gemüse- oder Fleischbrühe
1/2 Tasse Weißweinessig
3–4 El Obstessig
Salz
Pfeffer aus der Mühle
1 Prise Zucker
2 Kästchen Kresse

FÜR DAS SENFDRESSING:

1 Becher Sahnedickmilch
Saft von 1 Zitrone
1–2 EL mittelscharfen Senf
1 Prise Cayennefeffer

1. Die Kartoffeln unter fließendem Wasser abwaschen, gut abtropfen lassen und mit dem Kümmel in einen Topf geben.
2. Das Salzwasser angießen, die Kartoffeln bißfest garen und anschließend abgießen.
3. Die Kartoffeln leicht erkalten lassen, pellen, in feine Scheiben schneiden und in eine Schüssel geben.
4. Die Salatgurke putzen, waschen, in feine Scheiben schneiden, mit der geschälten und feingehackten Zwiebel unter die Kartoffeln heben.
5. Die Gemüse- oder Fleischbrühe mit dem Weißwein- und dem Obstessig in einen Topf geben und zum Kochen bringen. Mit Salz, Pfeffer und Zucker abschmecken und das Dressing heiß über den Kartoffelsalat verteilen.
6. Den Kartoffelsalat erkalten lassen und die verlesene, gewaschene und feingehackte Kresse unterheben.
7. Die Sahnedickmilch mit dem Zitronensaft und dem Senf in eine Schüssel geben und glattrühren.
8. Das Dressing mit Salz, Pfeffer, Zucker und Cayennepfeffer kräftig abschmecken und den Kartoffelsalat damit anmachen.
9. Den Kartoffelsalat anrichten, ausgarnieren und servieren.

Dill-Remouladen-Sauce

FÜR 4 PERSONEN:

150 g Remoulade
150 g Kefir
Saft von 1 Zitrone
1 Bund Dill
Salz
Pfeffer aus der Mühle
1 Prise Zucker

1. Die Remoulade mit dem Kefir und dem Zitronensaft in eine Schüssel geben und glattrühren.
2. Den verlesenen, gewaschenen und feingehackten Dill unter das Dressing ziehen.
3. Das Ganze mit Salz, Pfeffer und Zucker kräftig abschmecken und unter den vorbereiteten Kartoffelsalat heben.
4. Den Salat kurz durchziehen lassen. Nochmals abschmecken, anrichten, ausgarnieren und servieren.

Kartoffel–Wurstsalat

FÜR 4 PERSONEN:

- 500 g Kartoffeln
- Salzwasser
- 400 g Jagdwurst
- je 1 rote und grüne Paprikaschote
- 1 Zwiebel
- 2 Stangen Staudensellerie
- 1/4 l Gemüsebrühe
- 4 Portionen Salatsauce mit Joghurt
- 1 Bund Schnittlauch

1. Die Kartoffeln waschen, in einen Topf geben, Salzwasser angießen und in 20–25 Minuten garen. Anschließend herausnehmen, abschrecken, pellen, vollständig erkalten lassen und schließlich in Scheiben schneiden.
2. Die Jagdwurst enthäuten, in hauchdünne Scheiben schneiden und diese vierteln.
3. Die Paprikaschoten halbieren, entkernen, waschen, gut abtropfen lassen und in Streifen schneiden.
4. Die Zwiebel schälen und fein hacken.
5. Den Staudensellerie putzen, in feine Stifte schneiden und diese in der Gemüsebrühe blanchieren, herausnehmen und gut abtropfen lassen.
6. Die Salatzutaten vorsichtig miteinander vermischen und mit der Salatsauce mit Joghurt anmachen.
7. Den Salat nochmals abschmecken, anrichten und mit frisch geschnittenem Schnittlauch bestreut servieren

Armins Kartoffelsalat

FÜR 4 PERSONEN:

- 600 g Pellkartoffeln
- 1–2 EL Olivenöl
- 1 Knoblauchzehe
- 2 Zwiebeln
- 1 Bund Frühlingszwiebeln
- 3 Paar Wiener Würstchen
- 1 Salatgurke
- 3–4 Tomaten
- 1 Tasse Gemüsebrühe
- 1/2 Tasse Essig
- Salz
- Pfeffer aus der Mühle
- 1 Prise Cayennepfeffer
- 1 Prise Kümmelpulver
- 1 Bund Schnittlauch
- 1 Bund Petersilie

1. Die noch warmen Pellkartoffeln schälen und in Scheiben schneiden.
2. Das Olivenöl in einer Pfanne erhitzen. Die Knoblauchzehe und die Zwiebel schälen, fein hacken, ins Öl geben und kurz anschwitzen.
3. Die Frühlingszwiebeln putzen, waschen, in Scheiben schneiden. Mit den in Scheiben geschnittenen Würstchen zu den Zwiebeln geben und kurz mitschwitzen.
4. Die Salatgurke putzen, in dünne Scheiben schneiden. Die Tomaten enthäuten, entkernen und würfeln.
5. Tomaten, Salatgurken und die Würstchenmasse zu den Kartoffeln geben und alles vorsichtig miteinander vermischen.
6. Die Gemüsebrühe in die Pfanne geben, den Essig dazugeben und erwärmen.
7. Mit Salz, Pfeffer, Cayennepfeffer und Kümmel kräftig würzen. Die verlesenen, gewaschenen und feingehackten bzw. geschnittenen Kräuter untermischen und den Salat damit anmachen.
8. Den Kartoffelsalat mindestens 20 Minuten ruhen lassen. Anschließend nochmals abschmecken, anrichten, ausgarnieren und servieren.

Käse-Kartoffelsalat mit Obst

FÜR 4 PERSONEN:

1 rotschaliger Apfel
1 grünschaliger Apfel
Saft von 1 Zitrone
200 g kernlose Weintrauben
200 g Pflaumen
150 g Maasdamer Käse
1/8 l Gemüsebrühe
1/2 Tasse Weißweinesig
3-4 EL Obstessig
2-3 EL Sonnenblumenöl
Salz, Pfeffer aus der Mühle
1 Prise Zucker
1-2 EL geröstete Sesamkörner

1. Die Kartoffeln waschen und in Salzwasser kochen.
2. Leicht abkühlen lassen, pellen und in Scheiben schneiden.
3. Die Äpfel waschen, entkernen und ebenfalls in Scheiben schneiden. Sofort mit Zitronensaft beträufeln.
4. Die Weintrauben und die Pflaumen verlesen, waschen, halbieren und zu den Apfelscheiben und Kartoffelscheiben geben.
5. Den in Scheiben geschnittenen Käse zu den Früchten geben und das Ganze vorsichtig miteinander vermengen.
6. Die Gemüsebrühe mit dem Essig in einen Topf geben und erhitzen, mit den Gewürzen kräftig abschmecken.
7. Den Honig und den Senf unterrühren. Das Dressing über den angerichteten Kartoffelsalat geben.
8. Das Ganze mit Sesamkörnern bestreuen und servieren.

Senf-Dressing

FÜR 4 PERSONEN:

2 Becher Sahnedickmilch
3-4 EL mittelscharfen Senf
Saft von 1 Zitrone
Salz
Pfeffer aus der Mühle
1-2 EL Currypulver
1 Prise Zucker

1. Die Sahnedickmilch mit dem Senf und dem Zitronensaft in eine Schüssel geben und glattrühren.
2. Das Dressing mit Salz, Pfeffer, Curry und Zucker kräftig abschmecken.
3. Das Dressing unter den vorbereiteten Kartoffelsalat ziehen und 10 Minuten ruhen lassen.
4. Den Kartoffelsalat nochmals abschmecken. Anrichten, ausgarnieren und servieren.

Kartoffelsalat mit Sojabohnen

FÜR 4 PERSONEN:

400 g Kartoffeln
1 EL Kümmel
Salzwasser

AUSSERDEM:

100 g rote Zwiebeln
250 g Sojabohnenkeimlinge

FÜR DAS DRESSING:

1 1/2 Tassen Joghurt-Salat-Creme
1-2 EL Delikateß-Senf
1 Schuß Sahne
Saft von 1/2 Zitrone
1/2 TL Ingwerpulver
Salz
Pfeffer aus der Mühle
1 Prise Zucker

1. Die Kartoffeln unter fließendem Wasser abwaschen, gut abtropfen lassen und mit dem Kümmel in einen Topf geben.

2. Das Salzwasser angießen und die Kartoffeln bißfest garen.

3. Die Kartoffeln abgießen, leicht erkalten lassen, pellen und in dünne Scheiben schneiden.

4. Die Zwiebeln schälen und in feine Würfel schneiden.

5. Die Sojabohnenkeimlinge verlesen, waschen und gut abtropfen lassen.

6. Mit den Zwiebeln unter die Kartoffelscheiben heben und den Salat bereitstellen.

7. Für das Dressing die Joghurt-Salat-Creme mit dem Senf, der Sahne und dem Zitronensaft sowie dem Ingwerpulver in eine Schüssel geben und glattrühren.

8. Das Dressing mit Salz, Pfeffer und Zucker abschmecken und den Salat damit anmachen.

9. Den Kartoffelsalat anrichten, ausgarnieren und servieren.

Kartoffelsalat mit Schwarzwurzeln

- 800 g Kartoffeln
- Salzwasser
- 1 TL Kümmel
- 250 g gebratenes Wildfleisch
- 250 g Schwarzwurzeln (TK-Ware)
- 4 Karotten
- 1/8 l Gemüsebrühe
- 1 Stange Lauch
- 1 Becher Joghurt
- 1 Schuß Sahne
- 2–3 EL Obstessig
- einige Tropfen Worcestersauce
- einige Tropfen Zitronensaft
- Salz, Pfeffer aus der Mühle
- 1 Prise Cayennepfeffer
- 1 Tasse Knoblauchcroûtons

1. Die Kartoffeln unter fließendem Wasser abbürsten und mit Kümmel in Salzwasser garen.

2. Das Wildfleisch in Streifen oder Würfel schneiden.

3. Die Schwarzwurzeln mit den geschälten und gestiftelten Karotten in der Gemüsebrühe bißfest garen.

4. Den geputzten Lauch in Ringe schneiden und die Salatzutaten in einer Schüssel vorsichtig miteinander vermischen.

5. Für das Dressing den Joghurt mit der Sahne in einer Schüssel glattrühren.

6. Mit Worcestersauce, Zitronensaft, Salz, Pfeffer und Cayennepfeffer kräftig abschmecken und über den Salat geben.

7. Den Kartoffelsalat anrichten, ausgarnieren und mit Knoblauchcroûtons bestreut servieren.

Schnelle Gerichte

Rote Kartoffelsuppe

FÜR 4 PERSONEN:

1 mittelgroße Zwiebel
2–3 EL Butter oder Margarine
400 g mehligkochende Kartoffeln
250 g Fleischtomaten
2–3 EL Tomatenmark
3/4 l Gemüsebrühe
Salz
Pfeffer aus der Mühle
1 Prise Cayennepfeffer
1 Prise Muskat
einige Tropfen Zitronensaft
120 g Favorel Käse
1 Bund Basilikum

1. Die Zwiebel schälen, fein hacken und in der in einer Pfanne erhitzten Butter glasig schwitzen.
2. Die Kartoffeln schälen und würfeln und mit den enthäuteten Tomaten zu den gehackten Zwiebeln geben und ebenfalls kurz mitschwitzen.
3. Das Tomatenmark unterrühren, das Ganze mit Gemüsebrühe auffüllen. Bei mäßiger Hitze 20–25 Minuten köcheln lassen.
4. Mit den Gewürzen kräftig abschmecken und die Suppe dann in einem Mixer oder mit dem Pürierstab pürieren.
5. Das Ganze nochmals erhitzen und 2/3 des geriebenen Käses darin schmelzen lassen.
6. Die Kartoffelsuppe anrichten, mit dem restlichen Käse und mit dem gehackten Basilikum bestreuen und sofort servieren.

Käse-Kartoffelsuppe

FÜR 4 PERSONEN:

750 g Kartoffeln
1 Gemüsezwiebel
2-3 EL Butter oder Margarine
1 Knoblauchzehe
1 Möhre
1 Stange Porree
3/4 l Gemüse- oder Hühnerbrühe
Salz, Pfeffer aus der Mühle
je 1 Prise Muskat und Cayennepfeffer
1 Becher süße Sahne
125 g Doppelrahmkäse
8 Scheiben Meterbrot

1. Die Kartoffeln reinigen, schälen und in Würfel schneiden.
2. Die Zwiebel und die Knoblauchzehe putzen, fein hacken und in erhitzter Butter glasig schwitzen.
3. Den Lauch putzen, in Ringe schneiden. Die in Scheiben geschnittene Möhre mit den gewürfelten Kartoffeln dazugeben und ebenfalls kurz mitschwitzen.
4. Das Ganze mit Hühnerbrühe auffüllen und ca. 15-20 Minuten bei mäßiger Hitze leicht köcheln lassen.
5. Die Suppe mit den Gewürzen kräftig abschmecken, die Sahne und die Hälfte des Käses zugeben und schmelzen lassen.
6. Die Brotscheiben in Scheiben schneiden, den restlichen Käse darauflegen.
7. Die Kartoffelsuppe anrichten, das Brot darauflegen und im Grill oder Backofen überbacken und sofort servieren.

Feines Salatsüppchen

FÜR 4 PERSONEN

- 1 Zwiebel
- 2-3 EL Butter oder Margarine
- 250 g Kartoffeln
- 1 Glas Weißwein
- 3/4 l Gemüsebrühe
- 1 Kopfsalat
- Salz
- Pfeffer aus der Mühle
- 1 Prise Cayennepfeffer
- 1 Becher Crème fraîche
- 1/2 Tasse gehackte Kräuter

1. Die geschälte und feingehackte Zwiebel in der erhitzten Butter glasig schwitzen.
2. Die geschälten Kartoffeln in Würfel schneiden, zu den Zwiebeln geben und ebenfalls kurz mitschwitzen.
3. Mit Weißwein ablöschen, mit der Gemüsebrühe auffüllen und das Ganze 15-20 Minuten bei mäßiger Hitze leicht köcheln lassen.
4. Die Suppe in einem Mixer oder mit dem Pürierstab pürieren.
5. Den verlesenen und in Streifen geschnittenen Kopfsalat in die Suppe geben.
6. Mit den Gewürzen kräftig abschmecken und die Créme fraîche unterrühren.
7. Das Salatsüppchen anrichten, ausgarnieren und mit den gehackten Kräutern bestreut servieren.

Broccolikartoffelsüppchen mit Krabben

FÜR 4 PERSONEN:

- 1-2 EL Butter /Margarine
- 1 Zwiebel
- 200 g Kartoffeln
- 400 g Broccoliröschen
- 1/2 l Gemüsebrühe
- 1 Glas Weißwein
- Salz
- Pfeffer aus der Mühle
- 1 Prise Cayennepfeffer
- 1 Prise Muskat
- 30 g Butter/Margarine
- 30 g Mehl
- 100 g Krabben/Crevetten
- Saft von 1/2 Zitrone
- 1/2 Becher Sahne
- 2 Eigelb
- 2-3 EL Pinienkerne

1. Die Butter oder Margarine in einem Topf erhitzen und die feingehackte Zwiebel glasig schwitzen.
2. Die Broccoliröschen in mundgerechte Stücke schneiden Die geschälten Kartoffeln in Würfel schneiden.
3. Die Brühe und den Wein zur Zwiebel geben und aufkochen lassen.
4. Mit Salz, Pfeffer, Cayennepfeffer und Muskat abschmecken, die Broccoliröschen und die Kartoffeln in der Brühe bißfest garen.
5. Die Röschen und Kartoffeln herausnehmen, gut abtropfen lassen und bereitstellen.
6. Die Butter oder Margarine mit dem Mehl auf einer Arbeitsfläche verkneten und mit dem Schneebesen unter die Suppe schlagen.
7. Die Suppe schäumend aufkochen lassen und 4-5 Minuten kochen.
8. Anschließend die Suppe durch ein Sieb passieren, erneut in einen Topf geben und erhitzen.
9. Das Gemüse und die mit Zitronensaft beträufelten Krabben oder Crevetten in die Suppe geben.
10. Die Sahne mit den Eigelben verschlagen und die Suppe damit legieren. Vom Feuer nehmen, nicht mehr kochen lassen und abschmecken.
11. Das Süppchen mit Krabben anrichten, mit Pinienkernen bestreuen, ausgarnieren und servieren.

Bunter Getreidetopf

FÜR 4 PERSONEN:

2 Tassen gemischte Getreidekörner
1 l Gemüsebrühe
600 g Kaninchenfleisch
1–2 EL Butter oder Margarine
1 Zwiebel
4 Kartoffeln
2 Karotten
1 kleine Stange Lauch
1 Stück Sellerie
1 kleine Dose Zuckermais
1 kleine Zucchini
Salz
Pfeffer aus der Mühle
je 1 Prise Cayennepfeffer und Muskat
Kräuterzweige zum Garnieren

1. Die Getreidekörner in eine Schüssel geben, die Gemüsebrühe angießen und das Ganze über Nacht quellen lassen.
2. Das Kaninchenfleisch in mundgerechte Stücke schneiden und im erhitzten Fett Farbe nehmen lassen.
3. Das geputzte Gemüse in Würfel schneiden, zum Fleisch geben und kurz mitbraten.
4. Die Getreidekörner mit der Flüssigkeit angießen und bei mäßiger Hitze 35–40 Minuten köcheln lassen.
5. Kurz vor Garende den abgetropften Zuckermais und die in Scheiben geschnittenen Zucchini dazugeben und ebenfalls mitgaren.
6. Den Getreidetopf mit den Gewürzen kräftig abschmecken, anrichten, mit den Kräuterzweigen ausgarnieren und servieren.

Mexikanischer Hackfleisch-Eintopf

FÜR 4 PERSONEN:

75 g durchwachsenen geräucherten Speck
500 g Rinderhack
2 EL Olivenöl
2 Knoblauchzehen
1 TL Salz
1 Peperoni
2 Zwiebeln
1 rote Paprikaschote
1 grüne Paprikaschote
1 Glas Rotwein
1 TL Majoran
1 TL Thymian
2 EL Tomatenmark
1 Dose geschälte Tomaten
1 Dose Kidney Beans
Salz
schwarzen Pfeffer aus der Mühle
1 Prise Cayennepfeffer
2 EL Honig
etwas Tabasco
2 EL geschnittenen Schnittlauch

1. Den Speck fein würfeln und in einem Topf auslassen.
2. Das Rinderhack, das Öl und die mit Salz zerriebenen Knoblauchzehen zum Speck geben und 8-10 Minuten braten.
3. Die Peperoni fein hacken, die Zwiebeln schälen und fein würfeln, beides zum Fleisch geben und kurz mitbraten.
4. Die Paprikaschoten halbie-ren, entkernen, in feine Würfel oder Streifen schneiden, waschen, zum Fleisch geben und kurz mitschwitzen.
5. Den Rotwein angießen, den Majoran, den Thymian und das Tomatenmark einrühren.
6. Die geschälten Tomaten mit einer Gabel zerdrücken und mit den gut abgetropften Kidney Beans unter das Fleisch rühren.
7. Mit Salz, Pfeffer und Cayennepfeffer kräftig würzen und das Ganze weitere 8--10 Minuten garen.
8. Nach Ende der Garzeit den Eintopf mit dem Honig und dem Tabasco aromatisieren, nochmals abschmecken, anrichten und mit Schnittlauch bestreut servieren.

Rote-Bete-Topf mit Rindfleisch

FÜR 4 PERSONEN:

50 g durchwachsenen geräucherten Speck
1 Zwiebel
je 100 g Lauch und Karotten
300 g Kartoffeln
300 g Rote Bete
3/8 l Fleischbrühe
1 TL Kümmel
1 Lorbeerblatt
1 Zweig Thymian
Salz
schwarzen Pfeffer aus der Mühle
1 Prise Muskatpulver
etwas Weinessig
etwas Zitronensaft
1 Prise Zucker
250 g gekochtes Ochsenfleisch
1 Becher saure Sahne
2-3 EL gehackte Petersilie

1. Den Speck in kleine Würfel schneiden, in einen Topf geben und 2-3 Minuten auslassen.
2. Die Zwiebel, den Lauch, die Karotten, die Kartoffeln und die Rote Bete putzen, in feine Streifen oder Würfel schneiden, zum Speck geben und 8-10 Minuten dünsten.
3. Die Brühe angießen, den Kümmel, das Lorbeerblatt und den Thymianzweig dazugeben.
4. Das Gemüse bei mäßiger Hitze weitere 10-15 Minuten garen.
5. Mit Salz, Pfeffer, Muskat, Weinessig, Zitronensaft und Zucker kräftig abschmecken.
6. Das Ochsenfleisch in dünne Scheiben oder feine Würfel schneiden und unter das Gemüse heben.
7. Nach Ende der Garzeit den Rote-Bete-Topf nochmals abschmecken, die saure Sahne unterziehen, anrichten und mit Petersilie bestreut servieren.

Gemüseecken

FÜR 8 PERSONEN:

500 g mehlig kochende Kartoffeln
75 g Mehl
Salz
Muskat
1 Ei

FÜR DEN BELAG

1 Stange Lauch
2 rote Paprikaschoten
1 große Dose Mais
6 Eier, 1 TL Salz
4 Knoblauchzehen
2 Becher Crème fraîche
1 Schuß Milch
200 g ger. Emmentaler
je 1/2 Bund Schnittlauch,
Petersilie und Dill
1 Kästchen Kresse
Salz, Pfeffer aus der Mühle
1 Prise Muskatpulver
1 Prise Cayennepfeffer
Mehl zum Durcharbeiten
Backtrennpapier
2-3 EL Olivenöl

AUSSERDEM:

Alufolie
2-3 EL Olivenöl

1. Die gekochten Kartoffeln schälen, heiß durchpressen und leicht auskühlen lassen.
2. Das Mehl mit dem Salz, dem Muskat und dem Ei zu den Kartoffeln geben und schnell zu einem Teig verarbeiten.
3. Den Teig auf einer Arbeitsfläche ausrollen.
4 Ein Backblech mit Backtrennpapier auslegen und mit Olivenöl bestreichen, den Teig darauf legen und mit einer Gabel mehrmals einstechen.
5 Den Lauch und die Paprika-schoten putzen und schneiden.
6. Den Mais mit dem Gemüse vermischen.
7. Die Eier in einer Schüssel verschlagen und mit den mit Salz zerriebenen Knoblauch-zehen, der Crème fraîche und der Milch kräftig verrühren.
8. Den geriebenen Emmentaler und die feingehackten Kräuter untermischen, mit Salz, Pfeffer, Muskat und Cayennepfeffer kräftig würzen.
9. Das Gemüse auf den Teig verteilen und die Eier-Käse-Mischung darauf gießen.
10. Das Blech in den auf 200-220° C vorgeheizten Backofen schieben und 40-50 Minuten backen.
11. Herausnehmen, anrichten. ausgarnieren und servieren.

Paprika-Waffeln

FÜR 6 PERSONEN:

500 g rohe Kartoffeln
1 Zwiebel
4 Frischeier
75 g Weizenmehl
1 1/2 TL Salz
2 Paprikaschoten
1 Zwiebel
Salz
Pfeffer aus der Mühle
1/2 TL Oregano

1. Die Kartoffeln schälen, fein reiben, in eine Schüssel geben.
2. Die Zwiebel schälen und ebenfalls fein reiben.
3. Mit den Eiern, dem Mehl und dem Salz zu den Kartoffeln geben und gut verrühren.
4. Die Paprikaschoten putzen, halbieren und in Würfel schneiden, die Zwiebel fein würfeln, unter den Teig heben.
5. Den Teig mit Salz, Pfeffer und Oregano abschmecken.
6. Portionsweise den Teig in ein beschichtetes Waffeleisen geben und Waffeln ausbacken.

Folienkartoffeln

FÜR 4 PERSONEN:

1,2 kg mittelgroße Kartoffeln
Salzwasser
2 Lorbeerblätter, 2 EL Kümmel
Alufolie
Olivenöl zum Bestreichen

1. Die Kartoffeln waschen und in einen Topf geben.
2. Das Salzwasser, die Lorbeerblätter und den Kümmel dazugeben und die Kartoffeln bißfest garen.
3. Je nach Menge der Kartoffeln entsprechend große Stücke Alu-folie vorbereiten und diese mit Olivenöl bestreichen.
4. Die Kartoffeln gleichmäßig in die Alufolie wickeln und auf dem Grill fertiggaren.
5. Die fertigen Folienkartoffeln mit einem Messer über Kreuz einschneiden und mit beiden Daumen und Zeigefingern zur Mitte hin zusammendrücken.
6. Die Dips gleichmäßig über die Folienkartoffeln verteilen, anrichten, ausgarnieren und servieren.

Feuriger Paprika-Dip

FÜR 4 PERSONEN:

1 Becher Joghurt
1 Tasse Mayonnaise
1/2 rote Paprikaschote
1/2 grüne Paprikaschote
1 Zwiebel, 1/2 Bund Schnittlauch
1-2 EL mittelscharfen Senf
1 TL Paprikapulver
Salz, Pfeffer aus der Mühle
einige Tropfen Zitronensaft
einige Tropfen Worcestersauce

1. Den Joghurt mit der Mayonnaise in einer Schüssel glattrühren.
2. Die Paprikaschoten in sehr feine Würfel schneiden, die Zwiebel schälen und fein hacken.
3. Den Schnittlauch kleinschneiden, mit dem Gemüse und dem Senf sowie dem Paprikapulver unter die Sauce rühren, abschmecken und servieren.

Sardellen-Dip

FÜR 4 PERSONEN:

1 Becher Sahne-Dickmilch
1 Tasse Mayonnaise
50 g Sardellenpaste, 1/2 Bund Dill
Salz, Pfeffer aus der Mühle
1 Prise Cayennepfeffer
1 Prise Zucker
einige Tropfen Worcestersauce
einige Tropfen Zitronensaft

1. Die Dickmilch, die Mayonnaise und die Sardellenpaste in einer Schüssel verrühren, den feingehackten Dill untermischen.
2. Den Dip abschmecken, anrichten und zu den Folienkartoffeln servieren.

Hausgemachter Reiberdatschi

FÜR 4 PERSONEN:

750 g Kartoffeln
1 Zwiebel
1/2 Tasse saure Sahne
1/2 Tasse Weizenvollkorngries
1-2 Eier
Salz
Pfeffer aus der Mühle
1 Prise Muskat
75 g geriebenen Emmentaler
2-3 EL Butter oder Margarine

1. Die Kartoffeln waschen, schälen und in eine Schüssel reiben.
2. Die Zwiebel schälen, sehr fein hacken und zu den Kartoffeln geben.
3. Die Sahne, den Vollkorngries und die Eier zu den Kartoffeln geben und alles zu einer kompakten Masse verarbeiten.
4. Mit Salz, Pfeffer und Muskat kräftig abschmecken.
5. Den geriebenen Käse unter die Masse heben.
6. Die Butter oder Margarine in einer Pfanne erhitzen. Je 2-3 EL Kartoffelmasse in die Pfanne geben, andrücken und auf beiden Seiten goldgelb backen.
7. Die Reiberdatschi anrichen, ausgarnieren und sofort servieren.

Getreidebratlinge

FÜR 4 PERSONEN:

1 Zwiebel
1-2 EL Butter oder Margarine
3-4 Kartoffeln
1 Karotte
1 Stück Lauch
3/4 l Gemüsebrühe
75 g fein geschrotete Gerste
75 g Haferflocken
2 EL Weizenmehl
75 g gemahlene Nüsse (Paranüsse, Erdnüsse, Mandeln, Haselnüsse)
Salz, Pfeffer aus der Mühle
1 Prise Cayennepfeffer
1 Prise Muskat
1 TL Kümmel
1/2 Bund Petersilie
1/2 Bund Schnittlauch
1-2 EL Butterschmalz

1. Die Zwiebel schälen, fein hacken und im erhitzten Fett glasig schwitzen.
2. Die geschälten Kartoffeln, die Karotte und den geputzten Lauch in feine Würfel schneiden, zu den Zwiebeln geben und kurz mitschwitzen.
3. Die Gemüsebrühe zum Kochen bringen.
4. Die geschrotete Gerste mit den Haferflocken und dem Weizenmehl unterrühren, zum Kochen bringen.
5. Das Ganze vom Feuer nehmen und 20 Minuten gut ausquellen lassen.
6. Die gemahlenen Nüsse untermischen und die Masse mit Salz, Pfeffer, Cayennepfeffer, Muskat und Kümmel kräftig abschmecken.
7. Die verlesenen Kräuter fein hacken und ebenfalls unter die Masse rühren.
8. Mit feuchten Händen etwa handtellergroße Bratlinge formen.
9. Etwas Butterschmalz in einer Pfanne erhitzen und die Bratlinge darin auf beiden Seiten goldbraun braten.
10. Herausnehmen, die Bratlinge anrichten, ausgarnieren und servieren.

Gemüsedatschi

FÜR 4 PERSONEN:

600 g Kartoffeln
1 Karotte
1 Stück Sellerie
1/2 Tasse Weizenvollkornmehl
1-2 Eier
Salz
Pfeffer aus der Mühle
75 g geriebenen Käse
2-3 El Butter oder Margarine

1. Die geschälten Kartoffeln in einer Schüssel reiben.
2. Das geputzte Gemüse in feine Würfel schneiden und zu den Kartoffeln geben.
3. Den Käse unterrühren und die Masse kräftig abschmecken.
Das Fett in einer Pfanne erhitzen, je 2-3 El Masse in die Pfanne geben, andrücken und goldgelb braten.
4. Die Gemüsedatschi anrichten, ausgarnieren und servieren.

Gebackene Käsekartoffeln mit Kümmel

FÜR 4 PERSONEN:

1,5 kg festkochende Kartoffeln	
3–4 EL Butter oder Margarine	
Salz	
Pfeffer aus der Mühle	
1 Prise Cayennepfeffer	
1 Prise Muskat	
1 TL Kümmel	
150 g geriebener Käse	

1. Die Kartoffeln unter fließendem Wasser waschen und gut abtropfen lassen.
2. Die Kartoffeln leicht schälen und der Länge nach tief mit einem Messer in dichten Abständen einschneiden, so daß sie noch zusammenhalten.
3. Die Butter erhitzen und die Kartoffelhälften damit einpinseln.
4. Die Kartoffeln in eine Auflaufform setzen.
5. Mit Salz, Pfeffer, Cayennepfeffer, Muskat und Kümmel würzen.
6. Den Käse darüberstreuen und das Ganze im auf 200–225° C vorgeheizten Ofen ca. 35–40 Minuten backen.
7. Nach Ende der Backzeit die Kartoffeln herausnehmen, anrichten, ausgarnieren und servieren.

Kartoffelfondue

FÜR 4 PERSONEN:

1 kg kleine Kartoffeln
Salzwasser
2 Lorbeerblätter
1 EL Kümmel
1 Zweig Rosmarin
1 Zweig Thymian

AUSSERDEM:

500 g Joghurt-Salat-Creme
1 Becher Joghurt
1 hartgekochtes Ei
1 Bund Radieschen
1 Glas Kapern
1 Kästchen Kresse
1 Bund Basilikum
Salz
Pfeffer aus der Mühle
1 Prise Cayennepfeffer
1 Prise Zucker
einige Tropfen Zitronensaft
einige Tropfen Worcestersauce
nach Geschmack einige Tropfen Weinbrand oder Likör
Öl oder Pflanzenfett

1. Die Kartoffeln waschen und mit dem Salzwasser in einen Topf geben.
2. Die Lorbeerblätter, den Kümmel, den Rosmarin und den Thymian dazugeben und die Kartoffeln bißfest garen.
3. In der Zwischenzeit die Joghurt-Salat-Creme in eine Schüssel geben und mit dem Joghurt glattrühren.
4. Das Ei schälen und sehr fein hacken, die Radieschen putzen und in feine Scheibchen schneiden.
5. Die Kapern gut abtropfen lassen, die Kresse und das Basilikum verlesen, waschen und fein hacken.
6. Die Joghurt-Salat-Creme in fünf Teile teilen und das Ei, die Radieschen, die Kapern, die Kresse und das Basilikum in je ein Fünftel Sauce einrühren.
7. Die Saucen mit Salz, Pfeffer, Cayennepfeffer, Zucker, Zitronensaft, Worcester-Sauce, Weinbrand oder Likör kräftig abschmecken.
8. Die Kartoffeln abgießen, schälen und dekorativ mit den Saucen anrichten.
9. Das Öl oder Pflanzenfett erhitzen und im Fonduetopf servieren. Die Kartoffeln im schwimmenden Fett garen.

Schmalz-Gemüseplatte

FÜR 4 PERSONEN:

400 g kleine Kartoffeln
je 250 g Zucchini, Broccoliröschen und Karotten
Gemüsebrühe zum Blanchieren
200 g frische Champignons
Saft von 1 Zitrone
Salz
Pfeffer aus der Mühle

FÜR DEN TEIG:

125 g Mehl, 2 Eiweiß
2 Eigelb, 1/8 l Bier
1 Prise Muskatpulver

AUSSERDEM:

500 g Butterschmalz
verschiedene Fondue-Saucen und Dips

1. Die Kartoffeln, Zucchini, Broccoliröschen und Karotten putzen und in mundgerechte Stücke schneiden.

2. Die Brühe zum Kochen bringen, das Gemüse bißfest garen und herausnehmen

3. Die Champignons putzen und mit Zitronensaft beträufeln. Das Gemüse mit Salz und Pfeffer würzen.

4. Das Mehl mit den Eigelben und dem Bier glattrühren, mit Salz, Pfeffer und Muskat würzen und die steifgeschlagenen Eiweiße unterheben.

5. Das Schmalz erhitzen und in einem Fonduetopf anrichten.

6. Das Gemüse und den Teig dazugeben, die Fondue-Saucen und die Dips anrichten.

7. Das Gemüse auf Spieße stecken, durch den Teig ziehen und goldgelb ausbacken.

Gefüllte Frühlingskartoffeln

FÜR 4 PERSONEN

1.5 kg Kartoffeln
Salzwasser
1 Tl Kümmel
1 rotschaliger Apfel
1 grünschaliger Apfel
Saft von 1 Zitrone
1 Bund Lauchzwiebeln
Salz
Pfeffer aus der Mühle
1 Prise Cayennepfeffer
500 g Gouda Käse
1 Becher Crème fraîche
200 g Quark
1 Schuß Sahne
1 Prise Cayennepfeffer
1 Prise Zucker
einige Tropfen Zitronensaft
einige Tropfen Worcestersauce
1 Kästchen Kresse

1. Die Kartoffeln unter fließendem Wasser waschen und gut abtropfen lassen. Die Kartoffeln in Salzwasser mit etwas Kümmel garen.
2. Die Äpfel waschen, entkernen und vierteln. Die Apfelviertel in Scheiben schneiden und sofort mit Zitronensaft beträufeln.
3. Die Lauchzwiebeln putzen, waschen und in Ringe schneiden.
4. Die gegarten Kartoffeln halbieren und mit einem Kugelausstecher aushöhlen.
5. Die Kartoffelkugeln mit den Apfelscheiben, den Lauchzwiebeln und mit dem gewürfelten Käse in einer Schüssel vorsichtig vermischen. Die Masse mit Salz, Pfeffer, Cayennepfeffer kräftig würzen.
6. Die Gemüsefruchtmischung in die Kartoffelhälften füllen und das Ganze in eine gebutterte Auflaufform schichten.
7. Die Crème fraîche mit dem Quark und der Sahne in einer Schüssel glattrühren und mit Salz, Pfeffer , Cayennepfeffer und Zucker kräftig würzen und mit Zitronensaft und Worcestersauce abschmecken
8. Die Soße gleichmäßig über die Kartoffelhälften verteilen.
9. Die gefüllten Kartoffeln im auf 180–200° C vorgeheitzten Backofen ca. 10–15 Minuten überbacken.
10 .Die Frühlingskartoffeln herausnehmen, anrichten, ausgarnieren und mit verlesenen Kresseblättern bestreut servieren.

Grillkartoffeln mit Knoblauch–Dip

FÜR 4 PERSONEN:

1,2 kg festkochende Kartoffeln
Salzwasser
2 Lorbeerblätter
2 EL Kümmel
je 1 EL Wacholderbeeren, Pimentkörner und Majoran
1 Zweig Rosmarin

AUSSERDEM:

100 g Butter/Margarine
1 Bund Schnittlauch
1 Bund Petersilie
einige Tropfen Zitronensaft
Salz, Pfeffer aus der Mühle

FÜR DEN DIP:

1 kleine Salatgurke
1/2 Bund Radieschen
1 kleine Zwiebel
2 Knoblauchzehen
1 TL Salz, 1 Prise Zucker
1 Becher Dickmilch
75 g Magerquark
1 Schuß Sahne
Saft von 1/2 Zitrone
1 TL Tsatsiki-Gewürz
1 Prise Cayennepfeffer

1. Die Kartoffeln waschen und kräftig abbürsten.
2. Mit dem Salzwasser in einen Topf geben. Die Lorbeerblätter, den Kümmel, die Wacholderbeeren, die Pimentkörner, den Majoran sowie den Rosmarinzweig dazugeben und die Kartoffeln bißfest garen.
3. Die Kartoffeln abgießen und anrichten.
4. Das Fett in einem Topf erhitzen und die feingehackten Kräuter dazugeben.
5. Mit Zitronensaft, Salz und Pfeffer abschmecken und zu den Pellkartoffeln servieren.
6. Für den Gurken-Knoblauch-Dip die Salatgurke putzen, halbieren, mit einem Teelöffel das Kerngehäuse herauslösen und in sehr feine Stifte schneiden.
7. Die Radieschen ebenfalls putzen und in Stifte schneiden. Die Zwiebel schälen und sehr fein hacken.
8. Die Knoblauchzehen schälen und mit Salz zu einer Paste zerreiben.
9. Die Dickmilch mit dem Magerquark, der Sahne und dem Zitronensaft glattrühren.
10. Das Gemüse dazugeben und vorsichtig untermischen.
11. Mit Tsatsiki-Gewürz, Salz, Pfeffer, Cayennepfeffer und Zucker abschmecken, anrichten, ausgarnieren und zu den Grillkartoffeln servieren.

Sauerkraut-Kartoffelpuffer

FÜR 4 PERSONEN

600 g Kartoffeln
1 Zwiebel
100 g Sauerkraut
100 g gekochten Schinken
1/2 Tasse saure Sahne
1/2 Tasse Weizenvollkornmehl
1-2 Eier
Salz
Pfeffer aus der Mühle
1 Prise Muskat
75 geriebenen Käse
2-3 El Butter oder Margarine

1. Die Kartoffeln waschen, schälen und in eine Schüssel reiben.
2. Die Zwiebel sehr fein hacken und mit dem gut abgetropften Sauerkraut zu den Kartoffeln geben.
3. Den Schinken in feine Würfel schneiden und mit der Sahne und dem Mehl zu den Kartoffeln geben, und alles zu einer kompakten Masse verarbeiten.
4. Die Eier darunterschlagen und das Ganze mit Salz, Pfeffer, Muskat kräftig abschmecken.
5. Den geriebenen Käse unter die Masse rühren. Das Fett in einer Pfanne erhitzen, je 2-3 EL Kartoffelmasse in die Pfanne geben, andrücken und auf beiden Seiten goldgelb backen. Die Sauerkrautkartoffelpuffer anrichten, ausgarnieren und servieren.

Grillkartoffeln

FÜR 4 PERSONEN:

1,2 kg festkochende Kartoffeln
Salzwasser
2 Lorbeerblätter
2 EL Kümmel
1 EL Wacholderbeeren
1 EL Pimentkörner
1 EL Majoran
1 Zweig Rosmarin

AUSSERDEM:

Dips für Pellkartoffeln
100 g Butter oder Margarine
1 Bund Schnittlauch
1 Bund Petersilie
einige Tropfen Zitronensaft
Salz, Pfeffer aus der Mühle

1. Die Kartoffeln unter fließendem Wasser waschen und kräftig abbürsten.
2. Mit dem Salzwasser in einen Topf geben. Die Lorbeerblätter, den Kümmel, die Wacholderbeeren, die Pimentkörner, den Majoran sowie den Rosmarinzweig dazugeben und die Kartoffeln bißfest garen.
3. Die Kartoffeln abgießen, anrichten und mit den verschiedenen Dips servieren.
4. Die Butter oder Margarine in einem Topf erhitzen und die verlesenen, gewaschenen und feingehackten Kräuter dazugeben.
5. Mit Zitronensaft, Salz und Pfeffer abschmecken und zu den Pellkartoffeln servieren.

Gurken-Knoblauch-Dip

FÜR 4 PERSONEN:

1 kleine Salatgurke
1/2 Bund Radieschen
1 kleine Zwiebel
2 Knoblauchzehen
1 TL Salz
1 Becher Dickmilch
75 g Magerquark
1 Schuß Sahne
Saft von 1/2 Zitrone
1 TL Tsatsiki-Gewürz
Salz
Pfeffer aus der Mühle
1 Prise Cayennepfeffer
1 Prise Zucker

1. Die Salatgurke putzen, halbieren, mit einem Teelöffel das Kerngehäuse herauslösen und in sehr feine Stifte schneiden.
2. Die Radieschen ebenfalls putzen und in Stifte schneiden. Die Zwiebel schälen und sehr fein hacken.
3. Die Knoblauchzehen schälen und mit Salz zu einer Paste zerreiben.
4. Die Dickmilch mit dem Magerquark, der Sahne und dem Zitronensaft in einer Schüssel glattrühren.
5. Das Gemüse dazugeben und vorsichtig untermischen.
6. Mit Tsatsiki-Gewürz, Salz, Pfeffer, Cayennepfeffer und Zucker kräftig abschmecken, anrichten, ausgarnieren und servieren.

Kräuter-Sauce

FÜR 4 PERSONEN:

100 g Magerquark
1 Becher Sahnedickmilch
Saft von 1/2 Zitrone
1 Tasse gemischte gehackte Kräuter (Schnittlauch, Petersilie, Dill, Estragon, Kresse, Zitronenmelisse)
Salz
Pfeffer aus der Mühle
1 Prise Cayennepfeffer
1 Prise Zucker
einige Tropfen Worcestersauce

1. Den Magerquark mit der Dickmilch und dem Zitronensaft in eine Schüssel geben und glattrühren.
2. Die gehackten Kräuter untermischen, mit Salz, Pfeffer, Cayennepfeffer, Zucker und Worcestersauce abschmecken und zu den Pellkartoffeln servieren.

Kümmel-Quark

FÜR 4 PERSONEN:

250 g Sahnequark
1 Schuß Sahne
1 Tasse Kefir
Saft von 1/2 Zitrone
1 TL gemahlenen Kümmel
1 TL geschroteten Kümmel
Salz, Pfeffer aus der Mühle
4 cl Aquavit
1 Prise Zucker

1. Den Sahnequark mit der Sahne, dem Kefir und dem Zitronensaft in eine Schüssel geben und glattrühren.
2. Den gemahlenen und den geschroteten Kümmel untermischen, mit Salz, Pfeffer und Aquavit sowie etwas Zucker kräftig abschmecken, anrichten und zu den Pellkartoffeln servieren.

Pußta-Sauce

FÜR 4 PERSONEN:

1 Zwiebel
1/2 rote Paprikaschote
1/2 grüne Paprikaschote
1-2 EL Olivenöl
2 Knoblauchzehen
1 TL Salz
4 cl Barac
1/2 Tasse Pußta-Sauce

1. Die Zwiebel schälen und fein reiben.
2. Die Paprikaschoten putzen und in sehr feine Würfel schneiden.
3. Das Olivenöl in einer Pfanne erhitzen und die geschälten und mit Salz zerriebenen Knoblauchzehen darin kurz anschwitzen.
4. Die Zwiebeln und die Paprikaschoten dazugeben und kurz mitschwitzen.
5. Mit Barac ablöschen, vom Feuer nehmen und erkalten lassen.
6. Das Gemüse unter die Pußta-Sauce ziehen, nochmals abschmecken, anrichten und servieren.

Spargel mit Kressesauce

FÜR 4 PERSONEN:
1,5 kg frischen Spargel
1 l Milch
je 1 Prise Zucker, Salz, Cayennepfeffer und Muskat

FÜR DIE SAUCE:
400 g Magerquark
Pfeffer aus der Mühle
Saft von je 1/2 Zitrone und Orange
2 Kästchen Kresse

AUSSERDEM:
4 hartgekochte Eier
1 kg Pellkartoffeln

1. Den Spargel dünn schälen und das untere Ende abschneiden.
2. Die Milch in einen Topf geben, mit Zucker, Salz, Cayennepfeffer und Muskat würzen und erhitzen.
3. Den Spargel in den Sud legen und bißfest garen.
4. Den Quark mit einer Tasse Spargelsud glattrühren.
5. Die Sauce mit Salz, Pfeffer, Cayennepfeffer und Zucker abschmecken, mit Zitronen- und Orangensaft aromatisieren.
6. Die Kresse kleinschneiden, unter die Sauce heben und abschmecken.
7. Den Spargel aus dem Sud nehmen, abtropfen lassen und anrichten. Die Eier pellen, fein hacken und auf den Spargel streuen.
8. Die Kressesauce gleichmäßig auf dem Spargel verteilen, die Pellkartoffeln abgießen und mit dem Spargel servieren.

Steaks mit Spargel und Tomaten-Kartoffeln

FÜR 4 PERSONEN:
4 Steaks à 200 g , (Rind-, Kalb- oder Schweinesteaks)
1 Tasse Olivenöl
2 Knoblauchzehen
1 TL Salz
1 EL Kräuter der Provence

FÜR DAS SPARGELGEMÜSE:
800 g Spargel
Saft von 1 Zitrone
1/2 l Gemüsebrühe
3/8 l Béchamel-Sauce

FÜR DIE TOMATEN-KARTOFFELN:
2-3 EL Butter oder Margarine
1 Zwiebel
4 Tomaten
500 g gek. Kartoffeln
Salz
Pfeffer aus der Mühle
1 Bund Schnittlauch

1. Das Öl mit den mit Salz zerriebenen Knoblauchzehen und den Kräutern vermischen. Die Steaks damit überziehen und 6-8 Stunden ziehen lassen.
2. Den Spargel schälen und in Zitronenwasser legen, in mundgerechte Stücke schneiden und in der Brühe bißfest garen.
3. Die Spargelstücke aus dem Sud nehmen und in der Béchamel-Sauce erhitzen.
4. Das Fett erhitzen und die feingehackte Zwiebel glasig schwitzen.
5. Die gewürfelten Tomaten mit den gekochten und ebenfalls gewürfelten Kartoffeln dazugeben. Das Ganze erhitzen, abschmecken und den Schnittlauch unterheben.
6. Die Steaks salzen, pfeffern und braten. Abschließend anrichten, mit dem Spargelgemüse und den Tomaten-Kartoffeln servieren.

Rinderlende mit Kruste

FÜR 4 PERSONEN:

- 4 Scheiben Rinderlende à 200 g
- Salz, Pfeffer aus der Mühle
- 1–2 EL Olivenöl
- 100 g Sonnenblumenkerne
- 2–3 Knoblauchzehen
- 1 TL Salz, 2 Eigelb
- 1 Bund Petersilie
- 1 Prise Cayennepfeffer
- 1 Prise Zucker

AUSSERDEM:

- 1–2 EL Butter oder Margarine
- 2 Schalotten
- 4 cl Whisky
- 1 Becher Crème fraîche
- 1 Bund Petersilie

FÜR DIE KARTOFFEL-HERZEN:

- 600 g gekochte Kartoffeln
- 2 Eigelb
- 5–6 EL Mehl
- Salz, Pfeffer aus der Mühle
- 1 Prise Muskatpulver
- 1 Prise Cayennepfeffer
- 4–5 EL Butterschmalz
- 4 entsprechende Stück Alufolie

1. Die Rinderlende unter fließendem Wasser abwaschen, trockentupfen, mit Salz und Pfeffer würzen und mit Olivenöl bestreichen.
2. 2 EL Sonnenblumenkerne abnehmen und die restlichen fein mahlen.
3. Die Knoblauchzehen schälen, hacken und mit Salz zu einer Paste zerreiben.
4. Das Sonnenblumenmehl mit der Knoblauchpaste, dem Eigelb, der verlesenen, gewaschenen und feingehackten Petersilie in eine Schüssel geben und vermischen.
5. Die Masse mit Salz, Pfeffer, Cayennepfeffer und Zucker kräftig würzen.
6. Die Butter oder Margarine in einem Grillpfännchen erhitzen und die geschälten und feingehackten Schalotten darin glasig schwitzen.
7. Mit Whisky ablöschen und mit der Crème fraîche auffüllen.
8. Mit Salz, Pfeffer, Cayennepfeffer und Zucker abschmecken und die verlesene, gewaschene und feingeschnittene Petersilie untermischen.
9. Für die Kartoffelherzen die geschälten und noch warmen Kartoffeln durch die Kartoffelpresse treiben.
10. Etwas auskühlen lassen und anschließend das Eigelb und das Mehl unterrühren.
11. Die Kartoffelmasse mit Salz, Pfeffer, Muskat und Cayennepfeffer kräftig abschmecken.
12. Die Masse auf einer bemehlten Arbeitsfläche etwa 1 1/2 bis 2 cm dick ausrollen und mit Herzausstechern kleine Herzen ausstechen.
13. Die Kartoffelherzen in Butterschmalz goldgelb braten.
14. Die Rinderlende auf dem Grill anbraten, vom Feuer nehmen und auf vier mit Butter ausgefettete entsprechend große Stücke Alufolie legen.
15. Die Sonnenblumenmasse gleichmäßig darauf verteilen. Die Alufolie verschließen und erneut auf dem Grill garen.
16. Die gegarten Rinderlendenstücke aus der Folie nehmen, anrichten, mit der Whiskysauce überziehen, die Kartoffelherzen dazugeben, ausgarnieren und servieren.

Rumpsteaks mit Sojacreme

FÜR 4 PERSONEN:

- 4 Rumpsteaks à 200 g
- 1/2 Tasse Olivenöl
- 2–3 EL Sojasauce
- 2 cl Weinbrand
- 2 Knoblauchzehen
- 1 TL Salz
- je 1 EL schwarze und rote Pfefferkörner
- je 1 EL Thymian und Rosmarin
- 2–3 El Butter oder Margarine
- 4 Portionen gekochte Kartoffeln

FÜR DIE CREME:

- 500 g Fleischtomaten
- 1/2 Tasse Sojasauce
- 2 EL Apfelessig
- 1 Becher süße Sahne
- Salz
- Pfeffer aus der Mühle
- je 1 Prise Cayennepfeffer und Zucker
- 50 g kalte Butterflöckchen

1. Die Rumpsteaks waschen, trokkentupfen, in eine Schüssel geben.
2. Das Öl mit der Sojasauce, dem Weinbrand und den mit Salz zerriebenen Knoblauchzehen in einer Schüssel verrühren.
3. Die Pfefferkörner grob schroten, mit dem Rosmarin unter die Marinade ziehen.
4. Die Marinade auf die Steaks verteilen, 2 Stunden ziehen lassen.
5. Die Fleischtomaten enthäuten, entkernen und kleinschneiden.
6. Mit der Sojasauce und dem Apfelessig in eine Pfanne geben, zum Kochen bringen und anschließend mit dem Pürierstab pürieren.
7. Die Tomatensauce mit der Sahne erneut erhitzen und bei starker Hitze kurz einreduzieren lassen.
8. Die Sauce mit Salz, Pfeffer, Cayennepfeffer und Zucker kräftig würzen, vom Feuer nehmen und die kalten Butterflöckchen mit einem Schneebesen einschlagen.
9. Die Steaks in der Pfanne braten und während der Bratzeit öfter mit der Marinade bestreichen.
10. Den Thymian hacken, die Butter erhitzen und die Salzkartoffeln darin schwenken.
11. Die fertigen Steaks anrichten, mit der Sojacreme überziehen, mit den Kartoffeln anrichten, ausgarnieren und servieren.

Matjes mit Dillstippe

FÜR 4 PERSONEN:

8–12 Matjesfilets
1/4 l Buttermilch

FÜR DIE DILLSTIPPE:

2 Becher Sahnedickmilch
2–3 EL mittelscharfen Senf
Saft von 1 Zitrone
Salz
Pfeffer aus der Mühle
1 Prise Zucker
1 Prise Cayennepfeffer
1 Bund Dill
einige Tropfen Weißwein
einige Tropfen Worcestersauce

AUSSERDEM:

4 Portionen Rote-Bete-Salat
4 Portionen Salzkartoffeln

1. Die Matjesfilets unter fließendem Wasser waschen, gut abtropfen lassen, in eine Schüssel geben, die Buttermilch angießen und mindestens 1 Stunde ziehen lassen.
2. Für die Sauce die Dickmilch mit dem Senf und dem Zitronensaft glattrühren.
3. Mit Salz, Pfeffer, Zucker und Cayennepfeffer abschmecken.
4. Den verlesenen, gewaschenen und feingehackten Dill unter die Sauce ziehen.
5. Die Sauce mit Weißwein und Worcestersauce abrunden und bereitstellen.
6. Die Matjesfilets aus der Buttermilch nehmen und in 2–3 cm große Stücke schneiden.
7. Die Matjesfilets unter die Dillstippe heben, abschmecken und dekorativ auf Tellern anrichten.
8. Den Rote-Bete-Salat in Streifen schneiden, gut abtropfen lassen, mit den Salzkartoffeln zu den Matjesfilets geben, das Ganze ausgarnieren und servieren.

Sprintergericht

FÜR 4 PERSONEN:

1 kg Rinderlende
Salz, Pfeffer aus der Mühle
1 TL Paprikapulver
3–4 EL mittelscharfen Senf
1–2 EL Kräuter der Provence
2–3 EL Olivenöl

AUSSERDEM:

1 Becher Sahnedickmilch
Saft von 1 Zitrone
1 Tasse gemischte gehackte Kräuter (Schnittlauch, Dill, Estragon, Pimpinelle, Zitronenmelisse, Borretsch)
4 hartgekochte Eier
einige Tropfen Worcestersauce

1. Die Rinderlende waschen und trockentupfen, mit Salz, Pfeffer und Paprikapulver würzen.
2. Den Senf mit den Kräutern der Provence verrühren und das Fleisch damit einstreichen.
3. Das Fleisch mit Öl beträufeln, in einer Pfanne scharf anbraten und im auf 180–200 °C vorgeheizten Backofen 20–25 Minuten garen. Das Fleisch soll innen rosa sein.
4. Die Dickmilch mit dem Zitronensaft glattrühren, mit Salz und Pfeffer würzen und die gehackten Kräuter untermischen.
5. Die Eier pellen, fein hacken und unter die Sauce rühren.
6. Die Sauce mit Salz, Pfeffer, Zitronensaft und Worcestersauce abschmecken.
7. Das Fleisch in feine Scheiben schneiden, anrichten und mit der Sauce überziehen.
8. Dazu reicht man kleine, in Butter gegarte Möhrchen und gebratene Kartoffelscheiben.

Hering in Gelee mit Speckkartoffeln

FÜR 4 PERSONEN:

600 g Kartoffeln
Salzwasser
2–3 Essiggurken
1 Röhrchen Kapern
1 kleines Glas Sardellenfilets
2 Tassen gemischte, gehackte Kräuter (Kerbel, Estragon, Schnittlauch, Dill)
2–3 EL mittelscharfen Senf
1 Glas Mayonnaise
einige Tropfen Zitronensaft
einige Tropfen Worcestersauce
Salz
Pfeffer aus der Mühle
1 Prise Zucker
125 g durchwachsenen geräucherten Speck
2 Zwiebeln
800 g Hering in Gelee

1. Die Kartoffeln unter fließendem Wasser gründlich abbürsten, in einen Topf geben, Salzwasser angießen und die Kartoffeln in 20–25 Minuten garen.

2. Die Kartoffeln leicht erkalten lassen, pellen und bereitstellen.

3. Die Gurken und die Kapern gut abtropfen lassen und in sehr feine Würfel schneiden. Die Sardellenfilets waschen und fein hacken.

4. Gurken, Kapern, Sardellenfilets, gehackte Kräuter und Senf zur Mayonnaise geben und alles gut miteinander verrühren.

5. Die Remoulade mit Salz, Pfeffer, Zitronensaft, Worcestersauce, Salz, Pfeffer und Zucker kräftig abschmecken und bereitstellen.

6. Den in feine Würfel oder Streifen geschnittenen Speck in einer Pfanne auslassen.

7. Die feingehackten Zwiebeln dazugeben und glasig schwitzen.

8. Die Kartoffeln dazugeben und kurz mitrösten. Mit Salz und Pfeffer würzen.

9. Den Hering in Gelee portionsweise anrichten, die Speckkartoffeln und die Remoulade dazugeben, das Ganze ausgarnieren und servieren.

Kartoffeln mit Matjes auf Rote-Bete-Püree

FÜR 4 PERSONEN:

- 2-3 EL Butter/Margarine
- 1 Gemüsezwiebel
- 500 g gekochte Rote Bete
- 1 Tasse Gemüsebrühe
- 1 Becher Sahnedickmilch
- Salz
- Pfeffer aus der Mühle
- 1 Prise Cayennepfeffer
- 1 Prise Muskat
- einige Tropfen Zitronensaft
- einige Tropfen Worcestersauce
- 12 in Buttermilch eingelegte Matjesfilets
- 4 Portionen Pellkartoffeln
- Zwiebelgrün oder Schnittlauch zum Garnieren

1. Die Gemüsezwiebel schälen und fein hacken, mit der Butter oder Margarine in eine Pfanne geben und glasig schwitzen.

2. Die gekochten und kleingeschnittenen Roten Bete dazugeben und kurz mitschwitzen.

3. Die Gemüsebrühe angießen und das Ganze anschließend im Mixer oder mit dem Pürierstab pürieren.

4. Die Sahnedickmilch dazugeben und kräftig durchmixen.

5. Das Ganze mit Salz, Pfeffer, Cayennepfeffer, Muskat, Zitronensaft und Worcestersauce kräftig abschmecken.

6. Die Matjesfilets gut abtropfen lassen und zusammenrollen.

7. Das Rote-Bete-Püree dekorativ auf Tellern anrichten und die Matjesfilets darauflegen.

8. Die Pellkartoffeln pellen, zu den Matjesröllchen geben. Das Ganze mit frisch geschnittenem Zwiebelgrün oder Schnittlauch bestreuen, ausgarnieren und servieren.

Gemüseragout

FÜR 4 PERSONEN:

2 rote Zwiebeln
1 Knoblauchzehe
500 g Auberginen
Salz
1 EL Mehl
75 ml Sonnenblumenöl
250 g Karotten
2 große Kartoffeln
1/2 Sellerieknolle
2 Stangen Lauch
Salz
schwarzen Pfeffer
250 ml Gemüsefond
100 ml Crème fraîche
1 Bund gemischte Kräuter

1. Die Zwiebeln schälen und in Würfel schneiden.

2. Die Auberginen schälen, würfeln und mit Salz bestreut kurz ziehen lassen. Trockentupfen und in Mehl wenden.

3. Das Öl in einer Pfanne erhitzen und die Würfel goldbraun ausbacken.

4. Den Knoblauch schälen, durch die Presse drücken und zu den Auberginen geben.

5. Die Karotten, die Kartoffeln und den Sellerie schälen und in Stücke schneiden.

6. Den Lauch putzen und in Ringe schneiden.

7. Die Zwiebeln, den Knoblauch, die Karotten, die Kartoffeln, den Sellerie und den Lauch zu den Auberginen geben und kurz andünsten, mit Salz und frisch gemahlenem Pfeffer abschmecken.

8. Mit dem Gemüsefond aufgießen und 20 Minuten garen lassen.

9. Die Crème fraîche unterrühren und mit Kräutern bestreut servieren.

Roter Bohnenteller

FÜR 4 PERSONEN:

300 g rote Bohnen
75 g fetten Speck
600 g Schweinebauch
4 EL Schweineschmalz
1 Zwiebel
1 Knoblauchzehe
750 g Sauerkraut
2 Karotten
2 Stangen Lauch
2 große Kartoffeln
500 ml Rinderfond
Salz
weißen Pfeffer

1. Die Bohnen über Nacht in 1 1/2 l Wasser einweichen.
2. Im Einweichwasser 20 Minuten kochen lassen.
3. Das Fleisch und den Speck in Würfel schneiden, erhitzen und im heißen Fett rundum anbraten.
4. Die Zwiebel schälen und in Ringe schneiden. Die Knoblauchzehe schälen und durch die Presse drücken.
5. Beides zum Fleisch geben und glasig andünsten.
6. Anschließend das Sauerkraut zerpflücken und unterrühren.
7. Die Karotten schälen und in Scheiben schneiden.
8. Den Lauch putzen, waschen und in Ringe schneiden.
9. Die Kartoffeln schälen und würfeln.
10. Das Gemüse zum Sauerkraut geben und andünsten.
11. Mit dem Rinderfond aufgießen und im geschlossenen Topf 25 Minuten garen.
12. Mit Salz und frisch gemahlenem Pfeffer abschmecken.

Schollenröllchen auf Avocado-Kartoffeln

FÜR 4 PERSONEN:

1-2 dünne Schollenfilets à 80 g
einige Tropfen Zitronensaft
einige Tropfen Worcestersauce
Salz
Pfeffer aus der Mühle
4 EL Tomatenpüree

AUSSERDEM:

800 g festk. Kartoffeln
2-3 EL Butter oder Margarine
2 Zwiebeln
3/8 l Gemüsebrühe
2 Avocados
Saft von 2 Zitronen
1 Prise Cayennepfeffer
1 Prise Muskat

1. Die Schollenfilets unter fließendem Wasser waschen, trockentupfen, mit Zitronensaft und Worcestersauce beträufeln, mit Salz und Pfeffer würzen.
2. Die Filets mit Tomatenpüree bestreichen, zusammenrollen und mit Zahnstochern zusammenstecken.
3. Die Schollenröllchen im Kühlschrank mindestens 10-15 Minuten ziehen lassen.
4. Die Kartoffeln schälen, in Würfel schneiden und bereitstellen.
5. Die Butter oder Margarine in einem Topf erhitzen und die geschälten und feingehackten Zwiebeln darin glasig schwitzen.
6. Die Kartoffelwürfel dazugeben, kurz mitdünsten, mit der Gemüsebrühe auffüllen und bei mäßiger Hitze 10-15 Minuten köcheln lassen.
7. Die Avocados schälen, halbieren, den Kern herauslösen, das Fruchtfleisch in Würfel schneiden und sofort mit Zitronensaft beträufeln.
8. Die Avocadowürfel unter die Kartoffeln heben, einmal aufkochen lassen und das Ganze mit Salz, Pfeffer, Zitronensaft, Worcestersauce, Cayennepfeffer und Muskat kräftig abschmecken.
9. Die Schollenröllchen auf das Gemüse setzen, den Topf verschließen und das Ganze weitere 5-8 Minuten dünsten.
10. Das Gemüse mit den Schollenröllchen anrichten, ausgarnieren und servieren.

Seelachsfilets mit Mangold und Kartoffelschnee

FÜR 4 PERSONEN:

4 Seelachsfilets
einige Tropfen Worcestersauce
einige Tropfen Zitronensaft
Salz
Pfeffer aus der Mühle

AUSSERDEM:

4 entsprechend große Stück Alufolie
Butter/Margarine zum Bestreichen

FÜR DAS GEMÜSE:

600 g Mangold
1/2 l Gemüsebrühe
1 Prise Muskat

FÜR DEN KARTOFFELSCHNEE:

600 g Kartoffeln
Salzwasser

1. Die Seelachsfilets waschen, trockentupfen, mit Worcestersauce und Zitronensaft beträufeln, mit Salz und Pfeffer würzen und im Kühlschrank 10-15 Minuten ziehen lassen.
2. Die Alufolie mit Butter oder Margarine bestreichen.
3. Den Mangold waschen und in der erhitzten Gemüsebrühe blanchieren.
4. Den Mangold aus der Brühe nehmen, gut abtropfen lassen und auf die Alufolie legen. Mit Salz, Pfeffer und Muskat bestreuen.
5. Die Seelachsfilets auf die Folie legen, verschließen und auf 180-200 °C vorgeheizten Backofen 15-18 Minuten garen.
6. Die Kartoffeln in Salzwasser garen, pellen, durch die Kartoffelpresse auf heiße Teller pressen, mit Salz, Pfeffer und Muskat bestreuen. Den Mangold mit dem Seelachsfilet anrichten, das Ganze ausgarnieren und servieren.

Grünkohl mit Kartoffelhaube

FÜR 4 PERSONEN:

1200 g Grünkohl
2–3 EL Butter oder Margarine
2–3 Zwiebeln
Salz
Pfeffer aus der Mühle
1 Prise Muskatpulver
1/4 l Gemüsebrühe
600 g geschälte Kartoffeln
1/4 l Milch
1 Prise Liebstöckel
1 Prise Majoran
1 Prise Kümmel
500 g Kasseler ohne Knochen
2–3 EL Pflanzenmargarine

1. Den Grünkohl verlesen, waschen, gut abtropfen lassen, mit kochendem Wasser überbrühen, nochmals abtropfen lassen und anschließend kleinschneiden.

2. Die Butter oder Margarine in einem Topf erhitzen und die geschälten und in feine Würfel geschnittenen Zwiebeln darin glasig schwitzen.

3. Den Grünkohl dazugeben, mit Salz, Pfeffer und Muskat kräftig abschmecken, mit der Gemüsebrühe auffüllen und bei mäßiger Hitze 40–50 Minuten garen lassen.

4. Die geschälten Kartoffeln durch die Kartoffelpresse treiben und mit heißer Milch zu einem Kartoffelpüree rühren.

5. Das Püree mit Liebstöckel, Majoran, Kümmel, Salz und Pfeffer abschmecken.

6. Das Kasseler in Würfel schneiden und anschließend nacheinander in eine ausgefettete Form Grünkohl, Kasseler und Kartoffelpüree einfüllen.

7. Einige Margarineflöckchen auf die Kartoffelhaube setzen, im auf 180–200 °C vorgeheizten Backofen 15–20 Min. backen.

8. Den Grünkohl-Kartoffel-Auflauf herausnehmen, anrichten und servieren.

Käsewürstchen auf Porreebett

FÜR 4 PERSONEN:

2–3 Bund Porree oder Lauch
2–3 EL Butter oder Margarine
Jodsalz
Pfeffer aus der Mühle
6–8 Brühwürstchen
100 g geräucherten rohen Schinken
100 g Edamer

1. Den Porree oder Lauch halbieren und unter fließendem Wasser gut waschen.

2. Die Lauchstangen abtropfen lassen, die welken Blätter und den Wurzelansatz abschneiden und den Lauch in dünne Ringe schneiden.

3. Die Butter oder Margarine in einem Topf erhitzen und den Lauch darin glasig schwitzen.

4. Mit Salz und Pfeffer kräftig abschmecken und bei mäßiger Hitze 10 Minuten dünsten, je nach Geschmack etwas Gemüsebrühe angießen.

5. Die Würstchen in heißem Wasser 5 Minuten ziehen lassen, herausnehmen und trockentupfen.

6. Jedes Würstchen mit einer Scheibe rohem Schinken und in Streifen geschnittenem Käse umwickeln.

7. Das Gemüse in eine feuerfeste Form geben, die Würstchen daraufsetzen, das Ganze im auf 250 °C vorgeheizten Backofen so lange backen, bis sich der Käse leicht bräunt.

8. Die Käsewürstchen auf Porreebett herausnehmen, anrichten und servieren.

Käse-Waffeln

FÜR 4 PERSONEN:

- 500 g rohe Kartoffeln
- 1 Zwiebel
- 4 Eier
- 100 g Weizenmehl
- 1/2 TL Salz
- 120 g Käse
- 1 TL Paprikapulver
- Salz
- weißen Pfeffer aus der Mühle

1. Die Kartoffeln schälen, reiben und in eine Schüssel geben.
2. Die Zwiebel schälen und ebenfalls fein reiben.
3. Mit den Eiern, dem Mehl und dem Salz zu den Kartoffeln geben und gut verrühren.
4. Den geriebenen Käse mit dem Paprikapulver vermischen und ebenfalls unter den Teig heben.
5. Portionsweise den Teig in ein beschichtetes Waffeleisen geben und Waffeln ausbacken.

Tomaten-Kuchen

FÜR 8 PERSONEN:

- 1 kg mehlig kochende Kartoffeln
- 150 g Mehl
- Salz
- Muskat
- 1 Ei
- 4 Tomaten
- 2 hartgekochte Eier
- 40 g Sardellenfilets
- Pfeffer aus der Mühle
- 1 TL Oregano
- 1 Tl Basilikum
- 2 Frischeier
- 120 g Joghurt, entrahmt
- 80 g Tilsiter
- 1-2 EL gehackte Petersilie

1. Die gekochten Kartoffeln schälen, heiß durchpressen und leicht auskühlen lassen.
2. Das Mehl mit dem Salz, dem Muskat und den Eiern zu den Kartoffeln geben und schnell zu einem Teig verarbeiten.
3. Den Teig auf einem Backblech ausrollen.
4. Die Eier schälen und in Scheiben schneiden. Mit den Tomatenscheiben auf dem Teig verteilen und die Sardellenfilets darauflegen.
5. Alles mit Salz, Pfeffer, Oregano und Basilikum bestreuen.
6. Die rohen Eier mit dem Joghurt und dem geriebenen Käse in eine Schüssel geben und miteinander vermischen.
7. Die gehackte Petersilie untermischen, das Ganze mit Salz und Pfeffer abrunden, gleichmäßig auf den Kuchen geben, glattstreichen.
8. Anschließend im auf 220-240 °C vorgeheizten Backofen 25-30 Minuten backen, herausnehmen, anrichten, ausgarnieren und servieren.

Kartoffel-Waffeln

FÜR 4 PERSONEN:

- 500 g rohe Kartoffeln
- 1 Zwiebel
- 4 Frischeier
- 75 g Weizenmehl
- 1 1/2 TL Salz

1. Die Kartoffeln schälen, fein reiben, in eine Schüssel geben.
2. Die Zwiebel schälen und ebenfalls fein reiben.
3. Mit den Eiern, dem Mehl und dem Salz zu den Kartoffeln geben und gut verrühren.
4. Portionsweise den Teig in ein beschichtetes Waffeleisen geben und Waffeln ausbacken.

Schinken-Waffeln

FÜR 6 PERSONEN:

- 500 g rohe Kartoffeln
- 1 Zwiebel
- 4 Frischeier
- 75 g Weizenmehl
- 1 1/2 TL Salz
- 100 g rohen Schinken
- 2 Gewürzgurken
- 1 Zwiebel
- Salz
- Pfeffer aus der Mühle
- 1/2 TL Oregano

1. Die Kartoffeln schälen, fein reiben, in eine Schüssel geben.
2. Die Zwiebel schälen und ebenfalls fein reiben.
3. Mit den Eiern, dem Mehl und dem Salz zu den Kartoffeln geben und gut verrühren.
4. Den Schinken, die Gewürzgurken und die Zwiebel fein würfeln, unter den Teig heben.
5. Den Teig mit Salz, Pfeffer und Oregano abschmecken.
6. Portionsweise den Teig in ein beschichtetes Waffeleisen geben und Waffeln ausbacken.

Chinakohl mit Putenbrust

FÜR 4 PERSONEN:

600 g Putenschnitzel
1 Zwiebel
1 kg Chinakohl
500 g Kartoffeln
4 EL Butter
1 1/2 l Gemüsefond
200 ml Crème fraîche
Salz
weißen Pfeffer
1 Bund Petersilie

1. Das Fleisch waschen, trockentupfen und in Streifen schneiden.
2. Die Zwiebel schälen und würfeln.
3. Den Chinakohl putzen, waschen und in Streifen schneiden.
4. Die Kartoffeln schälen und in Würfel schneiden.
5. Die Butter in einem Topf erhitzen, das Fleisch und die Zwiebeln darin anbraten.
6. Die Kartoffeln zugeben und andünsten, mit dem Gemüsefond aufgießen und 25 Minuten garen.
7. 10 Minuten vor Garende den Chinakohl zugeben und den Eintopf mit der Crème fraîche verfeinern.
8. Mit Salz und frisch gemahlenem Pfeffer abschmecken, nochmals erwärmen.
9. Die Petersilie waschen, fein hacken und den Eintopf damit bestreuen.
10. Mit Kartoffelpüree servieren.

Rindfleisch süß–sauer mit Gemüse

FÜR 4 PERSONEN:

600 Rindfleisch aus der Schulter
2 Knoblauchzehen
2 Bund Frühlingszwiebeln
je 2 rote und grüne Paprikaschoten
3 EL Pflanzenöl
500 g Kartoffeln
500 ml Rinderfond
1 EL Essig
1 Dose Tomatenmark
1 EL braunen Zucker
Salz
schwarzen Pfeffer
1 Bund Petersilie
100 ml Crème fraîche

1. Das Rindfleisch kurz abwaschen, trockentupfen und in kleine Würfel schneiden.
2. Die Knoblauchzehen schälen und fein hacken.
3. Die Frühlingszwiebeln putzen, waschen und in 3 cm lange, schräge Streifen schneiden.
4. Die Paprikaschoten waschen, halbieren, entkernen und in Streifen schneiden.
5. Das Öl in einen Topf geben und erhitzen.
6. Den Knoblauch, die Frühlingszwiebeln und die Paprikaschoten 5 Minuten andünsten. Anschließend das Fleisch zugeben und 5 Minuten unter Rühren anbraten.
7. Die Kartoffeln schälen, würfeln und mit dem Rinderfond zum Eintopf geben.
8. Mit den Gewürzen abschmecken und nochmals 10 Minuten schmoren lassen.
9. Die Petersilie kleinhacken und darüberstreuen. Die Crème fraîche in die Mitte gießen und heiß servieren.

Kartoffelpfanne mit Feta

FÜR 4 PERSONEN:

500 g Kartoffeln
1 Zwiebel, 2 Knoblauchzehen
1 TL Salz
2–3 EL Sonnenblumenöl
1 grüne Paprikaschote
2 Stangen Lauch
etwas Gemüsebrühe
1 Dose geschälte Tomaten
1 große Dose Kidney-Bohnen
Salz, Pfeffer aus der Mühle
1 Prise Chilipulver
1 Prise Zucker
1 TL Oregano, 1 TL Thymian
1 Scheibe Patros-Feta in Salzlake (150 g)

1. Die Kartoffeln waschen, schälen und in Würfel schneiden.
2. Die Zwiebel schälen und ebenfalls fein würfeln.
3. Die Knoblauchzehen schälen und mit Salz zu einer Paste zerreiben.
4. Das Sonnenblumenöl in einer Pfanne erhitzen und das Gemüse darin glasig schwitzen.
5. Die Paprikaschote halbieren, entkernen, in Streifen schneiden, mit dem geputzten und in Streifen geschnittenen Lauch zum Gemüse geben und kurz mitbraten.
6. Das Ganze zugedeckt bei mäßiger Hitze 10–15 Minuten dünsten. Je nach Bedarf etwas Gemüsebrühe oder Wasser angießen.
7. Die geschälten Tomaten mit den Kidney-Bohnen unter das Gemüse heben und das Ganze erhitzen.
8. Mit Salz, Pfeffer, Chilipulver, Zucker, Oregano und Thymian kräftig würzen.
9. Das Ganze nochmals kurz durchkochen lassen, anrichten, den in Würfel geschnittenen Feta-Käse darauf verteilen, die Kartoffelpfanne anrichten, ausgarnieren und servieren.

Kartoffelpfanne mit Schmelzkäsecreme

FÜR 4 PERSONEN:

1 kg kleine Kartoffeln
4 Schweineschnitzel
Salz
Pfeffer aus der Mühle
1 Prise Cayennepfeffer
1 Prise Muskat
3–4 EL Butterschmalz
1 rote Paprikaschote
1 gelbe Paprikaschote
1 Bund Frühlingszwiebeln
300 g Erbsen (TK Produkt)
1/4 l Gemüsebrühe
200 g Sahne-Schmelzkäse
1 EL Speisestärke
1 Bund Schnittlauch

1. Die Kartoffeln gründlich waschen und im Salzwasser in 20–25 Minuten garen.
2. Die Schweineschnitzel waschen, trockentupfen, in feine Streifen schneiden, mit Salz, Pfeffer, Cayennepfeffer und Muskat würzen.
3. Das Butterschmalz in einer Pfanne erhitzen und die in Scheiben geschnittenen Kartoffeln darin rundherum kräftig anbraten, bereitstellen.
4. Anschließend nacheinander die Schnitzelstreifen, die geputzten und in Streifen geschnittenen Paprikaschoten und die geputzten und kleingeschnittenen Frühlingszwiebeln unter ständigem Rühren in der Pfanne braten, herausnehmen und bereitstellen.
5. Die Erbsen ebenfalls in der Pfanne unter ständigem Rühren kurz braten und zum restlichen Gemüse geben.
6. Die Gemüsebrühe angießen und den Sahneschmelzkäse darin unter ständigem Rühren schmelzen lassen.
7. Die Sauce mit etwas angerührter Speisestärke binden, mit Salz, Pfeffer, Cayennepfeffer und Muskat würzen.
8. Das Gemüse mit dem Fleisch in die Sauce geben, nochmals aufkochen lassen, 5 Minuten schmoren und kräftig abschmecken.
9. Die Kartoffelpfanne anrichten, mit dem frisch geschnittenen Schnittlauch bestreuen, ausgarnieren und servieren.

Seezungenschleifen mit Knoblauch-Mayonnaise

FÜR 4 PERSONEN:

8 Seezungenfilets
einige Tropfen Zitronensaft
einige Tr. Worcester-Sauce
Salz, Pfeffer aus der Mühle
2 EL Butter/Margarine
2 Schalotten
1 Schuß Weißwein
2-3 EL trockenen Sherry
1/4 l Fischbrühe
1 Gl. Knoblauch-Mayonnaise
1/2 Bund Petersilie

1. Die Seezungenfilets waschen, trockentupfen, mit Zitronensaft und Worcester-Sauce beträufeln, mit Salz und Pfeffer würzen und im Kühlschrank 10-15 Minuten ziehen lassen.
2. Die Butter oder Margarine in einer Auflaufform erhitzen und die geschälten und feingehackten Schalotten darin glasig schwitzen.
3. Mit Weißwein ablöschen, mit Sherry und Fischbrühe auffüllen und zum Kochen bringen.
4. Die Seezungenfilets zu Schleifen formen, je nach Bedarf mit Zahnstochern feststecken, in den Sud legen und bei mäßiger Hitze 8-10 Minuten gar ziehen lassen.
5. Die Knoblauch-Mayonnaise mit der gehackten Petersilie verrühren, mit Salz, Pfeffer, Zitronensaft und Worcester-Sauce abschmecken.
6. Die Seezungen-Schleifen anrichten, etwas Knoblauch-Mayonnaise dazugeben, ausgarnieren und servieren.

Fischfilets im Gemüsesud

FÜR 4 PERSONEN:

8 küchenfertige Fischfilets à 100 g
Saft von 2 Zitronen
einige Tr. Worcester-Sauce
Salz
Pfeffer aus der Mühle
1 l Weißwein
1 l Gemüsebrühe
1 Tasse Obstessig
2 Zwiebeln
1 Stange Lauch
1 Stange Staudensellerie
2 Karotten
1 rote Paprikaschote
1 kleinen Zucchino
100 g kleine Champignonköpfe
Saft von 1 Zitrone
1 Bund Dill

1. Die küchenfertigen Fischfilets abwaschen und trockentupfen. Mit Zitronensaft und Worcester-Sauce beträufeln. Mit Salz und Pfeffer würzen 15 Minuten ziehen lassen.

2. Für den Sud den Weißwein, die Gemüsebrühe und den Obstessig in einen Topf geben und zum Kochen bringen.

3. Die Zwiebeln, den Lauch, den Staudensellerie, die Karotten und die Paprikaschote putzen und würfeln. Das Ganze in den Sud geben und bei mäßiger Hitze 10–15 Minuten ziehen lassen.

4. Den Zucchino putzen und in Scheiben schneiden.

5. Die Champignonköpfe waschen, gut abtropfen lassen, mit Zitronensaft beträufeln. Den Dill verlesen, waschen und fein hacken. Zucchini, Champignons und Dill mit den Fischfilets in den Sud legen und weitere 10–15 Minuten gar ziehen lassen.

6. Die Fischfilets anrichten, den Gemüsesud nochmals abschmecken, zu den Filets geben und servieren.

Weißkraut-Kartoffelpfanne mit Fisch

FÜR 4 PERSONEN:

je 400 g Seelachs- und Kabeljaufilet
einige Tropfen Weißweinessig
einge Tropfen Worcestersauce
Salz
Pfeffer aus der Mühle
1 Kopf Weißkraut
2-3 EL Butter oder Margarine
1 Zwiebel
400 g gekochte Kartoffeln
1 Schuß Weißwein
1/4 l Gemüsebrühe
1 Prise Cayennepfeffer
1 Prise Kümmelpulver
2 cl Pernod
1 Bund Petersilie

1. Die küchenfertigen Fischfilets unter fließendem Wasser waschen, trockentupfen und mit Weißweinessig und Worcestersauce beträufeln.
2. Mit Salz und Pfeffer würzen und im Kühlschrank 10-15 Minuten ziehen lassen.
3. Das Weißkraut putzen, in Streifen schneiden. Das Fett in einer Pfanne erhitzen und die geschälte, feingehackte Zwiebel darin glasig schwitzen.
4. Die in Scheiben geschnittenen Kartoffeln mit den Weißkrautstreifen zu den Zwiebeln geben und kurz braten.
5. Mit einem Schuß Weißwein ablöschen und mit der Gemüsebrühe auffüllen. Das Ganze bei mäßiger Hitze 15-20 Minuten köcheln lassen.
6. Die Fischfilets in Würfel schneiden, zum Gemüse geben und nochmals 8-10 Minuten köcheln lassen.
7. Die Fischpfanne nochmals abschmecken, anrichten, mit gehackter Petersilie bestreuen und servieren.

Schweinekruste mit Kartoffelgratin

FÜR 4 PERSONEN:

600 g Schweinefilet
Salz
Pfeffer aus der Mühle
1-2 EL mittelscharfen Senf
1/2 Tasse Mehl
1-2 EL Olivenöl

FÜR DIE KRUSTE:

2 Eier
je 1/2 Bund Petersilie und Schnittlauch
2 EL geriebene Haselnüsse
2 EL ger. Parmesan
16 Stück Alufolie
Olivenöl zum Bestreichen

FÜR DAS KARTOFFEL-GRATIN:

750 g mehlig kochende Kartoffeln
2 Knoblauchzehen
Butter zum Einfetten
1 Prise Muskatpulver
1/2 l Milch, 1/2 l Sahne
1 Ei, 125 g Gruyère
70 g Butter/Margarine

1. Die Schweinefilets in 16 Scheiben schneiden, mit Salz und Pfeffer würzen, mit Senf bestreichen, in Mehl wenden.
2. Das Olivenöl in einer Pfanne erhitzen und die Filetscheiben darin kurz anbraten. Vom Feuer nehmen und bereitstellen.
3. Für die Kruste die Eier mit den feingehackten Kräutern in einer Schüssel verschlagen. Die Haselnüsse und den Parmesankäse untermischen. 16 entsprechend große Stücke Alufolie mit Olivenöl bestreichen, die Filetscheiben darauflegen und mit der Kräuter-Ei-Masse bestreichen.
4. Die Folie verschließen und die Filets im Ofen garen.
5. Für das Kartoffelgratin die Kartoffeln schälen und in hauchdünne Scheibchen schneiden.
6. Eine Auflaufform mit den Knoblauchzehen ausreiben und das Ganze dick mit Butter einfetten.
7. Die Kartoffeln einschichten und jede Lage mit Salz, Pfeffer und Muskat würzen.
8. Die Milch mit der Sahne in einem Topf lauwarm werden lassen und das verquirlte Ei und 2/3 des geriebenen Käses einrühren.
9. Über die Kartoffeln gießen, mit dem Käse bestreuen, die Butterflöckchen daraufsetzen und im auf 180-200 °C vorgeheizten Backofen 30-40 Minuten backen. Mit den Schweineschnitzelchen anrichten, ausgarnieren und servieren.

Aufläufe und Gratins

Käse-Kartoffel-Soufflé

FÜR 4 PERSONEN:

3/8 l Wasser
1 Prise Salz
1/8 l kalte Milch
1 Päckchen Kartoffelpüreepulver
1-2 EL Butter oder Margarine
1 Schale Kräuterkäse
4 Eier
Salz
Pfeffer aus der Mühle
1 Prise Muskat
1 Prise Paprikapulver

AUSSERDEM:

Semmelbrösel für die Auflaufform

1. Das Wasser mit der Prise Salz zum Kochen bringen, vom Feuer nehmen und die kalte Milch dazugeben.
2. Die Püreeflocken einstreuen, die Butter oder Margarine und den Kräuterkäse unterrühren.
3. Die Eier trennen. Die Eigelbe unter die Kartoffelmasse heben, das Ganze mit Salz, Pfeffer, Muskat und Paprikapulver kräftig abschmecken.
4. Die Eiweiße mit etwas Wasser steif schlagen und vorsichtig unter die Masse heben.
5. Die Käse-Kartoffelmasse in eine gebutterte und ausgebröselte Auflaufform geben und im 180-200 °C vorgeheizten Backofen 30-35 Minuten goldbelb backen.
6. Das Käse-Kartoffel-Soufflé herausnehmen, anrichten, ausgarnieren und sofort servieren.

Rosenkohlauflauf mit Kasseler

FÜR 4 PERSONEN:

300 g Kartoffeln
300 g Rosenkohlröschen
1/4 l Gemüsebrühe
1-2 EL Butter oder Margarine
1 Zwiebel
150 g Kasseler ohne Knochen
1 Schuß Weißwein

AUSSERDEM:

2 Becher Sahnedickmilch
5 Eier
Salz
Pfeffer aus der Mühle
je 1 Prise Muskat, Kümmelpulver und Cayennepfeffer
2-3 EL Weizenmehl
50 g geriebenen Parmesankäse
1 Bund Zitronenmelisse

1. Die Kartoffeln waschen, schälen und in Würfel schneiden.
2. Die Brühe erhitzen und den Rosenkohl darin bißfest garen, herausnehmen und abschrecken.
3. Die Butter oder Margarine erhitzen und die geschälte und feingehackte Zwiebel darin anschwitzen.
4. Das Kasseler würfeln, zur Zwiebel geben und kurz mitbraten.
5. Mit Weißwein ablöschen, die Kartoffeln und die Rosenkohlröschen dazugeben, durz durchschwenken und in eine ausgefettete Auflaufform geben.
6. Die Sahnedickmilch mit den Eiern in eine Schüssel geben und gut verschlagen.
7. Mit Salz, Pfeffer, Muskat, Kümmel und Cayennepfeffer kräftig abschmecken.
8. Das Mehl mit dem geriebenen Käse untermischen und auf dem Rosenkohlgemüse verteilen.
9. In den auf 180-200 °C vorgeheizten Backofen schieben und 20-25 Minuten backen. Herausnehmen, anrichten und mit der geschnittenen Melisse bestreut servieren.

Schnelles Kartoffelgemüse

FÜR 4 PERSONEN:

1-2 EL Butter oder Margarine
1 Zwiebel
75 g gekochten Schinken
500 g Kartoffeln
1 Schuß Weißwein
1 1/2 Becher saure Sahne
Salz
Pfeffer aus der Mühle
1 Prise Muskat
1 Prise Cayennepfeffer
4 Tomaten
1 Bund Schnittlauch

1. Die Butter oder Margarine in einem Topf erhitzen und die geschälte und feingehackte Zwiebel darin glasig schwitzen.
2. Den in feine Würfel geschnittenen Schinken dazugeben und kurz mitschwitzen.
3. Die Kartoffeln waschen, schälen und in 1-2 cm dicke Stücke schneiden.
4. Die Kartoffeln zu den Zwiebeln geben und kurz mitschwitzen.
5. Mit Weißwein ablöschen, mit der sauren Sahne auffüllen, mit Salz, Pfeffer, Muskat und Cayennepfeffer kräftig abschmecken.
6. Das Gemüse kurz aufkochen lassen, die enthäuteten, entkernten und in Würfel geschnittenen Tomaten untermischen.
7. Das Kartoffelgemüse nochmals abschmecken, anrichten und mit frisch geschnittenem Schnittlauch bestreut servieren.

Broccoli-Kohlrabigratin

FÜR 4 PERSONEN:

300 g Broccoli
300 g Kohlrabi
300 g Kartoffeln
Salzwasser
1-2 EL Butter oder Margarine
1 Zwiebel
1 rote Paprikaschote
1 Schuß Weißwein
2 Pck. Gewürzmischung für Broccoli-Gratin
1/2 l Wasser
100 g jungen Gouda

1. Den Broccoli verlesen, waschen, gut abtropfen lassen und in mundgerechte Röschen zerteilen.
2. Den Kohlrabi, die Kartoffeln schälen und in mundgerechte Stücke schneiden.
3. Das Gemüse im Salzwasser bißfest garen, herausnehmen, gut abtropfen lassen und bereitstellen.
4. Die Butter oder Margarine in einer Pfanne erhitzen und die geschälte und feingehackte Zwiebel darin glasig schwitzen.
5. Die Paprikaschote halbieren, entkernen, in Würfel schneiden, zur Zwiebel geben und kurz mitschwitzen.
6. Mit Weißwein ablöschen und kurz durchkochen lassen.
7. Die Gewürzmischung mit kaltem Wasser anrühren, in einen Topf geben und unter ständigem Rühren 1 Minute kochen lassen.
8. Den Broccoli, die Kartoffeln und den Kohlrabi miteinander vermischen und in eine ausgefettete Auflaufform geben. Mit der Sauce überziehen.
9. Die Paprika-Zwiebel-Mischung gleichmäßig darauf verteilen und das Ganze mit dem geriebenen Gouda bestreuen.
10. Im auf 180-200 ° C vorgeheizten Backofen 15-20 Minuten backen. Herausnehmen, anrichten, ausgarnieren und servieren.

Kartoffel-Hackfleischgratin

FÜR 4 PERSONEN:

1 kg Kartoffeln
1 Zwiebel
2-3 EL Butter oder Margarine
2 Knoblauchzehen
400 g gemischtes Hackfleisch
1 Bund Frühlingszwiebeln
Salz
Pfeffer aus der Mühle
1 TL Rosmarin
1 Becher Sahne
250 g geriebenen Holland-Gouda
75 g Frühstücksspeck

1. Die Kartoffeln schälen, waschen und in dünne Scheiben schneiden.
2. Die Zwiebel schälen, fein hacken, mit der Butter oder Margarine in einer Pfanne glasig schwitzen.
3. Die Knoblauchzehen schälen, fein hacken, zur Zwiebel geben und kurz anschwitzen.
4. Das Hackfleisch dazugeben und unter ständigem Rühren braten.
5. Die verlesenen, gewaschenen und in Scheiben geschnittenen Frühlingszwiebeln zum Fleisch geben und kurz mitbraten.
6. Das Ganze mit Salz, Pfeffer, Cayennepfeffer und etwas Rosmarin würzen.
7. Eine ausgefettete Auflaufform mit einer Schicht Kartoffelscheiben auslegen. Mit Rosmarin, Salz und Pfeffer bestreuen und die Hackfleischmasse gleichmäßig darauf verteilen.
8. Die Sahne angießen, etwas geriebenen Käse darüber streuen und mit den restlichen Kartoffelscheiben abdecken.
9. Das Kartoffelgratin mit dem restlichen Käse bestreuen, mit Butterflöckchen belegen und im auf 180–200 °C vorgeheizten Backofen 40–50 Minuten mit Alufolie bedeckt garen.
10. Den in feine Würfel geschnitttenen Speck über den Auflauf streuen und weitere 10–15 Minuten goldgelb überbacken, herausnehmen, anrichten, ausgarnieren und servieren.

Spinat-Kartoffelauflauf

FÜR 4 PERSONEN:

500 g Blattspinat
1/4 l Gemüsebrühe
1 Zwiebel
2-3 EL Butter oder Margarine
1 Knoblauchzehe
1/2 TL Salz
Pfeffer aus der Mühle
1 Prise Muskat
500 g gekochte Kartoffeln
200 g gekochten Schinken
2 Becher Sahnedickmilch
125 g geriebenen Emmentaler
4 Eier

1. Den Blattspinat, verlesen, waschen, gut abtropfen lassen.

2. Die Gemüsebrühe erhitzen und den Blattspinat darin kurz blanchieren.

3. In der Zwischenzeit die Zwiebel schälen, fein hacken, in der Butter oder Margarine in einer Pfanne glasig schwitzen.

4. Die mit Salz zerriebene Knoblauchzehe dazugeben und kurz mitschwitzen.

5. Den Blattspinat zu den Zwiebeln geben und anschwitzen. Mit Salz, Pfeffer und Muskat abrunden.

6. Die Kartoffeln schälen, in Scheiben, den Schinken in Würfel oder Streifen schneiden.

7. Eine Auflaufform mit etwas Butter oder Margarine ausfetten und die Kartoffeln mit dem Spinat und dem Schinken schichtweise einfüllen.

8. Die Sahnedickmilch glattrühren. Den geriebenen Emmentaler und die Eier darunterrühren.

9. Das Ganze nochmals mit Salz, Pfeffer und Muskat abschmecken und gleichmäßig auf dem Auflauf verteilen.

10. Den Spinat-Kartoffelauflauf im auf 180-200 °C vorgeheizten Backofen 10-15 Minuten backen. Herausnehmen, anrichten, ausgarnieren und servieren.

Französisches Käsegratin

FÜR 4 PERSONEN:

1 Zucchino
150 g Egerlinge
Saft von 1 Zitrone
600 g gekochte Kartoffeln
200 g Frischkäse mit französischen Kräutern
1 Becher Sahne
1 Ei
75 g geriebenen Parmesankäse
Salz
Pfeffer aus der Mühle
1 Prise Muskat
1 Prise Cayennepfeffer
Butter oder Margarine zum Ausfetten
Semmelbrösel zum Bestreuen

1. Den Zucchino putzen, waschen und in Scheiben schneiden.
2. Die Egerlinge putzen, in Scheiben schneiden und mit Zitronensaft beträufeln.
3. Die Kartoffeln ebenfalls in Scheiben schneiden.
4. Den Frischkäse mit französischen Kräutern, mit der Sahne, dem Ei und dem Parmesankäse in einer Schüssel glattrühren.
5. Mit Salz, Pfeffer, Muskat und Cayennepfeffer kräftig abschmecken.
6. Eine Auflaufform mit Butter oder Margarine ausfetten und mit Semmelbröseln bestreuen.
7. Das Gemüse dekorativ schichtweise hineinlegen und das Ganze mit der Käse-Sahne-Creme überziehen.
8. Das Französische Käsegratin im auf 180–200 °C vorgeheizten Backofen 20–25 Minuten goldbraun backen. Herausnehmen, anrichten, ausgarnieren und servieren.

Hackfleischtorte

FÜR 4 PERSONEN:

800 g Rinderhack
2 Eier
1 Zwiebel
1-2 Knoblauchzehen
1 TL Salz
Salz
Pfeffer aus der Mühle
1 Prise Muskatpulver
1 Paprikaschote
200 g frische Champignons
Saft von 1 Zitrone
3-4 EL Semmelbrösel
2-3 EL Tomatenmark
1 Becher Sahnedickmilch
1 TL Paprikapulver
1 TL Majoran und Thymian

AUSSERDEM:

Butter/Margarine zum Ausfetten
800 g gekochte Kartoffeln
200 g Kirschtomaten
200 g Mozzarellakäse

1. Das Rinderhack mit den Eiern und der feingehackten Zwiebel vermischen.
2. Die Knoblauchzehen mit Salz zerreiben, mit dem Fleisch vermischen. Mit Salz, Pfeffer und Muskat würzen.
3. Die Paprikaschote halbieren, entkernen und würfeln.
4. Die Champignons würfeln, mit Zitronensaft beträufeln, mit Semmelbröseln, Tomatenmark und Dickmilch zum Fleisch geben und vermischen.
5. Die Masse mit Paprika, Majoran und Thymian verfeinern.
6. Die Kartoffeln pellen, in Scheiben schneiden und eine Auflaufform damit auslegen.
7. Die Hackfleischmasse darauf verteilen und im auf 180-200 °C vorgeheizten Ofen 40-45 Minuten backen.
8. Eine Kartoffel grob raspeln, kurz vor Garende die Kirschtomaten über Kreuz einschneiden. Die Kartoffelraspel kreisförmig am Tortenrand verteilen und die Tomaten einsetzen.
9. Den Mozzarellakäse schneiden und in die Mitte legen.
10. Das Ganze weitere 10 Minuten backen, die Hackfleischtorte herausnehmen, anrichten, ausgarnieren und servieren.

Kartoffelauflauf mit Mozzarella

FÜR 4 PERSONEN:

500 g Kartoffeln
1 Schuß Sahne
Salz
Pfeffer
1 Prise Muskat
Margarine zum Ausfetten

FÜR DEN BELAG:

400 g Mischgemüse (TKProdukt)
2 EL Olivenöl
200 g frische Champignons
Saft von 1 Zitrone
6 Tomaten
je 1 TL Oregano und Basilikum

FÜR DIE SAUCE:

30 g Butter/Margarine
30 g Mehl
1/4 l Milch
4 EL geriebenen Parmesankäse

AUSSERDEM:

200 g Mozzarellakäse
1 Tasse gemischte, gehackte. Kräuter

1. Die Kartoffeln in Salzwasser garen, pürieren, mit Sahne glattrühren, mit Salz, Pfeffer und Muskat kräftig würzen.
2. Eine Auflaufform ausfetten und das Püree hineingeben.
3. Das Mischgemüse auftauen und im Öl kurz anschwitzen.
4. Die Champignons schneiden, mit Zitronensaft beträufeln und unter das Gemüse heben.
5. Die Tomaten würfeln, mit Oregano und Basilikum unter das Gemüse mischen, mit Salz, Pfeffer und Muskat würzen.
6. Das Fett erhitzen und das Mehl einrühren. Die Milch angießen und zu einer Sauce verkochen.
7. Mit Salz, Pfeffer, Muskat und Parmesan verfeinern.
8. Das Gemüse auf dem Püree verteilen, mit der Sauce angießen und mit geschnittenem Mozzarella belegen.
9. Im auf 180-200 °C vorgeheizten Backofen 15-20 Minuten garen, anrichten, ausgarnieren und mit gehackten Kräutern bestreut servieren.

Schinkenkartoffeln mit Eiern

FÜR 4 PERSONEN:

750 g Kartoffeln
Butter oder Margarine zum Ausfetten
2 Zwiebeln
125 g gekochten Schinken
1 Stange Lauch
250 ml Sahne
125 g geriebenen Emmentaler
Salz
Pfeffer aus der Mühle
1 Prise Cayennepfeffer
1 Prise Muskat
4 hartgekochte Eier
1 Tasse gemischte, gehackte Kräuter

1. Die Kartoffeln schälen und in Scheiben schneiden. Eine Auflaufform ausfetten und die Kartoffeln einschichten.
2. Die Zwiebeln schälen, fein hacken, mit dem in Würfel geschnittenen Schinken und dem geputzten und in Streifen geschnittenen Lauch vermischen.
3. Zwiebeln, Schinken und Lauch gleichmäßig auf dem Auflauf verteilen.
4. Die Sahne mit dem Käse verrühren. Mit Salz, Pfeffer, Cayennepfeffer und Muskat kräftig würzen und gleichmäßig auf den Auflauf geben.
5. Die Eier pellen, in Scheiben schneiden und den Auflauf damit abdecken.
6. Das Ganze im auf 180–200 °C vorgeheizten Backofen 25–30 Minuten garen.
7. Nach Ende der Garzeit den Auflauf herausnehmen, anrichten, mit den gehackten Kräutern bestreuen, ausgarnieren und sofort servieren.

Béchamelsauce

FÜR 4 PERSONEN:

50 g Butter
50 g Vollkornmehl
3/8 l Milch
1/8 l Sahne
Salz
Pfeffer aus der Mühle
1 Prise Muskat
einige Tropfen Zitronensaft
50 g ger. Parmesan

1. Die Butter in einem Topf erhitzen und das Mehl einrühren.
2. Die Milch und die Sahne kalt dazugeben und mit dem Schneebesen glattrühren.
3. Unter ständigem Rühren so lange kochen lassen, bis eine sämige Sauce entstanden ist.
4. Die Sauce durch ein Sieb passieren, nochmals erhitzen, mit Salz, Pfeffer, Muskat und Zitronensaft abschmecken und den geriebenen Parmesankäse einrühren. Zum weiteren Gebrauch bereitstellen

Kartoffelauflauf

FÜR 4 PERSONEN:

100 g durchwachsenen geräucherten Speck
500 g Kartoffeln
4-6 Frühlingszwiebeln
2-3 Karotten
2 Becher Joghurt
2 Eier
1/2 l Milch
1/8 l Gemüsebrühe
Salz
Pfeffer aus der Mühle
1 Prise Muskat
1 Prise Cayennepfeffer
1 Msp. Kümmel
1 Bund Schnittlauch
6 gehäufte EL klassische helle Mehlschwitze
1-2 EL Butter oder Margarine
100 g geriebenen Emmentaler

1. Den Speck in feine Würfel schneiden und in eine Schüssel geben.
2. Die Kartoffeln schälen, in feine Scheiben schneiden, die Frühlingszwiebeln putzen und in Ringe schneiden.
3. Die Karotten schälen und grob raspeln.
4. Den Joghurt mit den Eiern, der Milch und der Brühe in eine Schüssel geben und kräftig miteinander verrühren.
5. Das Ganze mit Salz, Pfeffer, Muskat, Cayennepfeffer und Kümmel kräftig abschmecken und den feingeschnittenen Schnittlauch untermischen.
6. Die klassische Mehlschwitze einrühren, das Gemüse mit dem Speck vermischen, in einer ausgefetteten Auflaufform mit der Flüssigkeit übergießen.
7. Mit Käse bestreuen und im auf 180-200 °C vorgeheizten Backofen 40-50 Minuten garen.
8. Nach Ende der Garzeit den Kartoffelauflauf herausnehmen, ausgarnieren und servieren.

Anna-Kartoffeln

FÜR 4 PERSONEN:

1 kg mehlig kochende Kartoffeln
100 g Butterschmalz
Salz
Paprikapulver

1. Die geschälten Kartoffeln waschen, gut abtropfen lassen und in 1-2 cm dicke Scheiben schneiden.
2. In kaltem Wasser zweimal waschen, dann in einem Küchentuch abtropfen lassen und trockentupfen.
3. Einen runden, dickwandigen Bratentopf mit Butterschmalz einstreichen.
4. Die Kartoffelscheiben auf den Topfboden legen, dabei einen Kranz von sich dachziegelartig überlappenden Scheiben legen.
5. Den nächsten Kranz so legen, daß er auch die Scheiben des ersten etwas überlappt.
6. Die Kartoffeln dünn mit Salz und Paprika bestreuen.
7. Die restlichen Kartoffelscheiben lagenweise darüber einschichten. Jede Lage mit Salz und Paprika würzen und mit etwas geschmolzenem Butterschmalz beträufeln.
8. Die Kartoffeln im gut verschlossenen Topf auf dem Herd kurz erhitzen und anschließend im auf 250 °C vorgeheizten Backofen 35-40 Minuten backen.
9. Die Kartoffeln nach Ende der Garzeit auf eine Platte stürzen, ausgarnieren und sofort servieren.

Kartoffelauflauf mit Brät

FÜR 4 PERSONEN:

500 g Kartoffeln
1 Zwiebel
1 Stange Lauch
500 g Bratwurstbrät
Salz
Pfeffer aus der Mühle
1 EL Majoran
1 Knoblauchzehe
je 150 g Erbsen und Karotten (TKProdukt)
2-3 EL Butter oder Margarine
1/4 l Gemüsebrühe
1 Bund Schnittlauch

1. Die Kartoffeln waschen, schälen und in Scheiben schneiden.
2. Die Zwiebel schälen und in feine Würfel schneiden.
3. Den Lauch putzen und in feine Streifen schneiden.
4. Das Bratwurstbrät in eine Schüssel geben, verrühren, mit Salz, Pfeffer, Majoran sowie der geschälten und mit Salz zerriebenen Knoblauchzehe würzen.
5. Die Erbsen und Karotten unter das Brät mischen.
6. Die Butter oder Margarine in einer Auflaufform erhitzen, das Gemüse dazugeben und kurz anschwitzen.
7. Das Brät gleichmäßig untermischen und die Gemüsebrühe angießen.
8. Das Ganze nochmals abschmecken und im auf 180-200 °C vorgeheizten Backofen 40-50 Minuten garen.
9. Nach Ende der Garzeit den Kartoffelauflauf herausnehmen, anrichten und mit frisch geschnittenem Schnittlauch bestreut servieren.

Kartoffel-Rosenkohlauflauf

FÜR 4 PERSONEN:

je 500 g Kartoffeln und Rosenkohl
1 Zwiebel, 1 Knoblauchzehe
1-2 EL Butter oder Margarine
1/4 l Gemüsebrühe
Salz, Pfeffer aus der Mühle
je 1 TL Paprikapulver und Currypulver
1 Dose geschälte Tomaten
2-3 Paar Regensburger Würstchen
200 g ger. Emmentaler
1/2 Bund Petersilie

1. Die Rosenkohlröschen verlesen, waschen, gut abtropfen lassen und bereitstellen.
2. Die Kartoffeln schälen und in Würfel oder Scheiben schneiden.
3. Die Zwiebel schälen und fein hacken, den Knoblauch schälen und mit Salz zu einer Paste zerreiben.
4. Zwiebeln und Knoblauch mit dem Fett in eine Auflaufform geben und glasig schwitzen.
5. Den Rosenkohl und die Kartoffeln dazugeben, kurz anschwitzen, mit der Gemüsebrühe auffüllen und bei mäßiger Hitze 15 Minuten köcheln lassen.
6. Das Ganze mit Salz, Pfeffer, Paprikapulver und Curry kräftig abschmecken und mit den geschälten Tomaten auffüllen.
7. Die Regensburger Würstchen enthäuten, in Scheiben oder Würfel schneiden und untermischen.
8. Mit dem Käse bestreuen und das Ganze im auf 180-200 °C vorgeheizten Backofen weitere 10-12 Minuten überbacken.
9. Den Auflauf herausnehmen, anrichten, ausgarnieren und mit der gehackten Petersilie bestreut servieren.

Kasseler Kartoffeltopf

FÜR 4 PERSONEN:

500 g Kartoffeln
1/4 l Gemüsebrühe
2-3 EL Butter/Margarine
1 Zwiebel
150 g Kasseler
1 Schuß Weißwein
2 Becher Sahnedickmilch, 5 Eier
Salz, Pfeffer aus der Mühle
je 1 Prise Muskat, Kümmel und Cayennepfeffer
2-3 EL Weizenvollkornmehl
50 g geriebenen Parmesan

1. Die Kartoffeln waschen, schälen, in Würfel oder Scheiben schneiden und in der Gemüsebrühe bißfest garen.
2. Die Butter oder Margarine in einer Auflaufform erhitzen und die feingehackte Zwiebel darin glasig schwitzen.
3. Das Kasseler würfeln, zur Zwiebel geben und kurz mitbraten.
4. Mit Weißwein ablöschen, die Kartoffeln dazugeben, kurz durchschwenken und anschließend in eine ausgefettete Auflaufform geben.
5. Die Sahnedickmilch mit den Eiern in eine Schüssel geben und gut verschlagen.
6. Mit Salz, Pfeffer, Muskat, Kümmel und Cayennepfeffer kräftig abschmecken.
7. Das Mehl mit dem geriebenen Käse untermischen und auf dem Kasseler Auflauf verteilen.
8. Das Ganze im auf 180-200 °C vorgeheizten Backofen 15-20 Minuten backen. Herausnehmen, anrichten, mit der gehackten Melisse bestreuen und servieren.

Antjes Wintergratin

FÜR 4 PERSONEN:

600 g Kartoffeln
200 g Karotten
2-3 Stangen Lauch
2-3 EL Butter oder Margarine
1 Zwiebel
1/4 l Sahne
150 g geriebenen Hollandgouda, mittelalt
Salz, Pfeffer aus der Mƒhle
1 Prise Cayennepfeffer
1 Prise Muskat
1/2 Bund Schnittlauch
1/2 Bund Petersilie

1. Die Kartoffeln und die Karotten schälen und in feine Scheiben schneiden.
2. Den Lauch putzen, waschen und in 1/2 cm dünne Ringe schneiden.
3. Die Butter oder Margarine in einer Auflaufform erhitzen und die geschälte und feingehackte Zwiebel darin glasig schwitzen.
4. Das Gemüse dazugeben und kurz anschwenken. Die Sahne mit dem geriebenen Käse vermischen. Mit Salz, Pfeffer, Cayennepfeffer und Muskat abschmecken.
5. Die Käsesahne gleichmäßig auf dem Gratin verteilen und im 180-200 ° C vorgeheizten Backofen 40-50 Minuten garen.
6. Das Wintergratin herausnehmen, anrichten, mit den verlesenen, fein gehackten Kräutern bestreuen, ausgarnieren und servieren.

Kartoffelgratin mit Frühlingsgemüse

FÜR 4 PERSONEN:

Salzwasser, 1 EL Kümmel
500 g Kartoffeln
200 g junge Karotten
400 g jungen Kohlrabi
1/4 l Gemüsebrühe
2–3 EL Butter oder Margarine
1 Becher Sahne
200 g gerieb. Pikantje van Gouda
Salz, Pfeffer aus der Mühle
1 Prise Cayennepfeffer
1 Prise Muskat
einige Butter- oder Margarineflöckchen
100 g Katenschinken

1. Die Kartoffeln in Salzwasser mit dem Kümmel mit Biß garen, abgießen, pellen, erkalten lassen und in Scheiben schneiden.

2. Die Karotten und den Kohlrabi schälen. Die Karotten in Stifte schneiden, die Kohlrabi halbieren und in Scheiben schneiden.

3. Karotten und Kohlrabi in der Gemüsebrühe bißfest garen.

4. Das Gemüse herausnehmen, gut abtropfen lassen und bereitstellen.

5. Eine runde Gratinform mit Butter oder Margarine ausfetten und die Hälfte der Kartoffelscheiben einschichten.

6. Die Sahne mit 75 g Käse vermischen, mit Salz, Pfeffer, Cayennepfeffer und Muskat abschmecken und über die Kartoffelscheiben gießen.

7. Die restlichen Kartoffelscheiben, Möhrenstifte und Kohlrabischeiben dekorativ in die Form schichten und das Ganze mit dem restlichen Käse bestreuen.

8. Einige Butter- oder Margarineflöckchen daraufsetzen und im auf 180–200 °C vorgeheizten Backofen 15–20 Minuten backen.

9. Das Kartoffelgratin anrichten und mit dem hauchdünn geschnittenen Katenschinken servieren.

Kartoffelauflauf mit Gemüse

FÜR 4 PERSONEN:

800 g mehlig kochende Kartoffeln
Salzwasser
300 ml Buttermilch
Salz
Pfeffer aus der Mühle
1 Prise Muskat
Fett zum Ausfetten
1 Bund Frühlingszwiebeln
4 Karotten
4 Eier
100 ml Buttermilch

1. Die Kartoffeln schälen und in Salzwasser garen.
2. Die Kartoffeln herausnehmen, abtropfen lassen und durch die Kartoffelpresse treiben.
3. Die Buttermilch erhitzen, zum Kartoffelpüree geben und alles gut miteinander vermischen.
4. Das Püree mit Salz, Pfeffer und Muskat abrunden und in einen Spritzbeutel füllen.
5. Eine Auflaufform mit Butter oder Margarine ausfetten und das Püree an den Rand spritzen.
6. Die Zwiebeln, waschen, gut abtropfen und in Streifen schneiden.
7. Die Karotten schälen, in sehr feine Streifen schneiden und in eine Schüssel geben.
8. Die Eier mit der Buttermilch verschlagen, mit Salz, Pfeffer und Muskat abrunden und unter die Gemüsemasse rühren.
9. Die Masse in die Mitte der Auflaufform geben und das Ganze im auf 180–200 °C vorgeheizten Backofen 20–25 Minuten backen, herausnehmen, anrichten, ausgarnieren, servieren.

Kartoffelgnocchi auf Piemonteser Art

FÜR 4 PERSONEN:

1 kg mehlig kochende Kartoffeln
Salzwasser
75 g Butter oder Margarine
Salz
weißen Pfeffer aus der Mühle
1 Prise Muskat
1 Prise Cayennepfeffer
100 g Mehl
2 Eier
1 l Salzwasser
1/2 l Milch
50 g geriebenen Parmesan

1. Die Kartoffeln waschen, abtropfen lassen, in einen Topf geben, Salzwasser angießen und zu Pellkartoffeln kochen.
2. Die fertigen Kartoffeln herausnehmen, leicht abkühlen lassen, pellen und durch die Kartoffelpresse treiben.
3. 25 g Butter oder Margarine in die Kartoffelmasse rühren und das Ganze mit Salz, Pfeffer, Muskat und Cayennepfeffer abrunden.
4. Die Masse unter Rühren auf dem Herd etwas abtrocknen lassen und anschließend mit dem Mehl und den Eiern verkneten.
5. Salzwasser und Milch in einen Topf geben, zum Sieden bringen, aber nicht sprudelnd kochen lassen.
6. Mit zwei Teelöffeln vom Teig kleine Nocken abstechen und diese im Salzwasser 6–8 Minuten garziehen lassen.
7. Die Gnocchi herausnehmen, gut abtropfen lassen, auf eine vorgewärmte Platte geben, die restliche zerlassene Butter oder Margarine gleichmäßig darübergießen, mit Parmesan bestreuen, ausgarnieren und servieren.

Kartoffelrösti

FÜR 4 PERSONEN:

1 kg mehlig kochende Kartoffeln
Salzwasser
Salz
weißen Pfeffer aus der Mühle
1 Prise Muskat
2–3 EL Butter oder Margarine
1 Tasse Pflanzenfett

1. Die Kartoffeln gründlich waschen und abbürsten.
2. Reichlich Salzwasser sprudelnd aufkochen lassen und die Kartoffeln einlegen.
3. Das Ganze zum Kochen bringen und die Kartoffeln darin 10 Minuten garen.
4. Anschließend die Kartoffeln abgießen, abschrecken, sofort pellen und über Nacht auskühlen lassen.
5. Die Kartoffeln auf einer Röstireibe oder einer groben Reibe mit tropfenförmigen Öffnungen in Streifchen raffeln.
6. Die Masse mit Salz, Pfeffer und Muskat abrunden und die zerlassene Butter oder Margarine einrühren.
7. Das Pflanzenfett in einer Pfanne erhitzen, portionsweise Kartoffeln in die Pfanne geben, mit einem Spatel oder Bratenwender verteilen und gleichmäßig andrücken.
8. Sobald die Unterseite goldbraun gebraten ist, weiteres Pflanzenfett dazugeben, die Kartoffelmasse wenden und die zweite Seite goldgelb braten.
9. Die Röstis herausnehmen, anrichten und servieren.

Matjes-Kartoffel-Auflauf

FÜR 4 PERSONEN:

4 Matjesfilets	
1 Tasse Buttermilch	
2-3 El Olivenöl	
250 g Frühlingszwiebeln	
750 g gekochte Kartoffeln	
2 Becher Crème fraîche	
Salz	
Pfeffer aus der Mühle	
2-3 El Butter oder Margarine	
2-3 EL Semmelbrösel	
1 Bund Schnittlauch	

1. Die Matjesfilets waschen, gut abtropfen lassen, in eine Schüssel geben, die Buttermilch angießen und im Kühlschrank mindestens 1/2 Stunde ziehen lassen.

2. Für die Zubereitung das Olivenöl in einer Pfanne erhitzen und die geputzten und kleingeschnittenen Lauchzwiebeln darin anschwitzen.

3. Die geschälten Kartoffeln in Würfel schneiden, mit den Zwiebeln vermischen und in eine ausgefettete Auflaufform geben.

4. Die Matjesfilets in Scheiben schneiden und unter den Auflauf geben.

5. Die Crème fraîche mit der Buttermilch verschlagen, mit Salz und Pfeffer kräftig würzen und gleichmäßig auf dem Auflauf verteilen.

6. Einige Butter oder Margarineflöckchen auf den Auflauf setzen und das Ganze mit Semmelbröseln bestreuen.

7. Den Auflauf im auf 180-200 °C vorgeheizten Backofen 10-15 Minuten backen. Herausnehmen, anrichten und mit frisch geschnittenem Schnittlauch bestreut servieren.

Feta-Kartoffelgratin

FÜR 4 PERSONEN:

1 kg Kartoffeln
2 Zwiebeln
2–3 EL Butter oder Margarine
100 g gekochten Schinken
4 hartgekochte Eier
1/2 l Milch
Salz
Pfeffer aus der Mühle
1/2 TL Kümmel
1 Tasse gemischte, gehackte Kräuter
150 g Feta-Käse
1/2 Becher Sahne

1. Die Kartoffeln schälen, in feine Scheiben schneiden, unter fließendem Wasser gründlich abwaschen und abtropfen lassen.
2. Die Zwiebel schälen und fein hacken.
3. Eine Auflaufform mit der Butter oder Margarine ausfetten und die Kartoffeln, die Zwiebeln sowie den in Streifen geschnittenen Schinken und die gepellten und in Scheiben geschnittenen Eier darin schichtweise anrichten.
4. Die Milch mit Salz, Pfeffer und Kümmel kräftig abschmecken und die gehackten Kräuter untermischen.
5. Den gewürfelten Feta-Käse und die Sahne einrühren und das Ganze gleichmäßig über die Kartoffelmischung verteilen.
6. Die Schinkenkartoffeln in den auf 180–200 °C vorgeheizten Backofen schieben und 25–30 Minuten garen. Herausnehmen, anrichten, ausgarnieren und servieren.

Lauch-Kartoffelauflauf

FÜR 4 PERSONEN:

- 500 g Kartoffeln
- 500 g Lauch
- 300 g Hollandschnittkäse mit Gartengemüse
- 2–3 EL Butter oder Margarine
- 1 Becher Crème fraîche
- 1 Becher Joghurt
- 2 Eier
- Salz
- Pfeffer aus der Mühle
- 1 Prise Cayennepfeffer
- 1 Prise Currypulver
- einige Butter- oder Margarineflöckchen
- 2–3 EL Semmelbrösel

1. Die Kartoffeln schälen, waschen und der Länge nach in dünne Scheiben schneiden.
2. Den Lauch putzen, waschen und in dünne, schräge Scheiben schneiden.
3. Den Käse ebenfalls in dünne Scheiben schneiden.
4. Eine Auflaufform mit Butter oder Margarine ausfetten und 2 Lagen Kartoffeln, Lauch und Käsescheiben einfüllen.
5. Die Crème fraîche mit dem Joghurt und den Eiern in einer Schüssel verschlagen, mit Salz, Pfeffer, Cayennepfeffer und Curry abschmecken.
6. Die Masse gleichmäßig auf dem Auflauf verteilen, mit Butterflöckchen belegen und mit Semmelbröseln bestreuen.
7. Den Auflauf im auf 180–200 °C vorgeheizten Backofen zugedeckt 30–35 Minuten garen und anschließend weitere 10–15 Minuten überbacken.

Kohlrabi-Kartoffelgratin

FÜR 4 PERSONEN:

500 g Kartoffeln
500 g Kohlrabi
Gemüsebrühe zum Blanchieren
250 g frische Champignons
Saft von 1 Zitrone
100 g durchwachsenen geräucherten Speck
1–2 EL Butter oder Margarine
Salz
Pfeffer aus der Mühle
1 Prise Cayennepfeffer
1 Prise Muskat
150 g geriebenen Holland-Gouda, mittelalt
1 Zwieback

1. Die Kartoffeln mit Salzwasser garen, pellen, auskühlen lassen und in gefächerte Scheiben schneiden.
2. Die Kohlrabi schälen, halbieren oder vierteln, in Scheiben schneiden und in etwas Gemüsebrühe bißfest garen.
3. Die Champignons putzen, waschen, in Scheiben schneiden, mit Zitronensaft beträufeln.
4. Den in feine Würfel geschnittenen Speck in der Butter oder Margarine auslassen, die Champignons dazugeben und kurz mitschwitzen.
5. Mit Salz, Pfeffer, Cayennepfeffer und Muskat abschmecken.
6. Eine Gratinform ausfetten, die Pilze, die Kartoffeln und die Kohlrabi darin dekorativ anrichten, mit dem geriebenen Käse und dem Zwieback bestreuen.
7. Das Ganze im auf 180–200 °C vorgeheizten Backofen 15–20 Minuten überbacken.

Eier-Kartoffelauflauf mit Walnußkernen

FÜR 4 PERSONEN:

600 g Kartoffeln
1 Gemüsezwiebel
4 Karotten
2 große Äpfel
Saft von 1 Zitrone
Salz
Pfeffer aus der Mühle
1 Prise Zimt
250 ml Sahne
3 Eier
3–4 EL Walnußkerne
Butter oder Margarine zum Ausfetten und für die Flöckchen

1. Die Kartoffeln schälen, in Scheiben schneiden, kurz in Salzwasser blanchieren, herausnehmen, abtropfen lassen und bereitstellen.
2. Die Zwiebel schälen und in Scheiben schneiden.
3. Die Karotten schälen und grob raspeln.
4. Die Äpfel schälen, entkernen, in Scheiben schneiden und mit Zitronensaft beträufeln.
5. Die Kartoffeln, die Zwiebeln, die Karotten und die Äpfel vorsichtig miteinander vermischen. Mit Salz, Pfeffer und Zimt kräftig würzen.
6. Die Sahne mit den Eiern verschlagen. Mit Salz, Pfeffer und Zimt abschmecken.
7. Eine Auflaufform ausfetten. Das Kartoffelgemüse einfüllen. Mit der Eisahne überziehen, mit Walnußkernen bestreuen und im auf 180–200 °C vorgeheizten Backofen 20–25 Minuten backen.
8. Den Kartoffelauflauf mit Walnußkernen herausnehmen, anrichten, ausgarnieren und sofort servieren.

Gemüseauflauf mit Maisgrieß

FÜR 4 PERSONEN:

500 g verschiedenes Gemüse (Kartoffeln, Lauch, Blumenkohl, Kohlrabi, Zucchini)
3/4 l Gemüsebrühe
1 Dose geschälte Tomaten
1 Becher Crème fraîche mit Kräutern
200 g Maisgrieß
3 Eier
1 Bund Petersilie
2 Bananen
Saft von 1 Zitrone
200 g Doppelrahmfrischkäse mit Kräutern
1 Becher Crème fraîche mit Kräutern
50 g Sonnenblumenkerne
Salz
Pfeffer aus der Mühle
Fett zum Ausfetten
Semmelbrösel zum Bestreuen
Butterflöckchen

1. Das Gemüse putzen, schneiden, die Brühe zum Kochen bringen und das Gemüse darin sortenweise bißfest garen, herausnehmen und locker miteinander vermischen.
2. Die Tomaten auf einem Sieb abtropfen lassen und den Saft auffangen. Die Crème fraîche mit den Kräutern darunterrühren und zusammen mit den Tomaten unter das Gemüse heben.
3. 1/2 l der verbliebenen Brühe abmessen und zum Kochen bringen.
4. Den Maisgrieß unter ständigem Rühren dazugeben, einmal aufkochen lassen und bei mäßiger Hitze in 15 Minuten ausquellen lassen.
5. Die Petersilie grob hacken. Die Bananen schneiden und mit Zitronensaft beträufeln.
6. Die Eier trennen, die Eigelbe mit Wasser schaumig schlagen und den Doppelrahmfrischkäse, die Crème fraîche und die Petersilie daruntermischen.
7. Anschließend den Maisgrieß und die Sonnenblumenkerne dazugeben und alles gut miteinander vermischen.
8. Die Masse mit Salz und Pfeffer abschmecken, die steif geschlagenen Eiweiße und die Bananenscheiben unterheben.
9. Eine Auflaufform ausfetten, mit Semmelbröseln bestreuen und die Hälfte des Maisgrießes darin gleichmäßig verteilen.
10. Die Gemüsemischung darauf legen, mit der restlichen Maisgrießmischung überziehen und diese glattstreichen.
11. Mit den restlichen Semmelbröseln bestreuen, mit Butterflöckchen belegen und das Ganze im auf 180–200 °C vorgeheizten Backofen 60–70 Minuten backen.
12. Den Gemüseauflauf herausnehmen, anrichten, ausgarnieren und servieren.

Kartoffel-Grünkern-Auflauf

FÜR 4 PERSONEN:

2 Zwiebeln
2-3 EL Sojaöl
200 g Grünkern
3/4 l Gemüse- oder Fleischbrühe
750 g Kartoffeln
1 Becher Crème fraîche
4 Eier, 50 g geriebenen Parmesankäse
Salz, Pfeffer aus der Mühle
1 Prise Cayennepfeffer
1 Prise Muskat, 1/2 Bund Petersilie
1 Glas Rote-Beete-Kugeln
1 Becher Schmand
1/2 Bund Kerbel
einige Tropfen Zitronensaft
einige Tropfen Worcestersauce

1. Die Zwiebeln fein hacken. Das Sojaöl in einer Pfanne erhitzen und die Zwiebeln darin glasig schwitzen.
2. Den Grünkern waschen, gut abtropfen lassen, zu den Zwiebeln geben und kurz mitschwitzen.
3. Die Gemüse- oder Fleischbrühe angießen und zum Kochen bringen.
4. Die Kartoffeln schälen, in Würfel oder Scheiben schneiden, zum Grünkern geben und kurz mitgaren.
5. Die Kartoffel-Grünkernmischung in eine Auflaufform geben.
6. Die Crème fraîche mit den Eiern und dem Parmesankäse verschlagen. Mit Salz, Pfeffer, Cayennepfeffer und Muskat kräftig abschmecken.
7. Den Auflauf ebenfalls abschmecken und anschließend die Eiermischung gleichmäßig darauf verteilen.
8. Den Auflauf im auf 180-200 °C vorgeheizten Backofen 20-25 Minuten garen.
9. In der Zwischenzeit die Rote-Beete-Kugeln abtropfen lassen. Den Schmand mit dem gehackten Kerbel und dem Zitronensaft glattrühren.
10. Mit Worcestersauce, Salz und Pfeffer kräftig abschmecken.
11. Den Kartoffel-Grünkern-Auflauf nach Ende der Garzeit herausnehmen, anrichten. Die Rote-Beete-Kugeln dazugeben. Mit dem gewürzten Schmand überziehen. Das Ganze ausgarnieren und sofort servieren.

Rheinischer Kartoffelkuchen

FÜR 4 PERSONEN:

- 1 kg mehlige Kartoffeln
- 4 Zwiebeln
- 250 g durchwachsenen geräucherten Speck
- 2–3 EL Butter oder Margarine
- 4 Eier
- 1 Becher Sahne
- Salz
- Pfeffer aus der Mühle
- 1 Prise Muskat
- 1 Prise Cayennepfeffer
- Butter oder Margarine zum Ausfetten

1. Die Kartoffeln gründlich waschen, schälen und grob raffeln.
2. Die Zwiebeln schälen und in Scheiben schneiden.
3. Den Speck in feine Würfel schneiden. Die Butter oder Margarine in einer Pfanne erhitzen und den Speck darin auslassen.
4. Die Zwiebeln und die Kartoffeln dazugeben.
5. Die Eier mit der Sahne verschlagen und das Ganze kräftig würzen.
6. Eine Auflaufform mit Butter oder Margarine ausfetten, die Kartoffelmasse einfüllen.
7. Die Eiersahne darauf verteilen und im auf 180–200 °C vorgeheizten Backofen 30–40 Minuten backen.
8. Nach Ende der Garzeit herausnehmen, anrichten, ausgarnieren und servieren.

Kartoffel-Mangold-Gratin

FÜR 4 PERSONEN:

600 g gekochte Kartoffeln
600 g Mangold
1-2 EL Butter/Margarine
1-2 Knoblauchzehen
1 TL Salz
1 Schuß Weißwein
Salz
Pfeffer
1 Prise Muskatpulver
Fett für die Form
1 Becher Sahnedickmilch
3 Eier
125 g geriebenen Butterkäse
2-3 EL Pinienkerne

1. Die Kartoffeln pellen, in Scheiben schneiden und bereitstellen.
2. Den Mangold in mundgerechte Stücke schneiden.
3. Das Fett erhitzen und die mit Salz zerriebenen Knoblauchzehen darin anschwitzen.
4. Den Mangold dazugeben und kurz mitschwitzen. Mit Wein ablöschen und 3-4 Minuten dünsten.
5. Mit Salz, Pfeffer und Muskat abschmecken und den Mangold in eine ausgefettete Auflaufform geben.
6. Die Kartoffelscheiben in die Mitte legen. Die Dickmilch mit den Eiern verschlagen, mit Salz, Pfeffer und Muskat abschmecken und auf den Kartoffeln verteilen.
7. Den geriebenen Käse darüberstreuen und im auf 180-200 °C vorgeheizten Backofen 10-15 Minuten überbacken. Herausnehmen, mit Pinienkernen bestreuen, ausgarnieren und servieren.

Kartoffelauflauf mit Käse

FÜR 4 PERSONEN:

1 kg Kartoffeln	
2–3 EL Butter oder Margarine	
100 g durchwachsenen geräucherten Speck	
2 Zwiebeln	
1 Tasse Gemüsebrühe	
1 Lorbeerblatt	
1 TL Kümmel	
1 EL Majoran	
Salz	
Pfeffer aus der Mühle	
1 Becher Sahne	
2 Eier	
200 g geriebenen Emmentaler	
1/2 Bund Schnittlauch	

1. Die Kartoffeln schälen und in feine Scheiben schneiden.
2. Die Butter oder Margarine in einer Auflaufform erhitzen und den in feine Würfel geschnittenen Speck darin auslassen.
3. Die Zwiebeln schälen, fein hacken, zum Speck geben und kurz mitschwitzen.
4. Die Kartoffelscheiben dazugeben und kurz mitschwitzen. Das Ganze gut miteinander vermischen.
5. Die Gemüsebrühe angießen, das Lorbeerblatt, den Kümmel und den Majoran dazugeben und mit Salz und Pfeffer würzen.
6. Das Gemüse weitere 6–8 Minuten dünsten.
7. In der Zwischenzeit die Sahne mit den Eiern und dem Emmentaler verrühren und nochmals mit Salz und Pfeffer würzen.
8. Das Ganze in eine ausgefettete Auflaufform geben und mit der Eier-Käse-Sahne überziehen.
9. Den Auflauf in den auf 180–200 °C vorgeheizten Backofen schieben und 20–25 Minuten backen. Herausnehmen, anrichten und mit frisch geschnittenem Schnittlauch bestreut servieren.

Kartoffel-Broccoli-Auflauf

FÜR 4 PERSONEN:

300 g Kartoffeln
Salzwasser
2 Roggenbrötchen
1 Tasse heiße Milch
4 Eier
200 g Broccoliröschen
Salzwasser
100 g gekochten Schinken
125 g Butterschmalz
Salz, Pfeffer aus der Mühle
1 Prise Muskatpulver
1 TL Majoran
1/2 Bund Petersilie

AUSSERDEM:

Butterschmalz zum Ausfetten
2-3 EL Butterschmalz
3-4 EL Semmelbrösel

1. Die Kartoffeln waschen, in Salzwasser bißfest garen, herausnehmen, kurz auskühlen lassen, schälen und durch die Kartoffelpresse treiben.

2. Die Brötchen in Würfel schneiden, in eine Schüssel geben und mit der heißen Milch übergießen.

3. Die Eier trennen, die Eiweiße steif schlagen.

4. Den Broccoli verlesen, waschen, gut abtropfen lassen und in Röschen schneiden, in Salzwasser bißfest blanchieren.

5. Den Schinken in Würfel oder Rauten schneiden.

6. Das Butterschmalz schaumig rühren, die Eigelbe darunterschlagen, die Brötchen, die Broccoliröschen, den Schinken und die Kartoffeln unterziehen.

7. Zum Schluß das steifgeschlagene Eiweiß unterheben und das Ganze mit Salz, Pfeffer, Muskat und Majoran abrunden.

8. Die gehackte Petersilie untermischen, eine Auflaufform mit Butterschmalz ausfetten und die Masse einfüllen.

9. Im auf 180-200 °C vorgeheizten Backofen 35-40 Minuten garen.

10. Das Butterschmalz in einer Pfanne erhitzen und die Semmelbrösel darin bräunen. Kurz vor Garende den Auflauf damit bestreichen.

11. Den Auflauf herausnehmen, anrichten, ausgarnieren und servieren.

Kartoffel-Apfel-Gratin

FÜR 4 PERSONEN:

- 500 g Kartoffeln
- 300 g säuerliche Äpfel
- Saft von 2 Zitronen
- 4 Tomaten
- Butter oder Margarine
- 2–3 EL Semmelbrösel
- 200 g Frischkäse mit französischen Kräutern
- 1/2 Becher Sahne
- 1 Ei
- Salz
- Pfeffer aus der Mühle
- 1 Prise Muskat
- 1 Tasse geröstete Sonnenblumenkerne
- 1 Tasse gemischte, gehackte Kräuter

1. Die Kartoffeln waschen, in Salzwasser bißfest garen, herausnehmen, leicht erkalten lassen, pellen und in dünne Scheiben schneiden.

2. Die Äpfel schälen, entkernen, in Scheiben schneiden und diese mit Zitronensaft beträufeln.

3. Die Tomaten waschen, den Strunk herausschneiden und anschließend das Fruchtfleisch in Scheiben schneiden.

4. Eine Auflaufform mit Butter oder Margarine ausfetten, mit Semmelbröseln bestreuen. Die Kartoffeln, Äpfel und Tomaten hineinschichten.

5. Den Frischkäse mit französischen Kräutern mit der Sahne und dem Ei verrühren, mit Salz, Pfeffer und Muskat kräftig abschmecken und auf dem Auflauf verteilen.

6. Den Auflauf im auf 180–200 °C vorgeheizten Backofen 15–20 Minuten garen.

7. 5 Minuten vor Garende den Auflauf mit Sonnenblumenkernen bestreuen.

8. Nach Ende der Garzeit das Kartoffel-Apfel-Gratin herausnehmen, anrichten, ausgarnieren und mit den gehackten Kräutern bestreut servieren.

Buttergemüse vom Grill

FÜR 4 PERSONEN:

500 g Kartoffelnn
1/2 l Gemüsebrühe
500 g Zucchini
50 g Butter
1 Zwiebel
1 Knoblauchzehe
1 TL Salz
1 Schuß Sekt
Salz
Pfeffer aus der Mühle
1 Prise Zucker
1 Prise Muskatpulver
1 Bund Estragon

1. Die Kartoffeln putzen, schälen und in Stifte schneiden.
2. Die Gemüse- oder Fleischbrühe erhitzen und die Katoffeln darin bißfest garen, herausnehmen, gut abtropfen lassen und bereitstellen.
3. Die Zucchini putzen und ebenfalls in Stücke schneiden, in der Brühe kurz blanchieren, herausnehmen und mit den Karotten vermischen.
4. Die Butter in einer großen Pfanne erhitzen und die geschälte und feingehackte Zwiebel darin glasig schwitzen.
5. Die Knoblauchzehe schälen, fein hacken, mit Salz zu einer Paste zerreiben und mit den Zwiebeln kurz mitschwitzen.
6. Das Gemüse dazugeben, mit einem Schuß Sekt das Ganze ablöschen und einmal aufkochen lassen.
7. Das Buttergemüse mit Salz, Pfeffer, Zucker und Muskat kräftig würzen.
8. Den verlesenen, gewaschenen und feingehackten Estragon untermischen, nochmals abschmecken, anrichten, ausgarnieren und servieren.

Glaciertes Kartoffelgemüse

FÜR 4 PERSONEN:

1 Zwiebel
600 g Kartoffeln
1-2 EL Butter/Margarine
1 Schuß Sekt/Champagner
1 Tasse Gemüsebrühe
Salz
Pfeffer aus der Mühle
1 Prise Muskatpulver
1 EL Zucker
1 Tasse gehackte frische Kräuter

1. Die Zwiebel schälen und fein hacken.
2. Die Kartoffeln schälen, waschen, gut abtropfen lassen und in Scheiben oder Würfel schneiden.
3. Die Butter oder Margarine in einer Grillpfanne erhitzen und die Zwiebeln darin glasig schwitzen.
4. Die Kartoffeln dazugeben und kurz mitschwitzen.
5. Mit Sekt oder Champagner ablöschen und mit der Gemüsebrühe auffüllen.
6. Mit Salz, Pfeffer und Muskat kräftig würzen und 10-12 Minuten dünsten.
7. Anschließend das Gemüse bei kräftiger Hitze so lange kochen, bis die Flüssigkeit fast vollständig verdunstet ist.
8. Das Gemüse mit dem Zucker bestreuen und kurz glacieren.
9. Die verlesenen, gewaschenen und feingehackten Kräuter unter das Kartoffelgemüse mischen, das Gemüse nochmals abschmecken, anrichten, ausgarnieren und servieren.

Kartoffel Möhrengratin

500 g Kartoffeln
500 g Karotten
2–3 EL Butter oder Margarine
1/4 l Sahne
Salz
Pfeffer aus der Mühle
1 Prise Muskat
1 Prise Cayennepfeffer
einige Zweige Majoran
einige Zweige Thymian
150 g Holland-Gouda, mittelalt
50 g Holland-Gouda, alt

1. Die Karotoffeln und die Karotten schälen und in feine Scheiben schneiden.

2. Eine große oder 4 kleine Gratinförmchen mit der Butter oder Margarine ausfetten.

3. Die Kartoffeln- und die Karottenscheiben schichtweise dekorativ in die Gratinförmchen füllen.

4. Die Sahne mit Salz, Pfeffer, Muskat und Cayennepfeffer kräftig abschmecken.

5. Die verlesenen, gewaschenen und kleingehackten Kräuter untermischen und gleichmäßig über die Kartoffel- und Karottenscheiben verteilen.

6. Den jungen und den alten Gouda reiben, miteinander vermischen und bereitstellen.

7. Das Kartoffel-Möhrengratin im auf 180–200 °C vorgeheizten Backofen 20 Minuten backen.

8. Den Käse gleichmäßig daraufstreuen und weitere 15–20 Minuten backen.

9. Das Kartoffel- Möhrengratin anrichten, ausgarnieren und mit Salaten der Saison servieren.

Kartoffel-Speck-Gratin

FÜR 4 PERSONEN:

1,2 kg Kartoffeln, Salzwasser
1 EL Kümmel
1 El Majoran
1–2 El Olivenöl
125 g Schinkenspeck
1 Zwiebel
1 Stange Lauch
250 ml Sahne
150 g Frischkäse mit Salami
3 Eier
1 TL Kräuter der Provence
Salz, Pfeffer aus der Mühle
1 Prise Cayennepfeffer
1 Prise Muskat
Butter oder Margarine zum Ausfetten

1. Die Kartoffeln unter fließendem Wasser waschen, bürsten und in einen Topf geben.

2. Das Salzwasser angießen, den Kümmel und den Majoran dazugeben und die Kartoffeln zugedeckt in 20 Minuten garen.

3. Anschließend herausnehmen, abgießen, pellen und in Würfel oder Scheiben schneiden.

4. Das Olivenöl in einer Pfanne erhitzen und den in feine Würfel geschnittenen Schinkenspeck darin auslassen.

5. Die Zwiebel schälen und fein hacken. Den Lauch putzen, in Streifen schneiden, zum Speck geben und kurz mitschwitzen.

6. Die Kartoffeln mit dem Speckgemüse vermischen und in eine ausgefettete Auflaufform geben.

7. Die Sahne mit dem Frischkäse mit Salami glattrühren. Die Eier kräftig darunterschlagen und das Ganze mit Kräutern der Provence, Salz, Pfeffer, Cayennepfeffer und Muskat abschmecken.

8. Die Frischkäsesahne gleichmäßig auf dem Auflauf verteilen. Einige Butterflöckchen daraufsetzen und das Ganze im auf 180–200 °C vorgeheizten Backofen in 15–20 Minuten backen. Herausnehmen, anrichten, ausgarnieren und servieren.

Kartoffelgratin mit Sonnenblumenkernen

FÜR 4 PERSONEN:

80 g Sonnenblumenkerne
150 g mittelalten Gouda
2 Scheiben Vollkornbrot
2–3 EL Butter oder Margarine
1 Zwiebel, 500 g Kartoffeln
500 g Kohlrabi
1 Becher Joghurt, 1/2 Becher Sahne
2 Eier
Salz, Pfeffer aus der Mühle
1 Prise Curry, 1 Prise Muskat
1 Prise Cayennepfeffer
1/2 Bund Petersilie
einige Liebstöckelblätter
Butter oder Margarine zum Ausfetten

1. Die Sonnenblumenkerne in einer Pfanne fettfrei goldgelb rösten. 3 EL davon beiseite stellen.
2. Zuerst den Käse und anschließend das Vollkornbrot im Mixer zerkleinern.
3. Die Sonnenblumenkerne und die Brösel mit 4 EL geriebenem Käse vermischen.
4. Die Butter oder Margarine in einem Topf erhitzen und die geschälte und feingehackte Zwiebel darin glasig schwitzen.
5. Die Kartoffeln und die Kohlrabi schälen, in feine Stifte schneiden oder grob raspeln, zu den Zwiebeln geben und kurz mitschwitzen.
6. Den Joghurt mit der Sahne und den Eiern kräftig verrühren, mit Salz, Pfeffer, Curry, Muskat und Cayennepfeffer kräftig abschmecken und die gehackten Kräuter unterziehen.
7. Eine Auflaufform mit Butter oder Margarine ausfetten, die Kartoffelmasse mit dem restlichen Käse vermischen und einfüllen.
8. Die Joghurtsahne darübergießen und das Ganze mit der Sonnenblumen-Böselmischung abdecken.
9. Die restlichen Sonnenblumenkerne daraufstreuen und den Auflauf im auf 180–200 °C vorgeheizten Backofen 25–30 Minuten knusprig backen.
10. Das Kartoffelgratin mit Sonnenblumenkruste anrichten, ausgarnieren und servieren.

Staudensellerie aus der Form

FÜR 4 PERSONEN:

1 Zwiebel
2 rote Paprikaschoten
1 grüne Paprikaschote
250 g Kartoffeln
1–2 EL Butter/Margarine
600 g Staudensellerie
1 Schuß Weißwein
1 Tasse Gemüsebrühe
200 g Hüttenkäse
Salz
Pfeffer aus der Mühle
1 Prise Muskat
1 Prise Cayennepfeffer
200 g Mozzarellakäse
50 g ger. Emmentaler
1 Bund Schnittlauch

1. Die Zwiebel schälen und fein hacken, die Paprikaschoten halbieren, entkernen, waschen, gut abtropfen lassen und in Streifen schneiden.
2. Die Butter oder Margarine in eine feuerfeste Form geben und die Zwiebeln und Paprikaschoten darin glasig schwitzen. Die geschälten und in feine Scheiben oder Würfel geschnittenen Kartoffeln dazugeben und kurz mitschwitzen.
3. Den Staudensellerie verlesen, waschen, abtropfen lassen und in mundgerechte Stücke schneiden.
4. Den Staudensellerie zum Gemüse geben und ebenfalls kurz mitschwitzen.
5. Mit Weißwein ablöschen und mit der Gemüsebrühe auffüllen. Bei mäßiger Hitze das Gemüse bißfest garen.
6. Die Flüssigkeit bei starker Hitze einreduzieren lassen und den mit einer Gabel zerpflückten Hüttenkäse unter das Gemüse heben.
7. Das Gemüse mit Salz, Pfeffer, Muskat und Cayennepfeffer kräftig abschmecken und in eine feuerfeste Auflaufform geben.
8. Den Mozzarellakäse in Scheiben schneiden, auf das Gemüse legen und das Ganze mit Emmentaler bestreuen.
9. Den Staudensellerie im auf 180–200 °C vorgeheizten Backofen 10–12 Minuten überbacken, herausnehmen, anrichten und mit frisch geschnittenem Schnittlauch bestreut servieren.

Mecklenburger Kartoffelbohnen

FÜR 4 PERSONEN:

500 g Pellkartoffeln
500 g grüne Bohnen (TK-Produkt)
200 g rohen Schinken
1/4 l Milch
4 Eier
125 g geriebenen Butterkäse
Saft von 1 Zitrone
Salz
Pfeffer aus der Mühle
1 Prise Cayennepfeffer
1 Prise Muskat
1 TL Bohnenkraut
Butter oder Margarineflöckchen zum Belegen

1. Die Kartoffeln pellen, in Scheiben oder Würfel schneiden, mit den grünen Bohnen in eine ausgefettete Auflaufform geben.
2. Den Schinken in Streifen oder Würfel schneiden und gleichmäßig auf dem Kartoffelauflauf verteilen.
3. Die Milch mit den Eiern und 2/3 des Käses verschlagen. Mit Zitronensaft, Salz, Pfeffer, Cayennepfeffer, Muskat und Bohnenkraut kräftig abschmecken.
4. Die Eiermilch gleichmäßig auf den Auflauf geben und mit dem restlichen Käse bestreuen.
5. Einige Butter- oder Margarineflöckchen darauflegen und das Ganze im auf 180–200 °C vorgeheizten Backofen 20–25 Minuten backen. Herausnehmen, anrichten, ausgarnieren und servieren.

Grünkernauflauf mit Kartoffeln

FÜR 4 PERSONEN:

1 Aubergine
2-3 EL Salz
2 kleine Zucchini
4 große Kartoffeln
4 Tomaten
2 Zwiebeln
1-2 EL Butter oder Margarine
50 g Grünkern
1/4 l Gemüsebrühe
1 Becher Dickmilch
1 Knoblauchzehe
Salz
Pfeffer aus der Mühle
1 EL Basilikum
100 g geriebenen Schafskäse

1. Die Aubergine putzen, in Scheiben schneiden, mit Salz bestreuen und 10 Minuten ziehen lassen. Anschließend waschen und gut abtropfen lassen.
2. Die Zucchini und die Tomaten putzen und in Scheiben schneiden.
3. Die gewaschenen Kartoffeln schälen und ebenfalls in Scheiben schneiden.
4. Die feingehackten Zwiebeln in der Butter oder in der Margarine glasig schwitzen.
5. Den gewaschenen Grünkern kurz mitschwitzen, mit der Gemüsebrühe auffüllen und 10-15 Minuten ausquellen lassen. Den Grünkern vom Feuer nehmen, leicht erkalten lassen, die Eier und die Dickmilch kräftig darunterschlagen.
6. Die mit Salz zerriebene Knoblauchzehe unter den Grünkern rühren und mit Salz, Pfeffer und Basilikum abschmecken.
7. Die Auberginen, Zucchini, Tomaten und Kartoffelscheiben in eine ausgefettete Form schichten und mit der Grünkernmasse überziehen.
8. Den geriebenen Schafskäse gleichmäßig darauf verteilen und das Ganze im auf 180-200 °C vorgeheizten Backofen 30-35 Minuten backen.
9. Den Grünkernauflauf herausnehmen, anrichten, ausgarnieren und servieren.

Spinatgemüse mit Schinken

FÜR 4 PERSONEN:

1-2 EL Olivenöl
1 Gemüsezwiebel
2 Knoblauchzehen
1 TL Salz
600 g jungen Blattspinat
Salz
Pfeffer aus der Mühle
1 Prise Cayennepfeffer
1 Prise Muskat
200 g gekochten Schinken
4 Eier
4 Portionen Petersilienkartoffeln

1. Das Öl in einer Pfanne erhitzen und die geschälte und feingehackte Zwiebel darin glasig schwitzen.
2. Die Knoblauchzehe mit dem Salz zu einer Paste zerreiben, zu den Zwiebeln geben und kurz mitschwitzen.
3. Den verlesenen, gewaschenen und gut abgetropften Blattspinat zerpflücken, zu den Zwiebeln geben und bei mäßiger Hitze 6-8 Minuten dünsten.
4. Den Spinat mit Salz, Pfeffer, Cayennepfeffer und Muskat kräftig abschmecken, gut abtropfen lassen und in eine ausgefettete Auflaufform geben.
5. Den Schinken in etwas Butter kurz braten und auf den Spinat legen.
6. Die Eier aufschlagen, vorsichtig auf den Schinken geben und das Ganze im auf 180-200 °C vorgeheizten Backofen 10-12 Minuten backen.
7. Das Spinatgemüse herausnehmen, anrichten und mit den Petersilienkartoffeln servieren.

Schlemmergerichte

Glacierte Lammkeule

FÜR 6 PERSONEN:

1 küchenfertige Lammkeule (2 kg mit Knochen)
Salz
Pfeffer aus der Mühle
1 TL geschrotete Korianderkörner
2–3 EL Olivenöl
800 g Kartoffeln
1,2 kg grüne Bohnen
3 EL Zitronenmarmelade
6 TL Speisestärke
1 Becher Crème fraîche

1. Die küchenfertige Lammkeule unter fließendem Wasser abwaschen und trockentupfen.
2. Die Keule mit Salz, Pfeffer und Koriander kräftig einreiben.
3. Das Öl in einem Bräter erhitzen und die Keule darin scharf anbraten.
4. Im auf 180 °C vorgeheizten Backofen 1 1/2 Stunden garen.
5. Während der Garzeit mit etwas Wasser ablöschen und mit dem Bratenfond begießen.
6. In der Zwischenzeit die Kartoffeln waschen, schälen, vierteln und in Salzwasser etwa 10 Minuten vorkochen.
7. Die Bohnen putzen, waschen und in kleine Stücke schneiden.
8. Die Kartoffeln und die Bohnen 20 Minuten vor Garende zur Lammkeule geben und fertig garen.
9. 15 Minuten vor Garende die Lammkeule mit der Zitronenmarmelade bestreichen und glacieren.
10. Die Lammkeule und das Gemüse auf einer Platte anrichten, den Bratenfond mit der mit Wasser glattgerührten Speisestärke leicht binden.
11. Die Crème fraîche unter die Sauce rühren und die Sauce nochmals kräftig abschmecken, erhitzen und zum Braten reichen.

Putenbraten Gärtnerin

FÜR 4 PERSONEN:

800 g Putenrollbraten
2 Zwiebeln
100 g Lauch
4 Karotten
600 g Blumenkohlröschen
500 g Kartoffeln
Salz
Pfeffer aus der Mühle
einige Tropfen Worcestersauce
1 TL Oregano
1 TL Thymian
1/2 l Gemüsebrühe
4 EL Tomatenketchup
1/2 Becher Crème fraîche

1. Den Putenrollbraten unter fließendem Wasser abwaschen, trockentupfen und in einen vorher gewässerten Tontopf geben.
2. Die Zwiebeln schälen und fein hacken. Den Lauch putzen und in Ringe schneiden.
3. Die Möhren schälen und in feine Scheiben schneiden. Die Blumenkohlröschen putzen und zerteilen.
4. Das Gemüse mit den geschälten und in mundgerechte Würfel geschnittenen Kartoffeln um das Fleisch legen und das Ganze mit Salz, Pfeffer, Worcestersauce, Oregano und Thymian würzen.
5. Die Brühe mit dem Tomatenketchup und der Crème fraîche verrühren und über das Fleisch gießen.
6. Den Tontopf verschließen und das Ganze im auf 180–200 °C vorgeheizten Backofen 90–120 Minuten garen.
7. 20 Minuten vor Garende den Deckel entfernen und vor dem Servieren nochmals abschmekken und anrichten.

Schlemmerkessel

FÜR 4 PERSONEN:

4 Hähnchenkeulen
1 kleine Kalbszunge
2 Ochsenscheiben
Salzwasser

AUSSERDEM:

2-3 l Gemüse- oder Fleischbrühe
1 Gewürzbeutel (Lorbeer, Wacholder, Nelken, Pfefferkörner)
je 1 Zweig Rosmarin und Thymian
1/2 Bund Petersilie
2 Zwiebeln
1 Stange Lauch
4 Karotten
1 kleinen Sellerie
8 Kartoffeln

FÜR DIE SAUCE:

1 Tasse Fleischbrühe
1 kleine Zwiebel
1 Handvoll Brunnenkresse
1 Handvoll Kerbel
1 Handvoll Estragon
2 Knoblauchzehen
1 kleines Glas Sardellenfilets
einige Tropfen Aceto balsamico
1/2 Tasse Semmelbrösel
1 Tasse Olivenöl
Salz
Pfeffer aus der Mühle
1 Prise Muskatpulver
1 Prise Cayennepfeffer

1. Die küchenfertigen Hähnchenkeulen, die Kalbszunge und die Ochsenscheiben unter fließendem Wasser abwaschen und trockentupfen.
2. Das Salzwasser in einem Topf erhitzen und die Fleischteile darin kurz blanchieren. Herausnehmen, unter fließendem Wasser abwaschen, gut abtropfen lassen und bereitstellen.
3. Die Gemüse oder Fleischbrühe in einem Topf erhitzen. Den Gewürzbeutel und die Kräuter dazugeben und die Ochsenscheiben bei mäßiger Hitze 40-50 Minuten köcheln lassen.
4. Anschließend die Kalbszunge dazugeben und weitere 30-40 Minuten garen.
5. In der Zwischenzeit die Zwiebeln, den Lauch, die Karotten, den Sellerie und die Kartoffeln putzen. Je nach Bedarf in mundgerechte Stücke schneiden. Mit den Hähnchenkeulen in den Kessel geben und weitere 30-40 Minuten garen.
6. Für die Sauce eine Tasse Fleischbrühe abnehmen, leicht erkalten lassen. Mit der geschälten, feingehackten Zwiebel sowie den verlesenen, gewaschenen und kleingeschnittenen Kräutern, den geschälten, gehackten Knoblauchzehen und den abgewaschenen Sardellenfilets im Mixer oder mit dem Pürierstab pürieren.
7. Das Ganze mit etwas Aceto balsamico säuern und mit Semmelbröseln binden.
8. Tropfenweise das Olivenöl einrühren. Die Sauce mit Salz, Pfeffer, Muskat und Cayennepfeffer kräftig würzen und bereitstellen.
9. Nach Ende der Garzeit den Schlemmerkessel kräftig abschmecken, anrichten und mit der Sauce servieren.

Kartoffel-Auberginen Gemüse

FÜR 4 PERSONEN:

1-2 Auberginen
1-2 EL Salz
500 g gekochte Kartoffeln
4 Tomaten
1/2 l Béchamelsauce
1-2 Knoblauchzehen
Salz
Pfeffer aus der Mühle
1 Prise Muskat
1 Prise Cayennepfeffer
100 g geriebenen Käse
Kräuterzweige zum Garnieren

1. Die Auberginen putzen, in Scheiben schneiden, mit Salz bestreuen und im Kühlschrank 10-15 Minuten ziehen lassen. Anschließend waschen und bereitstellen.
2. Die Kartoffeln pellen, und wie die Tomaten in Scheiben schneiden.
3. Die Auberginenscheiben mit den Kartoffeln und den Tomaten in eine ausgefettete Auflaufform schichten.
4. Die Béchamelsauce mit den mit Salz zerriebenen Knoblauchzehen verrühren, nochmals kräftig abschmecken und die Hälfte des Käses untermischen.
5. Die Sauce gleichmäßig über das Gemüse verteilen und den restlichen Käse darüberstreuen.
6. Das Gemüse im auf 180-200 °C vorgeheizten Backofen 15-20 Minuten backen, herausnehmen, anrichten, ausgarnieren, mit Kräuterzweigen belegen und servieren.

Wolfgangs Festessen

FÜR 4 PERSONEN:

4 Schweineherzen
4 Schweinezüngchen
2 Zwiebeln
4 Karotten
1 Stange Lauch
600 g Kartoffeln
2-3 l Gemüsebrühe
2 Lorbeerblätter
einige Nelken
einige Pfefferkörner
einige Senfkörner
1 Peperoni
Salz
Pfeffer aus der Mühle
1 Prise Muskatpulver
1 Prise Cayennepfeffer

AUSSERDEM:

1 Glas Sahne-Meerrettich
1 Glas Delikateß-Senf

1. Die Schweineherzen und die Schweinezüngchen putzen, waschen und trockentupfen.
2. Die Zwiebeln schälen und in grobe Würfel schneiden.
3. Die Karotten schälen und ebenfalls würfeln.
4. Den Lauch putzen, waschen, gut abtropfen lassen und in Stücke schneiden.
5. Die Kartoffeln schälen, halbieren oder vierteln.
6. Die Gemüsebrühe in einen feuerfesten Grilltopf geben und zum Kochen bringen.
7. Die Lorbeerblätter, die Nelken, die Pfefferkörner, die Senfkörner und die Peperoni dazugeben, mit Salz, Pfeffer, Muskat und Cayennepfeffer würzen und 2-3 Minuten ziehen lassen.
8. Die Schweineherzen und die Schweinezüngchen dazugeben und bei mäßiger Hitze 30 Minuten garen.
9. Das Gemüse zu dem Fleisch geben und 30-40 Minuten garen.
10. Nach Ende der Garzeit die Schweineherzen, die Züngchen und das Gemüse auf einer großen Platte anrichten, den Sud nochmals abschmecken, getrennt zum Festessen reichen, ausgarnieren und mit Sahne-Meerrettich und Delikateß-Senf servieren.

Tolle Knolle in Alufolie

FÜR 4 PERSONEN:

1,2 kg mittelgroße Kartoffeln
Salzwasser
2 Lorbeerblätter
2 EL Kümmel
Alufolie
Olivenöl zum Bestreichen

AUSSERDEM:

2 Becher Sahnedickmilch
1 Schuß Sahne
1 Bund Schnittlauch
1 Kästchen Kresse
Salz
Pfeffer aus der Mühle
1 Prise Knoblauchpulver
1 EL grob gemahlener Kümmel

1. Die Kartoffeln waschen und in einen Topf geben.
2. Das Salzwasser, die Lorbeerblätter und den Kümmel dazugeben und die Kartoffeln bißfest garen.
3. Je nach Anzahl der Kartoffeln entsprechend große Stücke Alufolie vorbereiten und diese mit Olivenöl bestreichen.
4. Die Kartoffeln in Alufolie wickeln und auf dem Grill fertiggaren.
5. Für die Sauce die Sahnedickmilch mit der Sahne in eine Schüssel geben und glattrühren.
6. Die verlesenen, gewaschenen und feingehackten Kräuter untermischen, das Ganze mit Salz, Pfeffer, Knoblauchpulver und Kümmel kräftig würzen.
7. Die fertigen Folienkartoffeln mit einem Messer über Kreuz einschneiden und mit beiden Daumen und Zeigefingern zur Mitte hin zusammendrücken.
8. Die Sauce gleichmäßig über die Folienkartoffeln verteilen, anrichten, ausgarnieren und servieren.

Seelachs Provence

FÜR 4 PERSONEN:

- 4 Seelachsfilets à 200 g
- einige Tropfen Zitronensaft
- einige Tropfen Worcestersauce
- Salz
- Pfeffer aus der Mühle
- 1 Zwiebel
- 2-3 EL Butter oder Margarine
- 1 Knoblauchzehe
- 400 g Kartoffeln
- 1 große Paprikaschote
- 1 Zucchino
- 1 Tasse gemischte, gehackte Kräuter (Thymian, Basilikum, Rosmarin, Salbei)
- 2-3 EL kernlose schwarze Oliven
- 1 Glas Weißwein
- 1/4 l Fisch- oder Gemüsebrühe
- 1 Prise Cayennepfeffer
- 1 Prise Muskat
- 1 Prise Zucker
- 4-6 Tomaten

1. Die küchenfertigen Fischfilets unter fließendem Wasser waschen, trockentupfen, mit Zitronensaft und Worcestersauce beträufeln, mit Salz und Pfeffer würzen und im Kühlschrank 10-15 Minuten ziehen lassen.
2. Die Butter oder Margarine in einer Auflaufform erhitzen, und die geschälte und feingehackte Zwiebel glasig schwitzen.
3. Die geschälte Knoblauchzehe mit Salz zu einer Paste zerreiben, zu den Zwiebeln geben und ebenfalls kurz mitschwitzen.
4. Die geschälten Kartoffeln und den Zucchino in Scheiben schneiden und mit der geputzten und in Streifen geschnittenen Paprikaschote ebenfalls mitbraten.
5. Die Oliven dazugeben und das Ganze mit Weißwein und Gemüsebrühe auffüllen.
6. Die gehackten Kräuter untermischen, das Gemüse mit Salz, Pfeffer, Cayennepfeffer und Muskat kräftig abschmecken.
7. Die geschälten, entkernten und geviertelten Tomaten und die Seelachsfilets daraufsetzen und das Ganze in dem auf 180-200 ° C vorgeheizten Backofen 25-30 Minuten garen.
8. Den Seelachs Provence herausnehmen, anrichten, ausgarnieren und servieren.

Heilbuttsteaks auf Gemüse

FÜR 4 PERSONEN:

- 4 Heilbuttsteaks à 200 g
- einige Tropfen Weinessig
- einige Tropfen Zitronensaft
- Salz
- Pfeffer aus der Mühle
- 1 Bund Zitronenmelisse

AUSSERDEM:

- 1 Zwiebel
- 2 Zucchini
- 4 Karotten
- 4 Kartoffeln
- 2 EL Butter/Margarine
- 1 Glas Weißwein
- 1 Prise Muskat
- 1 Prise Cayennepfeffer
- 1 Prise Zucker
- 150 g Crème fraîche
- 125 g geriebenen Gouda

1. Die Heilbuttsteaks unter fließendem Wasser waschen, trockentupfen, mit Weinessig und Zitronensaft beträufeln, mit Salz und Pfeffer würzen und mit der verlesenen und gehackten Zitronenmelisse bestreuen. Im Kühlschrank 10-15 Minuten ziehen lassen.
2. Die Zwiebel schälen und fein hacken. Die Zucchini putzen und in dünne Streifen schneiden.
3. Die Karotten putzen und mit den geschälten Kartoffeln ebenfalls in dünne Streifen schneiden.
4. Die Butter oder Margarine in einer Pfanne erhitzen und das Gemüse darin glasig schwitzen. Mit Weißwein ablöschen.
5. Das Gemüse mit Salz, Pfeffer, Zitronensaft, Muskat, Cayennepfeffer und Zucker kräftig würzen.
6. Die Heilbuttsteaks auf das Gemüse legen, die Crème fraîche mit dem Käse verrühren und gleichmäßig auf die Heilbuttsteaks verteilen.
7. Das Ganze im auf 180-200 °C vorgeheizten Backofen 20-25 Minuten garen, herausnehmen, anrichten, ausgarnieren und servieren.

Buttermilchhähnchen auf Kartoffeln

FÜR 4 PERSONEN:

4 Hähnchenkeulen
1/4 l Buttermilch, 1 Zwiebel
1 Lorbeerblatt, einige Wacholderbeeren und Pfefferkörner
1 EL Kräuter der Provence
2 EL Meersalz
800 g gekochte Kartoffeln
Olivenöl zum Backen
Salz, Pfeffer aus der Mühle
je 1 Prise Kümmel und Cayennepfeffer
1 Becher Sahnedickmilch
Saft von 1 Zitrone, 1 Bund Schnittlauch
1 Prise Zucker

1. Die Hähnchenkeulen waschen und in eine Schüssel geben.
2. Die Buttermilch mit der feingehackten Zwiebel, dem zerriebenen Lorbeerblatt, den geschroteten Wacholderbeeren und Pfefferkörnern, den Kräutern und dem Meersalz vermischen und über die Hähnchenkeulen geben. Das Ganze im Kühlschrank 24 Stunden ziehen lassen.
3. Kartoffeln in Scheiben schneiden, auf ein ausgefettetes Blech setzen. Mit Salz, Pfeffer, Kümmel und Cayennepfeffer bestreuen und die Kartoffeln im auf 180–200 °C vorgeheizten Ofen rösten.
4. Die Hähnchenkeulen in Öl braten.
5. Die Dickmilch mit dem Zitronensaft glattrühren, den geschnittenen Schnittlauch untermischen, mit Salz, Pfeffer, Zucker abschmecken.
6. Die Kartoffeln anrichten, die Keulen darauf legen, ein Salatblatt und eine Tomatenscheibe darauf legen, die Dickmilch darübergeben, ausgarnieren und servieren.

Scholle auf Gemüsebett

FÜR 4 PERSONEN:

4 küchenfertige Schollen
Zitronensaft
Worcestersauce
Salz
Pfeffer aus der Mühle
300 g Kartoffeln,
2 Kohlrabis
2 Karotten
1 Fenchelknolle
1–2 EL Butter oder Margarine
1 Zwiebel
1/2 l Gemüsebrühe
1/2 Tasse Obstessig
1/2 Tasse Weißwein
4 cl Pernod
1 Bund Dill

1. Die Filets mit Zitronensaft und Worcestersauce beträufeln, mit Salz und Pfeffer würzen, 20 Minuten ziehen lassen.
2. Die Kartoffeln und Kohlrabis in Würfel schneiden, die Karotten in Streifen schneiden.
3. Die Fenchelknolle waschen und in Streifen schneiden.
4. Die Butter oder Margarine erhitzen und die feingehackte Zwiebel darin anschwitzen.
5. Das restliche Gemüse dazugeben und kurz mitschwitzen.
6. Mit der Gemüsebrühe, dem Obstessig und dem Weißwein auffüllen und das Ganze bei mäßiger Hitze 8–10 Minuten ziehen lassen.
7. Den Gemüsesud mit Pernod aromatisieren, mit Salz und Pfeffer würzen und die Hälfte des zerpflückten Dills dazugeben.
8. Die Schollenfilets in den Sud legen und bei mäßiger Hitze 18–20 Minuten garziehen lassen.
9. Die Schollenfilets anrichten, den Gemüsesud abschmecken, auf den Schollenfilets anrichten, mit dem restlichen gehackten Dill bestreuen, ausgarnieren und servieren.

Kartoffelhälften mit Fischfüllung

FÜR 4 PERSONEN:

500 g Fischfilet
Saft von 1 Zitrone
einige Tropfen Worcestersauce
Salz
Pfeffer aus der Mühle
200 g Bratwurstbrät
1 Ei
1 Tasse gemischte, gehackte Kräuter (Petersilie, Thymian, Schnittlauch, Dill und Kerbel)
8 große Kartoffeln
1-2 EL Butter oder Margarine
1/8-1/4 l Gemüsebrühe

1. Das Fischfilet waschen, trockentupfen, in kleine Würfel schneiden, mit Zitronensaft und Worcestersauce beträufeln und mit Salz und Pfeffer würzen.
2. Das Bratwurstbrät in eine Schüssel geben, das Ei und die gehackten Kräuter untermischen und das Ganze mit Salz und Pfeffer kräftig würzen.
3. Die Kartoffeln der Länge nach halbieren, mit einem Kugelausstecher aushöhlen, so daß ein 1 cm breiter Rand stehen bleibt.
4. Die Kartoffelreste in eine ausgefettete Auflaufform geben und die Kartoffelhälften einsetzen.
5. Die Kartoffeln mit Salz und Pfeffer kräftig würzen und mit der Gemüsebrühe angießen.
6. Das Ganze zum Kochen bringen und 8–10 Minuten köcheln lassen. Danach vom Feuer nehmen, die Kartoffeln aus dem Sud schöpfen, gut abtropfen lassen und bereitstellen.
7. Die Fischwürfel unter die Bratwurstmasse heben, nochmals abschmecken und anschließend das Ganze in die Kartoffelhälften füllen.
8. Die Kartoffeln in die Form geben, mit Alufolie abdecken und im auf 180–200 °C vorgeheizten Backofen 20–25 Minuten fertiggaren. Die gefüllten Kartoffelhälften anrichten, ausgarnieren und servieren.

Fisch auf Kartoffelpüree

FÜR 4 PERSONEN:

- 500 g Fischfilet
- (Kabeljau, Lengfisch, Schellfisch)
- Saft von 1 Zitrone
- einige Tropfen Worcestersauce
- Salz
- Pfeffer aus der Mühle
- 2–3 EL Butter oder Margarine
- 1 Zwiebel
- 1/4 l Gemüsebrühe
- 1 Tasse Weißwein
- 500 g gekochte Kartoffeln
- 3 EL Butter oder Margarine
- 1/8 l kochende Milch
- 1 EL Kapern
- 1/2 Bund Petersilie
- 1 Prise Muskat
- 1 Prise Selleriesalz

AUSSERDEM:

- 1 große Zwiebel
- 2–3 EL Butter oder Margarine

1. Die Fischfilets waschen, trockentupfen und in mundgerechte Würfel schneiden.

2. Die Fischwürfel mit Zitronensaft und Worcestersauce beträufeln, mit Salz und Pfeffer würzen.

3. Das Fett in einem Topf erhitzen und die feingehackte Zwiebel glasig schwitzen.

4. Das Ganze mit der Gemüsebrühe und dem Weißwein auffüllen, zum Kochen bringen und die Fischwürfel darin garziehen lassen.

5. In der Zwischenzeit die gekochten Kartoffeln durch die Kartoffelpresse treiben und mit dem Fett und der Milch glattrühren.

6. Die Kapern und die gehackte Petersilie unter das Püree ziehen und das Ganze mit Salz, Pfeffer, Muskat und Selleriesalz kräftig abschmecken.

7. Die fertigen Fischfiletwürfel unter das Püree heben und dekorativ anrichten.

8. Die Zwiebel schälen, in Ringe schneiden, mit der Butter oder Margarine in einer Pfanne goldgelb ausbraten, gleichmäßig auf das Püree verteilen, das Püree ausgarnieren und servieren.

Kartoffelrippchen

FÜR 4 PERSONEN:

1 kg dicke Rippe
Salz
Pfeffer aus der Mühle
1 TL Paprikapulver
1 EL Majoran
1 TL Thymian
2 Knoblauchzehen
1 TL Salz
2–3 EL Butterschmalz
1/4 l Weißwein
500 g Kartoffeln
4 Karotten
2 Zwiebeln
etwas Gemüsebrühe
Kräuterzweige zum Garnieren

1. Die dicke Rippe in acht gleich große Stücke teilen, waschen und trockentupfen.
2. Die Rippchen mit Salz, Pfeffer, Paprika, Majoran und Thymian kräftig würzen.
3. Die Knoblauchzehen schälen und mit Salz zu einer Paste zerreiben.
4. Das Fleisch mit der Knoblauchpaste und dem Butterschmalz in ein Bratgeschirr geben und rundherum Farbe nehmen lassen.
5. Während der Garzeit die Fleischteile mehrmals wenden und je nach Bedarf mit etwas Weißwein ablöschen.
6. In der Zwischenzeit die Kartoffeln, die Karotten und die Zwiebeln schälen.
7. Das Gemüse in mundgerechte Stücke schneiden, zum Fleisch geben, den restlichen Weißwein angießen, je nach Bedarf etwas Gemüsebrühe oder Wasser auffüllen und zugedeckt bei mäßiger Hitze das Ganze 40–50 Minuten schmoren lassen.
8. Nach Ende der Garzeit die Kartoffelrippchen nochmals abschmecken, anrichten, mit Kräuterzweigen garnieren und servieren.

Kartoffelbraten

FÜR 4 PERSONEN:

1,5 kg Schweinerollbraten
Salz
Pfeffer aus der Mühle
1 TL Paprikapulver
1 TL Kümmel
2 EL mittelscharfen Senf
2–3 EL Butterschmalz
etwas Wasser oder Wein
4 Zwiebeln, 2 Karotten
500 g Kartoffeln
1 Stange Lauch
1/2 l Gemüsebrühe
2–3 EL Tomatenmark
1 Becher Sahne
4 EL Mehl
1/2 Bund Petersilie
1/2 Bund Schnittlauch

1. Den Schweinerollbraten waschen, trockentupfen, mit Salz, Pfeffer, Paprika und Kümmel kräftig würzen.
2. Anschließend den Rollbraten mit Senf bestreichen.
3. Das Butterschmalz in einem Bräter erhitzen und den Braten darin rundherum Farbe nehmen lassen.
4. Den Bräter in den auf 180–200 °C vorgeheizten Backofen schieben und den Braten darin 40 Minuten garen. Während der Garzeit öfter mit etwas Wasser oder Wein ablöschen.
5. In der Zwischenzeit die Zwiebeln, die Karotten, die Kartoffeln und den Lauch putzen, in mundgerechte Würfel schneiden und anschließend zum Fleisch geben.
6. Das Ganze mit der Gemüsebrühe auffüllen und das Tomatenmark einrühren. Weitere 20–25 Minuten garen.
7. Die Sahne mit dem Mehl verrühren und unter die Sauce ziehen. Weitere 10–15 Minuten köcheln lassen.
8. Nach Ende der Garzeit den Rollbraten herausnehmen und in Scheiben schneiden. Die Sauce nochmals kräftig abschmecken, die gehackten Kräuter untermischen, den Rollbraten mit dem Gemüse anrichten, ausgarnieren und servieren.

Lauchtopf mit Räuchermakrelen

FÜR 4 PERSONEN:

2 Zwiebeln
250 g Lauch
400 g Kartoffeln
2–3 EL Butter oder Margarine
1 Glas Weißwein
3/8 l Fisch- oder Gemüsebrühe
1 TL Majoran
150 ml Sahne
400 g geräucherte Makrelenfilets
Salz, weißen Pfeffer aus der Mühle
1 Prise Cayennepfeffer
1 Prise Zucker
etwas Zitronensaft
etwas Worcestersauce
2–3 EL gehackte Petersilie

1. Die Zwiebeln schälen und in feine Streifen schneiden.
2. Den Lauch putzen, in feine Streifen schneiden, waschen und gut abtropfen lassen.
3. Die Kartoffeln schälen, würfeln und waschen.
4. Die Butter oder Margarine in einem Topf erhitzen und das Gemüse 10–15 Minuten garen.
5. Den Weißwein und die heiße Fisch- oder Gemüsebrühe angießen. Den Majoran unterrühren und weitere 6–8 Minuten erhitzen.
6. Die Sahne und die in kleine Stücke geschnittenen Makrelenfilets unterrühren, mit Salz, Pfeffer, Cayennepfeffer und Zucker kräftig würzen, mit etwas Zitronensaft und Worcestersauce aromatisieren.
7. Den Lauchtopf nochmals erhitzen, abschmecken und mit Petersilie bestreut servieren.

Medaillons mit Ananas–Pfeffer–Sauce

FÜR 4 PERSONEN:

4 Rindermedaillions
1 Prise Thymian
1 Prise Majoran
2–3 EL Butter oder Margarine
1 Schuß Weinbrand
1 Bund Frühlingszwiebel
je 1 rote und grüne Paprikaschote
1 EL grüne Pfefferkörner
4 Scheiben Ananas
1/4 l Bratensaft
Salz
Pfeffer aus der Mühle
1 Prise Cayennepfeffer
2 EL Schnittlauch
2 EL Kresse
4 Portionen Kartoffelpüree

1. Die Rindermedaillons unter fließendem Wasser abwaschen, gut abtropfen lassen, mit Thymian und Majoran kräftig würzen.
2. Die Margarine in einer Pfanne erhitzen und die Medaillons darin je nach Geschmack medium oder durch braten und anschließend mit Weinbrand beträufeln. Leicht salzen, pfeffern und warmstellen.
3. Die Frühlingszwiebel putzen, in feine Streifen schneiden. Die Paprikaschoten entkernen, waschen, gut abtropfen lassen, ebenfalls in dünne Streifen schneiden.
4. Das Gemüse ins verbliebene Bratfett geben und glasig schwitzen.
5. Die in kleine Würfel geschnittenen Ananasscheiben dazugeben und kurz mitschwitzen. Mit dem Bratensaft auffüllen.
6. Das Ganze bei mäßiger Hitze 2–3 Minuten köcheln lassen, mit Salz, Pfeffer und Cayennepfeffer kräftig abschmecken.
7. Die Medaillons anrichten, mit der Soße überziehen und mit den verlesenen, gewaschenen und feingehackten Kräutern bestreuen.
8. Das Kartoffelpüree dazugeben und servieren.

Pellkartoffeln und Schellfisch

FÜR 4 PERSONEN:

- 4 Scheiben Schellfischtranchen à 200 g
- Saft von 1 Zitrone
- einige Tropfen Worcestersauce
- Salz
- Pfeffer aus der Mühle
- 1–2 EL Butter oder Margarine
- 1 Zwiebel
- 1/4 l Gemüsebrühe
- 1 Glas Weißwein
- 1–2 EL mittelscharfen Senf
- 3–4 EL Crème fraîche
- 1 Msp. Johannisbrotkernmehl
- 1 Prise Zucker
- 1 Prise Cayennepfeffer
- 1 Bund Schnittlauch

AUSSERDEM:

- 4 Portionen Pellkartoffeln
- 4 Portionen geraspelte Radieschen
- 4 EL geröstete Sonnenblumenkerne

1. Die Schellfischtranchen waschen, trockentupfen, mit Zitronensaft und Worcestersauce beträufeln, mit Salz und Pfeffer würzen und im Kühlschrank 10–15 Minuten ziehen lassen.
2. Die Butter oder Margarine in einer Pfanne erhitzen und die Schellfischtranchen darin braten und warm stellen.
3. Die Zwiebel schälen, fein hacken, ins verbliebene Brafett geben und glasig schwitzen.
4. Mit der Gemüsebrühe und dem Weißwein auffüllen, den Senf und die Crème fraîche einrühren.
5. Die Sauce kräftig einreduzieren lassen und anschließend mit Johannisbrotkernmehl binden. Mit Salz, Pfeffer, Zitronensaft, Worcestersauce, Zucker und Cayennepfeffer kräftig abschmecken und den verlesenen, gewaschenen und feingeschnittenen Schnittlauch untermischen.
6. Die Schellfischtranchen anrichten, die Sauce dazugeben, die Pellkartoffeln mit den geraspelten Radieschen dekorativ dazulegen und das Ganze mit den gerösteten Sonnenblumenkernen bestreuen, ausgarnieren und servieren.

Heilbuttfilets mit Kartoffeln und Gemüse

FÜR 4 PERSONEN:

- 4 Heilbuttfilets à 250 g
- Saft von 1 Zitrone
- einige Tropfen Worcestersauce
- Salz
- Pfeffer aus der Mühle
- 2–3 EL Butter oder Margarine
- 1 Zwiebel
- 2 Karotten
- 6 Kartoffeln
- 1 Stück Sellerie
- 1 Stange Lauch
- 1 Glas Weißwein
- 1/2 l Gemüsebrühe
- 2 Lorbeerblätter
- einige Nelken
- einige Pfefferkörner
- 1 Schuß Obstessig
- 1 Prise Zucker

1. Die Heilbuttfilets waschen, trockentupfen, mit Zitronensaft und Worcestersauce beträufeln, salzen, pfeffern und im Kühlschrank 10–15 Minuten ziehen lassen.
2. Die Butter oder Margarine erhitzen und die feingehackte Zwiebel darin glasig schwitzen.
3. Die Karotten, die Kartoffeln, den Sellerie und den Lauch putzen, waschen, gut abtropfen lassen, würfeln, zur Zwiebel geben und kurz mitschwitzen.
4. Mit Weißwein ablöschen, mit der Gemüsebrühe auffüllen und die Lorbeerblätter, die Nelken und die Pfefferkörner dazugeben.
5. Das Ganze mit Obstessig und Zucker süßsauer abschmecken und bei kleiner Hitze 15 Minuten köcheln lassen.
6. Anschließend die Fischfilets in den Sud legen und weitere 8–10 Minuten garziehen lassen.
7. Die Fischfilets herausnehmen, gut abtropfen lassen, das Gemüse nochmals abschmecken, anrichten, die Fischfilets darauflegen und mit einem Klacks saurer Sahne oder Sahnedickmilch überziehen, ausgarnieren und servieren.

Tintenfischspieße mit Apfelsauce und Kartoffelschnee

FÜR 4 PERSONEN:

- 500 g küchenfertige, kleine Tintenfische
- Saft von 1 Zitrone
- einige Tropfen Worcestersauce
- Salz, Pfeffer aus der Mühle
- 2–3 EL Butterschmalz

FÜR DIE SAUCE:

- 2 Zwiebeln
- 1 Knoblauchzehe
- 1/2 TL Salz
- 1 Stück Lauch, 2 Äpfel
- 1 Prise Zucker
- Saft von 1 Zitrone
- 1 Tasse Apfelsaft
- 3/8 l Gemüsebrühe
- 1 Becher Sahne
- 1 Prise Zucker
- 1 Prise Cayennepfeffer
- je 1 Zweig Thymian, Estragon und Rosmarin
- 500 g gekochte Kartoffeln
- 3–4 EL Butter oder Margarine
- 1 Prise Muskat

1. Die Tintenfische waschen, trockentupfen, mit Zitronensaft und Worcestersauce beträufeln, mit Salz und Pfeffer würzen und auf Spieße stecken.

2. Die Tintenfischspieße im Butterschmalz braten, vom Feuer nehmen und warm stellen.

3. Für die Sauce die gehackten Zwiebeln und die zerriebene Knoblauchzehe glasig schwitzen.

4. Den gewürfelten Lauch dazugeben und mitschwitzen.

5. Die Äpfel entkernen, 4 dünne Scheiben als Garnitur zurückbehalten, den Rest grob hacken und mit Zucker und Zitronensaft sowie dem Apfelsaft vermischen, zu den Zwiebeln geben und kräftig einreduzieren lassen.

6. Die Gemüsebrühe und die Sahne angießen, mit Salz, Pfeffer, Zucker und Cayennepfeffer abschmecken und mit den gehackten Kräutern verfeinern.

7. Die gekochten Kartoffeln mit der Butter oder Margarine durch die Kartoffelpresse treiben und dekorativ anrichten. Mit Salz, Pfeffer und Muskat bestreuen.

8. Die Sauce auf den Teller geben, die Apfelschnitze und die Tintenfischspieße darauflegen, ausgarnieren und servieren.

Gebeizte Lammkeule

FÜR 4 PERSONEN:

1 Lammkeule mit Knochen (2 kg)
1 l Kefir,
1 EL Rosmarin, 1TL Thymian
2 Lorbeerblätter
1 TL zerstoßene Wacholderbeeren
je 1 EL Pfeffer- und Senfkörner
Saft von 1 Zitrone
4 Knoblauchzehen, 2 Zwiebeln
Salz, Pfeffer aus der Mühle
1 EL Kräuter der Provence
2–3 EL Butterschmalz
3/4 l Rotwein

AUSSERDEM:

2 mittelgroße Zucchini, 4 Tomaten

1. Die Lammkeule waschen, trockentupfen, in eine Schüssel legen.
2. Den Kefir mit dem Rosmarin, dem Thymian, den Lorbeerblättern, den Wacholderbeeren, den Pfeffer- und Senfkörnern und dem Zitronensaft in einer Schüssel vermischen.
3. Die Knoblauchzehen hacken, die Zwiebeln in Ringe schneiden.
4. Knoblauch und Zwiebelringe in die Kefirbeize rühren und auf der Lammkeule verteilen.
5. Die Lammkeule zugedeckt im Kühlschrank mindestens eine Nacht ziehen lassen.
6. Das Fleisch herausnehmen, trockentupfen, mit Salz und Pfeffer würzen, mit Kräutern der Provence bestreuen und das Butterschmalz in einem Bräter erhitzen.
7. Die Lammkeule im Schmalz rundherum Farbe nehmen lassen, den Rotwein angießen und im auf 180–200 °C vorgeheizten Backofen 1 1/2–2 Stunden schmoren lassen.
8. 1/4 l Kefirbeize abmessen, durchseihen und etwa 40–50 Minuten vor Garende über die Lammkeule gießen.
9. 20 Minuten vor Garende die in Stifte geschnittenen Zucchini sowie die enthäuteten und in Achtel geschnittenen Tomaten zum Fleisch geben und fertiggaren.
10. Nach Ende der Garzeit die Lammkeule aus der Sauce nehmen, anrichten, das Gemüse nochmals abschmecken, zur Lammkeule geben, das Ganze ausgarnieren und servieren.

Krabben-Kartoffeln in Currysahne

FÜR 4 PERSONEN:

1 kg gleichgroße Kartoffeln
Salzwasser
150-200 g Krabben oder Shrimps
3-4 EL Keimöl
1 Zwiebel
1 Schuß Weißwein
1/4 l Gemüsebrühe
Salz
Pfeffer aus der Mühle
1 TL Curry
1 Prise Kurkuma
2 Becher Crème fraîche
4 Portionen Blattspinat

1. Die Kartoffeln gründlich waschen und in einen Topf geben, Salzwasser angießen und die Kartoffeln 10-15 Minuten garen.
2. Anschließend die Kartoffeln abschrecken, pellen und in Abständen von 1/2-1 cm keilförmige, kleine Stückchen herausschneiden.
3. Die Krabben oder Shrimps in die Ausschnitte legen. Die Krabben-Kartoffeln in eine ausgefettete Auflaufform geben.
4. Das Keimöl in einer Pfanne erhitzen und die feingehackte Zwiebel darin glasig schwitzen.
5. Mit Weißwein ablöschen und mit der Gemüse- oder Fleischbrühe auffüllen.
6. Mit Salz, Pfeffer, Curry und Kurkuma kräftig abschmecken und die Crème fraîche einrühren.
7. Die Sauce gleichmäßig auf die Krabben-Kartoffeln verteilen und das Ganze in dem auf 180-200 °C vorgeheizten Backofen 30-40 Minuten garen. Während der Garzeit öfter die Kartoffeln mit etwas Sauce überziehen.
8. Die Kartoffeln anrichten, etwas Sauce darübergießen, den fertigen Blattspinat dazugeben, das Ganze ausgarnieren und servieren.

Scholle auf Kartoffel-Gemüsebett

FÜR 4 PERSONEN:

4 küchenfertige Schollen
einige Tropfen Zitronensaft
einige Tropfen Worcestersauce
Salz
Pfeffer aus der Mühle
300 g Kartoffeln
2 Kohlrabi
2 Karotten
1 Fenchelknolle
1-2 EL Butter oder Margarine
1 Zwiebel
1/2 l Gemüsebrühe
je 1/2 Tasse Obstessig und Weißwein
4 cl Pernod
1 Bund Dill

1. Die Filets waschen, trockentupfen, mit Zitronensaft und Worcestersauce beträufeln, mit Salz und Pfeffer würzen und im Kühlschrank 20 Minuten ziehen lassen.
2. Die Kartoffeln und Kohlrabi in Würfel, die Karotten in Streifen schneiden.
3. Die Fenchelknolle putzen, waschen und in Streifen schneiden.
4. Die Butter oder Margarine in einem Topf erhitzen und die feingehackte Zwiebel darin anschwitzen.
5. Das restliche Gemüse dazugeben und kurz mitschwitzen.
6. Mit der Gemüsebrühe, dem Obstessig und dem Weißwein auffüllen und das Ganze bei mäßiger Hitze 8-10 Minuten ziehen lassen.
7. Den Gemüsesud mit Pernod aromatisieren, mit Salz und Pfeffer würzen und die Hälfte des zerpflückten Dills dazugeben.
8. Die Schollenfilets in den Sud legen und bei mäßiger Hitze 18–20 Minuten garziehen lassen.
9. Die Schollenfilets anrichten, den Gemüsesud abschmecken, auf den Schollenfilets anrichten, mit dem restlichen gehackten Dill bestreuen, ausgarnieren und servieren.

Räucherfischauflauf mit Kartoffeln

FÜR 4 PERSONEN:

2 EL Butter/Margarine
1 Zwiebel
100 g Stangensellerie
je 1 rote und grüne Paprikaschote
100 g frische Champignons
Saft von 1 Zitrone
1 Glas Weißwein
je 1 TL Oregano und Basilikum
Salz
Pfeffer aus der Mühle
4 Tomaten
400 g Räucherfisch
500 g gekochte Kartoffeln
1 Prise Cayennepfeffer
1/4 l Sahne
100 g ger. Butterkäse
1 Tasse gem., geh. Kräuter

1. Die Butter oder Margarine in einer Pfanne erhitzen und die geschälte und feingehackte Zwiebel darin glasig schwitzen.
2. Den Sellerie würfeln, zur Zwiebel geben und kurz mitschwitzen.
3. Die Paprikaschoten in Streifen schneiden, zum Gemüse geben und mitschwitzen.
4. Die Champignons in Scheiben schneiden, mit Zitronensaft beträufeln, zum Gemüse geben und kurz andünsten.
5. Mit Wein ablöschen, mit Oregano, Basilikum, Salz und Pfeffer würzen.
6. Die gewürfelten Tomaten mit dem kleingeschnittenen Räucherfisch und den in Würfel oder Scheiben geschnittenen Kartoffeln unter das Gemüse heben und in eine ausgefettete Auflaufform geben.
7. Das Ganze mit Salz, Pfeffer und Cayennepfeffer bestreuen, die Sahne ebenfalls würzen, den Butterkäse untermischen und das Ganze gleichmäßig auf dem Auflauf verteilen.
8. Den Auflauf im auf 180-200 °C vorgeheizten Backofen 20-25 Minuten backen, herausnehmen, anrichten, mit Kräutern bestreuen, ausgarnieren und servieren.

Kabeljau im Kartoffel–Wirsingbett

FÜR 4 PERSONEN:

1 küchenfertigen Kabeljau (800 g)
Saft von 1 Zitrone
einige Tropfen Worcestersauce
Salz, Pfeffer aus der Mühle
500 g Wirsing
100 g durchwachsenen Speck
2–3 EL Butter oder Margarine
1 Zwiebel
500 g mehligkochende Kartoffeln
1 Prise Cayennepfeffer
1Prise Muskat

AUSSERDEM:

2–3 EL Butter oder Margarine für die Form
1 Schuß Weißwein
1/8 l Fisch- oder Gemüsebrühe
1 Bund Petersilie

1. Den küchenfertigen Kabeljau unter fließendem Wasser waschen, trockentupfen, mit Zitronensaft und Worcestersauce marinieren. Mit Salz und Pfeffer würzen und im Kühlschrank 10–15 Minuten ziehen lassen.

2. Den Wirsing putzen, kurz in Salzwasser blanchieren und in Streifen schneiden.

3. Den Speck in Würfel schneiden und in einer Pfanne auslassen. Die Butter oder Margarine dazugeben und die geschälte und feingehackte Zwiebel darin glasig schwitzen.

4. Den Wirsing zu der Speckzwiebel geben und ebenfalls kurz mitschwitzen. Mit Salz, Pfeffer, Cayennepfeffer und Zucker kräftig abschmecken und mit den geschälten und in Scheiben geschnittenen Kartoffeln in eine gebutterte Auflaufform schichten,

5. Den Weißwein und die Gemüsebrühe angießen, den Kabeljau daraufsetzen und das Ganze im auf 180–200 °C vorgeheizten Backofen 20–30 Minuten garen.

6. Nach Ablauf der Garzeit den Kabeljau auf Kartoffel–Wirsingbett herausnehmen, anrichten und mit gehackter Petersilie bestreut servieren.

Kartoffelpuffer mit Dilldip

FÜR 4 PERSONEN:

1 kg Kartoffeln
Salzwasser
1EL Kümmel
4 Eier
Haferflocken zum Binden
Salz
Pfeffer aus der Mühle
1 Prise Muskat
1 Prise Cayennepfeffer
Butterschmalz zum Ausbacken

FÜR DIE SAUCE:

2 Becher Sahnedickmilch
1 Zwiebel
1 EL grüne Pfefferkörner
2–3 EL mittelscharfen Senf
Saft von 1 Zitrone
Salz
Pfeffer aus der Mühle
1 Prise Zucker
etwas Worcestersauce
1 Bund Dill

AUSSERDEM:

400 g gebeizten Räucherlachs

1. Die Kartoffeln in Salzwasser mit Kümmel kochen, anschließend durch die Kartoffelpresse treiben.
2. Die Eier darunterschlagen und die Kartoffelmasse mit Haferfocken leicht binden.
3. Mit Salz, Pfeffer, Muskat und Cayennepfeffer abschmecken.
4. Das Schmalz in einer Pfanne erhitzen, den Teig mit einem Eßlöffel in die Pfanne geben, kleine Küchlein ausbacken und bis zum Servieren warmstellen.
5. Die Dickmilch glattrühren, die feingehackte Zwiebel, die Pfefferkörner, den Senf und den Zitronensaft darunterziehen.
6. Mit Salz, Pfeffer und Worcestersauce abschmecken, den feingehackten Dill untermischen, den Lachs darauflegen, mit Sauce überziehen, ausgarnieren und servieren.

Gemüseragout mit Kartoffelhaube

FÜR 4 PERSONEN:

500 g Kartoffeln
1-2 EL Butter oder Margarine
etwas Gemüsebrühe
2-3 EL Crème fraîche
1 Prise Muskat
Salz
Pfeffer aus der Mühle
2 Eigelb

AUSSERDEM:

4 Hähnchenbrustfilets
1 TL Thymian
2 EL Butterschmalz
1 Zwiebel
1 Stck Sellerie
je 150 g Erbsen und Karotten (TKProdukt)
1 Becher Sahne
1/4 l geb. Bratensauce
125 g geriebenen Käse
1/2 Bund Petersilie

1. Die Kartoffeln würfeln, waschen und abtropfen lassen.
2. Die Butter oder Margarine in einem Topf erhitzen und die Kartoffeln glasig schwitzen.
3. Etwas Gemüsebrühe angießen, den Topf verschließen und das Ganze bei mäßiger Hitze 10-15 Minuten köcheln lassen.
4. Nach Ende der Garzeit die Kartoffeln herausnehmen und durch die Kartoffelpresse treiben.
5. Das Püree mit Crème fraîche glattrühren, mit Muskat, Salz und Pfeffer kräftig würzen und die Eigelbe darunterziehen.
6. Die Hähnchenbrustfilets waschen, trockentupfen und in Streifen schneiden.
7. Die Filets mit Thymian, Salz und Pfeffer kräftig würzen.
8. Das Butterschmalz erhitzen und das Hähnchenfleisch darin braten.
9. Die feingehackte Zwiebel mit dem geputzten und gewürfelten Sellerie dazugeben und kurz mitbraten.
10. Die Erbsen und Karotten dazugeben, die Sahne mit der Bratensauce vermischen, angießen und weitere 8-10 Minuten köcheln lassen
11. Das Gemüseragout in eine feuerfeste Form geben, abschmecken und mit dem Kartoffelpüree bedecken.
12. Das Ganze mit geriebenem Käse bestreuen und im auf 220 °C vorgeheizten Backofen goldgelb überbacken. Herausnehmen, anrichten, ausgarnieren und servieren.

Kartoffelbackes

FÜR 4 PERSONEN:

600 g Kartoffeln
2 Zwiebeln
1 Rettich
1 rote Paprikaschote
500 g Fleischwurst
1-2 EL Butter oder Margarine
1 TL Kümmel und Majoran
1/4 l Milch
200 g Sahne
125 g ger. Emmentaler
2 Eier
Salz
Pfeffer aus der Mühle
1 Prise Muskat
1 Prise Cayennepfeffer
1/2 Bund Petersilie
1/2 Bund Schnittlauch

1. Die Kartoffeln schälen, in Scheiben schneiden, waschen und gut abtropfen lassen.
2. Die Zwiebeln und den Rettich schälen und in dünne Scheiben schneiden.
3. Die Paprikaschote halbieren, entkernen, waschen, gut abtropfen lassen und würfeln.
4. Die Fleischwurst enthäuten und in Scheiben schneiden.
5. Eine Auflaufform mit Butter oder Margarine ausfetten und das Gemüse und die Fleischwurst in die Auflaufform geben.
6. Den Auflauf mit Kümmel und Majoran bestreuen und die Milch angießen.
7. Die Sahne mit dem Emmentalerkäse und den Eiern verrühren, mit Salz, Pfeffer, Muskat und Cayennepfeffer kräftig abschmecken.
8. Die Masse gleichmäßig auf den Auflauf verteilen und im auf 180-200 °C vorgeheizten Backofen 30-40 Minuten backen.
9. Nach Ende der Garzeit den Kartoffelbackes herausnehmen, anrichten und mit den gehackten Kräutern bestreut servieren.

Schweinekruste mit Kartoffelgratin

FÜR 4 PERSONEN:

600 g Schweinefilet
Salz
Pfeffer aus der Mühle
1-2 EL mittelscharfen Senf
1/2 Tasse Mehl
1-2 EL Olivenöl

FÜR DIE KRUSTE:

- 2 Eier
- je 1/2 Bund Petersilie und Schnittlauch
- 2 EL geriebene Haselnüsse
- 2 EL ger. Parmesan
- 16 Stück Alufolie
- Olivenöl zum Bestreichen

FÜR DAS KARTOFFEL-GRATIN:

- 750 g mehlig kochende Kartoffeln
- 2 Knoblauchzehen
- Butter zum Einfetten
- 1 Prise Muskatpulver
- 1/2 l Milch, 1/2 l Sahne
- 1 Ei, 125 g Gruyère
- 70 g Butter/Margarine

1. Die Schweinefilets in 16 Scheiben schneiden, mit Salz und Pfeffer würzen, mit Senf bestreichen, in Mehl wenden.

2. Das Olivenöl in einer Pfanne erhitzen und die Filetscheiben darin kurz anbraten. Vom Feuer nehmen und bereitstellen.

3. Für die Kruste die Eier mit den feingehackten Kräutern in einer Schüssel verschlagen. Die Haselnüsse und den Parmesankäse untermischen. 16 entsprechend große Stücke Alufolie mit Olivenöl bestreichen, die Filetscheiben darauflegen und mit der Kräuter-Ei-Masse bestreichen.

4. Die Folie verschließen und die Filets im Ofen garen.

5. Für das Kartoffelgratin die Kartoffeln schälen und in hauchdünne Scheibchen schneiden.

6. Eine Auflaufform mit den Knoblauchzehen ausreiben und das Ganze dick mit Butter einfetten.

7. Die Kartoffeln einschichten und jede Lage mit Salz, Pfeffer und Muskat würzen.

8. Die Milch mit der Sahne in einem Topf lauwarm werden lassen und das verquirlte Ei und 2/3 des geriebenen Käses einrühren.

9. Über die Kartoffeln gießen, mit dem Käse bestreuen, die Butterflöckchen daraufsetzen und im auf 180–200 °C vorgeheizten Backofen 30–40 Minuten backen. Mit den Schweineschnitzelchen anrichten, ausgarnieren und servieren.

Hasenkeule mit Kartoffel-Käse-Rösti

FÜR 4 PERSONEN:

4 küchenfertige Hasenkeulen
Salz, Pfeffer aus der Mühle
1 TL geschroteter Pfefferkörner
1 TL Kräuter der Provence
2-3 EL Butter oder Margarine
1 Zwiebel
2 Karotten
1 Stück Sellerie
2 EL Tomatenmark
1/4 l Rotwein
3/8 l Gemüsebrühe
1 Lorbeerblatt, 1 Zweig Thymian
2 EL Hagebuttenmark
3 EL Obstessig
Johannisbrotkernmehl zum Binden

FÜR DIE KÄSE-RÖSTI:

500 g Kartoffeln
1 Ei
1 EL Weizenmehl
3 EL geriebenen Parmesankäse
Salz, Pfeffer aus der Mühle
1 Prise Muskat
2-3 EL Butter oder Margarine

1. Die Hasenkeulen unter fließendem Wasser abwaschen und trockentupfen.
2. Mit Salz, Pfeffer, den geschroteten Pfefferkörnern sowie mit den Kräutern der Provence würzen.
3. Das Fett in einem Bräter erhitzen und die Hasenkeulen darin rundherum Farbe nehmen lassen.
4. Das Gemüse putzen und in feine Würfel oder Streifen schneiden, zum Fleisch geben und kurz mitbraten.
5. Das Tomatenmark unter das Gemüse rühren, mit dem Rotwein ablöschen und mit der Gemüsebrühe auffüllen.
6. Das Lorbeerblatt und den Thymianzweig mit dem Hagebuttenmark und dem Obstessig in die Sauce geben.
7. Den Bräter verschließen und im auf 180-200 °C vorgeheizten Backofen 80-90 Minuten schmoren lassen.
8. Nach Ende der Garzeit das Lorbeerblatt und den Thymian herausnehmen und die Sauce in einem Mixer oder mit dem Pürierstab pürieren.
9. Die Sauce nochmals kurz aufkochen lassen und mit etwas Johannisbrotkernmehl binden und nochmals kräftig abschmecken.
10. Die Kartoffeln dünn schälen, unter fließendem Wasser abwaschen und fein reiben.
11. Die Kartoffelmasse mit dem Ei, dem Mehl und dem geriebenen Parmesan vermischen.
12. Das Ganze mit Salz, Pfeffer und Muskat kräftig würzen.
13. Das Fett in einer Pfanne erhitzen und portionsweise Käseröstis ausbacken.
14. Die Hasenkeulen mit den Käseröstis anrichten, ausgarnieren und servieren.

Kalbssteak mit Morchel-Rahmsauce

FÜR 4 PERSONEN:

4 Kalbsrückensteaks
Salz, Pfeffer aus der Mühle
1 Tasse Olivenöl
je 1 TL Majoran, Oregano, Salbei und geschrotete Wacholderbeeren
4 cl Weinbrand

AUSSERDEM:

1 Zwiebel
50 g durchwachsenen geräucherten Speck
30 g getrocknete Morcheln
1/4 l gebundene Bratensauce
1 Schuß Rotwein
einige Tropfen Obstessig
1-2 EL Johannisbeergelee
einige Tropfen Weinbrand
4 Portionen Herzoginkartoffeln

1. Die Kalbsrückensteaks waschen, trockentupfen, mit Salz und Pfeffer würzen, in eine Schüssel geben.
2. Das Öl mit den Kräutern, den Wacholderbeeren vermischen und die Steaks damit einstreichen.
3. Die Kalbssteaks auf dem Grill oder in der Pfanne garen und mit Weinbrand flambieren. Herausnehmen und warmstellen.
4. Im verbliebenen Bratfett die feingehackte Zwiebel anschwitzen.
5. Den in Würfel geschnittenen Speck auslassen. Die eingeweichten Morcheln dazugeben, mitschwitzen.
6. Die Sauce angießen, zum Kochen bringen. Mit Rotwein, Essig, Gelee und Weinbrand aromatisieren.
7. Die Sauce abschmecken, die Steaks mit den Herzoginkartoffeln anrichten, mit der Sauce überziehen und servieren.

Hasenrückenfilet mit Reiberdatschi

FÜR 4 PERSONEN:

4 Hasenrückenfilets
je 1 TL Majoran, Thymian
2–3 EL Butterschmalz
Salz, Pfeffer aus der Mühle
1 Zwiebel, 100 g entstein. Kirschen
1 Schuß Rotwein
3/8 l Bratensauce
1–2 EL Kirschgelee
je 1 Schuß Obstessig und Sahne
750 g Kartoffeln, 1 Zwiebel
1/2 Tasse saure Sahne
1/2 Weizengrieß, 1–2 Eier
Prise Muskat
1 Tasse geriebenen Emmentaler
2–3 EL Butter oder Margarine

1. Die küchenfertigen Hasenrückenfilets unter fließendem Wasser waschen und trockentupfen. Mit Majoran und Thymian einreiben.
2. Das Schmalz in einer Pfanne erhitzen, die Filets darin braten, herausnehmen und mit Salz und Pfeffer würzen.
3. Die feingehackte Zwiebel ins verbliebene Bratfett geben und glasig schwitzen.
4. Die entsteinten Kirschen dazugeben, das Ganze mit Rotwein ablöschen, mit der Bratensauce auffüllen.
5. Die Sauce mit Essig und der Sahne verfeinern und nochmals abschmecken.
6. Die geschälten Kartoffeln in einer Schüssel reiben.
7. Die gehackte Zwiebel mit der sauren Sahne, dem Weizengrieß und den Eiern dazugeben und alles zu einer kompakten Masse verarbeiten.
8. Die Masse mit Salz, Pfeffer, Muskat abschmecken und den geriebenen Käse unterrühren.
9. Die Kartoffelmasse in das erhitzte Fett geben, andrücken und auf beiden Seiten goldgelb backen.
10. Die Hasenkeulen mit den Reiberdatschis anrichten, mit der Sauce überziehen, ausgarnieren und servieren.

Elsässer Kartoffelauflauf

FÜR 4 PERSONEN:

500 g Rinderschulter
Salz, Pfeffer aus der Mühle
2 EL Butterschmalz
2 Zwiebeln
1/4 l trockenen Elsässer Weißwein
500 g gekochte Kartoffeln
4 Tomaten
1/2 Becher Sahne
250 g geriebenen Butterkäse
einige Butterflöckchen
1/2 Tasse gehackte Kräuter

1. Die küchenfertige Rinderschulter unter fließendem Wasser abwaschen, trockentupfen und in Würfel oder Scheiben schneiden.
2. Das Fleisch mit Salz, Pfeffer würzen. Das Butterschmalz in einem Topf erhitzen und das Fleisch darin rundherum Farbe nehmen lassen.
3. Die Zwiebeln schälen, in feine Scheiben schneiden, zum Fleisch geben und kurz mitbraten.
4. Das Ganze mit dem Weißwein auffüllen und 60–70 Minuten garschmoren.
5. Die Kartoffeln schälen, in Scheiben schneiden und die Hälfte in eine ausgefettete Auflaufform geben.
6. Das Fleisch mit den enthäuteten und in Scheiben geschnittenen Tomaten auf die Kartoffel schichten.
7. Das Ganze mit den restlichen Kartoffeln belegen. Die Sahne angießen, mit dem geriebenen Käse bestreuen und einige Butterflöckchen draufsetzen.
8. Den Auflauf im auf 180–200 °C vorgeheizten Backofen 25–30 Minuten backen.
9. Den Auflauf herausnehmen, anrichten, mit frisch gehackten Kräutern bestreuen, ausgarnieren und servieren.

Feiner Gemüse-Wildauflauf

FÜR 4 PERSONEN:

2 EL Butter oder Margarine
1 Zwiebel
1 Knoblauchzehe
500 g gekochtes oder gebratenes Wildfleisch
1 Bund Frühlingszwiebeln
2 Karotten
200 g Broccoli
500 gekochte Kartoffeln
1/4 l Weißwein
1/4 l Gemüsebrühe
Salz, Pfeffer aus der Mühle
1 Prise Muskat
2 Becher saure Sahne
4 Eier
250 g geriebenen Butterkäse
je 1/2 Bund Majoran, Petersilie und Schnittlauch

1. Die Butter oder Margarine in einer Auflaufform erhitzen und die geschälte, feingehackte Zwiebel darin glasig schwitzen.
2. Die geschälte Knoblauchzehe zu einer Paste zerreiben, zur Zwiebel geben und ebenfalls kurz mitschwitzen.
3. Das Wildfleisch in Würfel oder Streifen schneiden, zu den Knoblauchzwiebeln geben und kurz mitbraten.
4. Die Broccoliröschen in mundgerechte Stücke schneiden und mit den geschälten, gewürfelten Kartoffeln zum Fleisch geben.
5. Das Ganze mit Weißwein ablöschen und mit der Gemüsebrühe auffüllen.
6. Den Auflauf im auf 180–200 °C vorgeheizten Backofen 30 Minuten garen. Mit Salz, Pfeffer und Muskat kräftig abschmecken.
7. Die Sahne mit den Eiern und der Hälfte des geriebenen Käses verrühren und über den Auflauf ziehen.
8. Das Ganze mit dem restlichen Butterkäse bestreuen und weitere 25–30 Minuten backen.
9. Den Auflauf herausnehmen, anrichten, mit den frisch gehackten Kräutern bestreuen, ausgarnieren und servieren.

Rippchen mit Pfeffersauce

FÜR 4 PERSONEN:

1 kg Rehrippchen
Salz, Pfeffer aus der Mühle
1 Prise Paprikapulver
1 TL gestoßene Wacholderbeeren
1 EL Thymian, 2 EL Butterschmalz
1 Bund Suppengemüse
3–4 EL Tomatenmark, 1/4 l Rotwein
1/4 l Gemüse- oder Fleischbrühe
1 EL Butter oder Margarine
2 Schalotten
2–3 EL grüne Pfefferkörner
1–2 EL Johannisbeergelee
1 Schuß Obstessig, 2 cl Weinbrand
1/2 Becher Crème fraîche
4 Port. Kräuterkartoffelklöße
4 Port. Blaukraut

1. Die Rehrippchen mit Salz, Pfeffer, Paprikapulver, Wacholderbeeren und Thymian würzen.
2. Das Butterschmalz in einem Bräter erhitzen und die Rippchen darin rundherum Farbe nehmen lassen.
3. Das Suppengemüse putzen, in Würfel schneiden, zum Fleisch geben und mitrösten.
4. Das Tomatenmark einrühren, mit Rotwein ablöschen und mit der Brühe auffüllen.
5. Das Ganze im auf 180–200 °C vorgeheizten Backofen 70–80 Minuten schmoren lassen.
6. Nach Ende der Garzeit die Rehrippchen herausnehmen und warmstellen.
7. Das Fett in einem Topf erhitzen und die feingehackte Schalotte mit den Pfefferkörnern glasig schwitzen.
8. Die durch ein Sieb passierte Sauce angießen, aufkochen lassen, mit Johannisbeergelee, Obstessig und Weinbrand verfeinern und mit Salz und pfeffer kräftig abschmecken.
9. Die Crème fraîche einrühren, die Rippchen mit den Klößen, der Sauce und dem Blaukraut anrichten, ausgarnieren und servieren.

Geflügelkeulen auf Mandarinenkraut

FÜR 4 PERSONEN:

4 Geflügelkeulen
Salz, Pfeffer aus der Mühle
Kräuter der Provence
2–3 El Butterschmalz
1 Schuß Rotwein
1/2 L Geflügelfond

AUSSERDEM:

1 Zwiebel
2–3 El Butter oder Margarine
500 g Sauerkraut, 1 Schuß Sekt
1/4 l Gemüsebrühe
1 Prise Cayennepfeffer
1 Prise Zucker
120 g Mandarinen, 100 g Weintrauben
4 Portionen Kartoffelplätzchen

1. Die Geflügelkeulen unter fließendem Wasser waschen und mit Salz, Pfeffer und Kräutern der Provence würzen.
2. Das Butterschmalz in einem Bräter erhitzen und die Keulen darin rundherum Farbe nehmen lassen.
3. Mit Rotwein und dem Geflügelfond auffüllen und das Ganze im auf 180–200 °C vorgeheizten Backofen ca. 30–40 Min. schmoren lassen. In der Zwischenzeit die Zwiebel fein hacken und im erhitzten Fett glasig schwitzen.
4. Das zerpflückte Kraut zu den Zwiebeln geben und kurz mitschwitzen. Das Sauerkraut mit Sekt ablöschen und der Brühe auffüllen, kräftig würzen und bei mäßiger Hitze 20–25 Minuten köcheln lassen.
5. Die gut abgetropften Mandarinen mit den halbierten Weintrauben zum Sauerkraut geben, weitere 5–6 Minuten köcheln lassen und nochmals abschmecken.
6. Die Geflügelkeulen mit dem Mandarinenkraut, der Sauce und den Kartoffelplätzchen anrichten, ausgarnieren und servieren.

Schmorbraten mit Zwiebelkartoffeln

FÜR 4 PERSONEN:

1 kg Hirschschulter
Meersalz
Pfeffer aus der Mühle
2 Knoblauchzehen
1 TL Majoran
1 TL geriebene Zitronenschale
1 TL Kümmel
2 EL Butterschmalz
1 kg Kartoffeln
500 g Zwiebeln
1 TL Thymian
3/8 l klare Bratensauce
2 Becher Sahne

1. Die küchenfertige Hirschschulter unter fließendem Wasser abwaschen, trockentupfen und in 4 gleichgroße Stücke schneiden.
2. Das Fleisch mit Salz und Pfeffer kräftig würzen. Die Knoblauchzehen schälen und mit einer Prise Salz zu einer Paste zerreiben.
3. Die Knoblauchpaste mit dem Majoran, der geriebenen Zitronenschale und dem Kümmel vermischen und das Fleisch damit kräftig einreiben.
4. Das Schmalz in einem Schmortopf erhitzen und das Fleisch darin rundherum anbraten, herausnehmen und bereitstellen.
5. Die Kartoffeln waschen, schälen, in Scheiben schneiden um mit den geschälten und in Streifen geschnittenen Zwiebeln vermischen.
6. Die Kartoffeln mit Salz, Pfeffer, Majoran und Thymian kräftig würzen.
7. Die Hälfte der Kartoffel-Zwiebel-Mischung auf dem Boden des Schmortopfes verteilen und Fleischstücke darauflegen.
8. Das Ganze mit der restlichen Kartoffel-Zwiebel-Mischung abdecken.
9. Die Bratensauce angießen und mit der Sahne auffüllen.
10. Den Schmorbraten im auf 180–200 °C vorgeheizten Backofen ca. 100–120 Minuten schmoren lassen.
11. Nach Ende der Schmorzeit die Fleischstücke herausnehmen, in Scheiben schneiden, mit den Zwiebelkartoffeln anrichten, ausgarnieren und mit Kräutern bestreut servieren.

Kartoffelfondue in Weinteig

FÜR 4 PERSONEN:

16 kleine Kartoffeln
500 g Blumenkohlröschen
2 rote Paprikaschoten
250 g Schalotten, 500 g Zucchini
200 g Champignons
Gemüsebrühe zum Blanchieren

FÜR DEN TEIG:

150 g Mehl, 30 g flüssige Butter
150 ml Weißwein
Salz, Pfeffer aus der Mühle
1Prise Muskatpulver
1 Prise Cayennepfeffer
2 Eiweiß
1,5 l Öl- oder Pflanzenfett
verschiedene Fonduesaucen und Dips

1. Die Kartoffeln waschen und in Salzwasser bißfest garen.

2. Die Blumenkohlröschen, Paprikaschoten, Schalotten, Zucchini und Champignons putzen und würfeln.

3. Die Brühe erhitzen und das Gemüse portionsweise bißfest garen, herausnehmen und bereitstellen.

4. Die Kartoffeln schälen.

5. Das Mehl mit der flüssigen Butter und dem Weißwein glattrühren.

6. Mit Salz, Pfeffer, Muskat und Cayennepfeffer würzen und das steifgeschlagene Eiweiß unterheben.

7. Das Pflanzenfett in einem Fonduetopf erhitzen und mit den Fonduesaucen und den Dips servieren.

8. Das Gemüse portionsweise auf Spieße stecken, durch den Teig ziehen und schwimmend im Öl garen.

Kartoffelparty

FÜR 4 PERSONEN:
- 1,2 kg kleine festkochende Kartoffeln
- Salzwasser
- 1 EL Kümmel
- Öl- oder Pflanzenfett

AUSSERDEM:
- 1 Schale geröstete Speckwürfel
- 1 Schale Speckzwiebeln
- 1 Schale Essiggemüse
- 1 Schale Schnittlauchquark
- 1 Schale Kaviarcreme
- 1 Schale Tsatsiki
- 1 Schale Kräuterbutter
- 1 Schale Eiercreme
- 1 Schale gehackte Frühlingszwiebeln
- Bauern- und Weißbrot

1. Die Kartoffeln unter fließendem Wasser abwaschen, gut abtropfen lassen und in einen Topf geben.
2. Das Salzwasser mit dem Kümmel angießen und die Kartoffeln bißfest garen. Anschließend herausnehmen, gut abtropfen lassen und in einer Schüssel auf den Tisch stellen.
3. Das Öl oder das Pflanzenfett in einem Fonduetopf erhitzen, mit den Speckwürfeln, den Speckzwiebeln, dem Essiggemüse, dem Schnittlauchquark, der Kaviarcreme, dem Tsatsiki, der Kräuterbutter, der Eiercreme und den Frühlingszwiebeln dekorativ auf den Tisch stellen.
4. Die Kartoffeln auf Fonduegabeln spießen und im heißen Fett backen, herausnehmen und mit Bauernbrot oder Weißbrot servieren.

Karpfen in Kartoffelkruste

FÜR 4 PERSONEN:

4 Karpfenfilets
einige Tropfen Zitronensaft
einige Tropfen Worcestersauce
Salz, Pfeffer aus der Mühle
600 g Kartoffeln
1 Zwiebel, 1 Becher Crème fraîche
1/2 Tasse Weizenmehl, 1 Ei
1 Prise Muskat, 150 g ger. Käse
2–3 EL Butter oder Margarine
1/2 l geb. helle Sauce
1/2 Tasse saure Sahne
1 Kästchen Kresse
1 Kästchen Kirschtomaten

1. Die küchenfertigen Karpfenfilets waschen und trockentupfen.
2. Mit Zitronensaft, Worcestersauce beträufeln, mit Salz, Pfeffer würzen und 10–15 Min. ziehen lassen.
3. Die geschälten Kartoffeln und die Zwiebel reiben. Crème fraîche, das Mehl und das Ei dazugeben und zu einem kompakten Teig verarbeiten.
4. Die Kartoffelmasse abschmecken, das Butterschmalz erhitzen und 8 einzelne Reibekuchen ausbacken.
5. 4 Reibekuchen auf ein mit Backtrennpapier ausgelegtes Backblech geben. Die Fischfilets darauflegen und mit den restlichen Reibekuchen bedecken.
6. Mit geriebenem Käse bestreuen, im auf 180–200 °C vorgeheizten Backofen 15–20 Minuten backen.
7. Die Sauce mit der sauren Sahne erhitzen, abschmecken und die gehackte Kresse unterrühren.
8. Die Filets in der Kartoffelkruste anrichten, die Sauce darauf verteilen, mit den Kirschtomaten ausgarnieren und servieren.

Kartoffelraclette

FÜR 4 PERSONEN:

1 kg kleine Kartoffeln
Salzwasser
100 g durchwachsenen geräucherten Speck, 2 Zwiebeln
2 rote Paprikaschoten
2 grüne Paprikaschoten
1 kleines Glas Essiggurken
Salz, Pfeffer aus der Mühle
1 TL gemahlenen Kümmel
1 Bund Majoran
1 Bund Schnittlauch
600 g Raclettekäse

1. Die Kartoffeln in Salzwasser bißfest garen, gut abtropfen lassen, schälen und bereitstellen.
2. Den Speck in feine Würfel schneiden, die Zwiebeln fein hacken.
3. Die Paprikaschoten putzen, waschen und in feine Streifen oder Würfel schneiden.
4. Die Essiggurken in Scheiben schneiden.
5. Die Zutaten dekorativ anrichten und auf den Tisch geben. Salz, Pfeffer, Kümmel und die verlesenen, gewaschenen und gehackten Kräuter dazugeben.
6. Den Raclettekäse in Würfel schneiden und ebenfalls auf den Tisch stellen.
7. Für die Zubereitung den Speck in den Pfännchen zerlassen, einige Zwiebeln, Paprikaschoten und Essiggurken sowie die Kartoffeln dazugeben und erhitzen.
8. Das Kartoffelgemüse mit den Gewürzen abschmecken, den Raclettekäse in den Pfännchen zerlaufen lassen, die Kartoffeln anrichten und mit dem zerlassenen Käse überziehen.

Husumer Raclette

FÜR 4 PERSONEN:

8–12 Fischfilets à 75 g (Lachs, Dorsch oder Zander)
Saft von 2 Zitronen
einige Tropfen Worcestersauce
einige Tropfen Weißwein
Salz, Pfeffer aus der Mühle
400 g Krabben oder Crevetten
1 Bund Dill
Butter oder Margarine zum Braten
600 g Raclettekäse
4 Portionen frischen Stangenspargel
4 Portionen Butterkartoffeln

1. Die Fischfilets waschen, trockentupfen, mit Zitronensaft, Worcestersauce und Weißwein beträufeln, mit Salz und Pfeffer würzen und 10 Minuten ziehen lassen.
2. Die Krabben waschen, mit Zitronensaft, Worcestersauce und Weißwein beträufeln, mit Salz und Pfeffer würzen.
3. Den Dill hacken und mit den Krabben vermischen.
4. Die Zutaten anrichten, Butter in einem Schälchen dazugeben.
5. Den Raclettekäse fein würfeln und ebenfalls dazugeben.
6. Den Stangenspargel und die Butterkartoffeln dazustellen.
7. Den Tischgrill mit etwas Butter oder Margarine bestreichen und die Fischfilets darauf garen.
8. Die Krabben in Pfännchen auf dem Tischgrill garen.
9. Den Raclettekäse in die Pfännchen geben und zerlassen.
10. Den Spargel, die Butterkartoffeln, die Fischfilets und die Krabben anrichten und mit dem zerlassenen Käse überziehen.

Herzhaftes Kartoffelgratin

FÜR 4 PERSONEN:

400 g Kartoffeln
400 g Kohlrabi
2 Karotten
1/2 Bund Lauchzwiebeln
1-2 Knoblauchzehen
1 TL Salz
1-2 EL Butter oder Margarine
400 g gebratenes Rindfleisch
1 Becher Sahne
200 g ger. Butterkäse
3 Eier
Salz, Pfeffer aus der Mühle
1 Prise Cayennepfeffer

1. Die Kartoffeln unter fließendem Wasser waschen, gut abtropfen, schälen und in Scheiben schneiden.
2. Die Kohlrabi mit den Karotten putzen, schälen und ebenfalls in Scheiben schneiden.
3. Die Lauchzwiebeln in Streifen schneiden und die feingehackten Knoblauchzehen mit Salz zu einer Paste zerreiben.
4. Etwas Butter oder Margarine in einer Auflaufform erhitzen und die Knoblauchzehe glasig schwitzen.
5. Die Lauchzwiebeln dazugeben und ebenfalls kurz mitschwitzen.
6. Das Fleisch in Streifen oder Würfel schneiden und abwechselnd mit dem Gemüse in die Auflaufform schichten.
7. Die Sahne mit dem Käse verrühren und die Eier darunterschlagen.
8. Die Creme mit Salz, Pfeffer und Cayennepfeffer kräftig abschmecken und gleichmäßig auf das Gemüse verteilen.
9. Das Ganze im auf 180–200 °C vorgeheizten Ofen 25–30 Minuten backen.
10. Nach Ende der Backzeit das Kartoffelgratin mit Kohlrabi herausnehmen, anrichten, ausgarnieren und servieren.

Matjestatar auf Kartoffelpfannkuchen

FÜR 4 PERSONEN:

250 g Matjesfilets
1 Zwiebel
einige Tropfen Zitronensaft
einige Tropfen Gin
Salz
Pfeffer aus der Mühle
1 Becher Crème fraîche
Saft von 1 Zitrone
1 EL mittelscharfen Senf
2 EL Mayonnaise

FÜR DIE PFANNKUCHEN:

1 kg festkochende Kartoffeln
2 Zwiebeln
Salz
Pfeffer aus der Mühle
1 Prise Muskat
1 Prise Cayennepfeffer
3 Eier
1 Tasse Dickmilch
1 Tasse Weizenmehl
Sonnenblumenöl

1. Die Matjesfilets fein würfeln und in eine Schüssel geben.
2. Die fein gehackte Zwiebel unter das Matjestatar rühren und das Ganze mit Zitronensaft, Gin, Salz und Pfeffer abschmecken.
3. Die Crème fraîche mit Zitronensaft, Senf und Mayonnaise verrühren und schaumig schlagen, mit Salz, Pfeffer abschmecken und bereitstellen.
4. Für die Pfannkuchen die Kartoffeln schälen, grob reiben, in ein sauberes Küchentuch geben und kräftig ausdrücken.
5. Die Zwiebeln fein hacken und mit den Kartoffeln in einer Schüssel vermischen, mit Salz, Pfeffer, Muskat und Cayennepfeffer würzen.
6. Die Eier mit der Dickmilch und dem Mehl verrühren zur Kartoffelmischung geben und alles miteinander vermischen.
7. Den Teig nochmals kräftig abschmecken. Eine beschichtete Pfanne mit Öl leicht ausstreichen und portionsweise den Teig in die Pfanne geben.
8. Den Teig mit einer Palette oder dem Kochlöffel andrücken und die Kartoffelpfannkuchen auf beiden Seiten goldgelb backen.
9. Die Kartoffelpfannkuchen anrichten, das Matjestatar gleichmäßig daraufgeben, die Sauce darauf verteilen, ausgarnieren und servieren.

Pellkartoffeln mit Gundermannquark

FÜR 4 PERSONEN:

1,2 kg Kartoffeln
2 EL Kümmel
1 EL Majoran
Salzwasser
400 g Magerquark
1 Schuß Sahne
1 Zwiebel
1 Knoblauchzehe
1 Prise Salz
Pfeffer aus der Mühle
1 Prise Muskat
1 Prise Cayennepfeffer
einige Tropfen Zitronensaft
1 Prise Zucker
1-2 EL Gundermann (Heilkraut)

1. Die Kartoffeln unter fließendem Wasser waschen und in einen Topf geben.
2. Den Kümmel und den Majoran darüberstreuen, das Ganze mit Salzwasser auffüllen und die Kartoffeln darin bißfest garen.
3. In der Zwischenzeit den Quark mit einem Schuß Sahne glattrühren. Die Zwiebel schälen und in feine Würfel schneiden.
4. Die geschälte und feingehackte Knoblauchzehe mit Salz zu einer Paste zerreiben und mit den Zwiebeln unter den Quark rühren.
5. Das Ganze mit Salz, Pfeffer, Muskat, Cayennepfeffer, Zitronensaft und Zucker kräftig abschmecken.
6. Das Gundermannkraut fein hacken und unter den Quark rühren.
7. Den Quark nochmals abschmecken, die Pellkartoffeln abgießen, anrichten, ausgarnieren und servieren.

Kräuter-Dauphinkartoffeln

FÜR 4 PERSONEN:

- 1 kg mehlig kochende Kartoffeln
- 1 TL Salz, 1 Prise Muskat
- 125 ml Milch, 125 ml Sahne
- 2-3 EL Butter oder Margarine
- Pfeffer aus der Mühle
- 1 Prise Cayennepfeffer
- 1/2 Tasse gehackte Kräuter

FÜR DEN BRANDTEIG:

- 1/4 l Milch, 25 g Butter
- 100 g Weizenmehl, 2 Eier
- Fritierfett

1. Die Kartoffeln schälen, in Würfel schneiden und in Salzwasser kochen.
2. -Die Milch mit der Sahne und der Butter zum Kochen bringen.
3. Die Kartoffeln abgießen und noch heiß durch die Kartoffelpresse treiben. Die heiße Milch-Butter-Mischung kräftig einrühren.
4. Das Püree abschmecken, die Kräuter unterheben, das Püree bereitstellen.
5. Für den Brandteig die Milch mit der Butter zum Kochen bringen. Das Mehl einrühren und den Teig mit einem Kochlöffel so lange schlagen, bis sich der Mehlteig als Kloß vom Topfboden löst.
6. Vom Feuer nehmen, leicht erkalten lassen, die Eier nach und nach unter den Teig schlagen. Zuletzt das Kräuterpüree unterrühren.
7. Aus dem Teig einzelne Klößchen abstechen und diese schwimmend im Fett garen. Herausnehmen, anrichten, ausgarnieren und servieren.

Himmel und Erde

FÜR 4 PERSONEN:

- 500 g Kartoffeln
- Salzwasser
- 4 säuerliche Äpfel
- Saft von 1 Zitrone
- 1/4 l Milch
- 1 Becher Sahne
- 1-2 EL Butter oder Margarine
- Salz, Pfeffer aus der Mühle
- 1 Prise Muskat
- 800 g Blutwurst
- 1-2 EL Olivenöl

1. Die Kartoffeln unter fließendem Wasser waschen, schälen und in einen Topf geben.
2. Das Salzwasser angießen und die Kartoffeln darin bißfest garen.
3. Die Äpfel schälen, entkernen, in feine Würfel schneiden und sofort mit Zitronensaft beträufeln.
4. Die Milch mit der Sahne und der Butter zum Kochen bringen. Die Kartoffeln aus dem Salzwasser nehmen und noch heiß durch die Kartoffelpresse treiben.
5. Die Äpfel mit der Kartoffelmasse in die heiße Milch einrühren und das Püree mit Salz, Pfeffer, Cayennepfeffer und Muskat kräftig abschmecken.
6. Die Blutwurst in Scheiben schneiden, das Olivenöl in einer Pfanne erhitzen und die Wurstscheiben darin braten.
7. Das Apfel-Kartoffelpüree anrichten, die Blutwurstscheiben darauf legen, das Ganze ausgarnieren und servieren.

Kartoffeln in Kräutersauce

FÜR 4 PERSONEN:

1 kg Kartoffeln
Salzwasser
2–3 El Butter oder Margarine
50 g Weizenmehl
3/8 l MIlch
1/8 l Sahne
Salz
Pfeffer aus der Mühle
1 Prise Muskatpulver
1 Prise Cayennepfeffer
einige Tropfen Zitronensaft
einige Tropfen Worcestersauce
50 g geriebenen Parmesankäse
1 Tasse gem., gehackte Kräuter
4 wachsweiche Eier

1. Die Kartoffeln unter fließendem Wasser waschen, gut abtropfen lassen und schälen.
2. Die Kartoffeln mit Salzwasser in einem Topf geben und bißfest garen.
3. In der Zwischenzeit die Butter oder Margarine in einem Topf erhitzen und das Mehl mit dem Schneebesen einrühren.
4. Die Milch und die Sahne miteinander vermischen und kalt mit dem Schneebesen unter die Mehlbutter rühren.
5. Die Sauce unter ständigem Rühren bei mäßiger Hitze 6–8 Minuten auskochen lassen.
6. Anschließend die Sauce durch ein Sieb passieren, nochmals erhitzen, mit Salz, Pfeffer, Muskat, Cayennepfeffer und Zitronensaft kräftig abschmecken.
7. Den geriebenen Parmesan und die Kräuter untermischen, nochmals erhitzen und bereitstellen.
8. Die gegarten Kartoffeln mit den wachsweich gekochten Eiern anrichten, die Kräutersauce gleichmäßig auf die Kartoffeln verteilen, ausgarnieren und servieren.

Pellkartoffeln mit Kaviarsauce

FÜR 4 PERSONEN:

1 kg Kartoffeln
Salzwasser
1 Tl Kümmel
1/2 l Dickmilch
Saft von 1 Zitrone
1 Tasse Orangensaft
einige Tropfen Orangenlikör
100 g deutschen Kaviar
Salz
Pfeffer aus der Mühle
1 Prise Cayennepfeffer
1 Prise Zucker

1. Die Kartoffeln unter fließendem Wasser waschen gut abtropfen lassen und in einen Topf geben.

2. Das Salzwasser mit dem Kümmel angießen und die Kartoffeln darin garen.

3. In der Zwischenzeit die Dickmilch mit dem Zitronensaft und dem Orangensaft in eine Schüssel geben und glattrühren.

4. Das Ganze mit Orangenlikör aromatisieren und den Kaviar vorsichtig unterrühren.

5. Die Kaviarsauce mit Salz, Pfeffer, Zucker und Cayennepfeffer kräftig abschmecken und bereitstellen.

6. Die gegarten Kartoffeln aus dem Salzwasser nehmen, leicht erkalten lassen und pellen.

7. Die Pellkartoffeln anrichten, die Sauce gleichmäßig darauf verteilen, ausgarnieren und servieren.

Tomaten-Kartoffel-Gratin

FÜR 4 PERSONEN:

8 große Tomaten, 1 Zwiebel
1-2 Knoblauchzehen, 1 TL Meersalz
1-2 EL Butter oder Margarine
800 g gekochte Kartoffeln
1 Glas Weißwein
Salz, Pfeffer aus der Mühle
1/4 l Buttermilch, 2 Eier
150 g geriebenen Käse
je 1 Prise Cayennepfeffer und Paprikapulver
1/2 Tasse frisch gehackte Kräuter

1. Die Tomaten waschen, halbieren und aushöhlen.
2. Die Zwiebel fein hacken. Die Knoblauchzehe mit Salz zu einer Paste zerreiben, mit den Zwiebeln im erhitzten Fett glasig schwitzen.
3. Die gekochten Kartoffeln pellen, 2-3 Stück in Würfel und die restlichen in Scheiben schneiden.
4. Die gewürfelten Kartoffeln zu den Zwiebeln geben, ebenfalls kurz mitschwitzen, mit Weißwein ablöschen und die Gemüsemischung mit den Gewürzen kräftig abschmecken.
5. Das Gemüse in die Tomaten füllen, die Kartoffelscheiben in eine gefettete Auflaufform schichten und die Tomaten darauf setzen.
6. Die Buttermilch mit den Eiern und dem Käse verrühren, mit den Gewürzen abschmecken.
7. Die Creme über die Kartoffeln verteilen und das Ganze im auf 180-200 °C vorgeheizten Backofen 10-15 Minuten überbacken.
8. Nach Ende der Backzeit, das Gratin anrichten, ausgarnieren und mit den Kräutern bestreut servieren.

Ziegenkäse mit Kruste auf Salat

FÜR 4 PERSONEN:

1 kleinen Kopf Bataviasalat
1 kleinen Kopf Radicchiosalat
300 g gekochte Kartoffeln
1 kleinen Bund Rucola
4-5 EL Weißweinessig
4-5 EL Fleischbrühe, 1 Zwiebel
1 Knoblauchzehe, 1 TL Salz
Salz, Pfeffer aus der Mühle
1 Prise Zucker
1 Prise Cayennepfeffer
4-5 EL Olivenöl

AUSSERDEM:

4 runde, flach in Öl eingelegte Ziegenkäse
50 g Sonnenblumenkerne
Kräuterzweige zum Garnieren

1. Die Salate verlesen, waschen, gut abtropfen lassen und in mundgerechte Stücke zerpflücken
2. Die Blattsalate mit den geschälten und in Scheiben geschnittenen Kartoffeln in eine Schüssel geben
3. Den Essig mit der Brühe und der geschälten und geriebenen Zwiebel in eine Schüssel verrühren.
4. Die Knoblauchzehe schälen und mit Salz zu einer Paste zerreiben, unter das Dressing rühren und das Ganze kräftig abschmecken.
5. Das Öl einrühren und den Salat damit anmachen.
6. Den Ziegenkäse mit den Sonnenblumenkernen bestreuen und mit der Hand andrücken.
7. Eine Pfanne mit Öl heiß werden lassen und den Käse kurz braten.
8. Den Ziegenkäse auf den Salat legen, mit Kräuterzweigen ausgarnieren und servieren.

Kartoffelhälften mit Dillcreme

FÜR 4 PERSONEN:

1,2 kg Kartoffeln
Salzwasser
1 EL Kümmel
1 EL Majoran
250 g Sauerrahm
1/2 Tasse Mayonnaise
Salz, Pfeffer aus der Mühle
1 Prise Cayennepfeffer
einige Tropfen Zitronensaft
1 Tasse gehackten Dill
200 g Räucherlachs

1. Die Kartoffeln unter fließendem Wasser waschen, gut abtropfen lassen und in einen Topf geben.

2. Das Salzwasser angießen, den Kümmel und Majoran hinzufügen und in 20 Minuten garen.

3. In der Zwischenzeit den Sauerrahm mit der Mayonnaise glattrühren.

4. Mit Salz, Pfeffer, Cayennepfeffer, Zitronensaft kräftig abschmecken und den gehackten Dill unterrühren.

5. Die gegarten Kartoffeln herausnehmen, halbieren und auf Teller anrichten.

6. Den Räucherlachs in Streifen schneiden, auf die Kartoffelhälften legen. Die Dillcreme gleichmäßig über die Kartoffelhälften verteilen, mit Dillzweigen ausgarnieren und servieren.

Pilzkartoffelkuchen

FÜR 4 PERSONEN:

1 Pck. Kartoffelpuffermehl
1 Prise Salz
1 Prise Muskat
500 g Champignons
Saft von 1 Zitrone
100 g durchwachsenen Speck
2–3 EL Olivenöl
2 Knoblauchzehen
2 Zwiebeln
Pfeffer aus der Mühle
1 Prise Cayennepfeffer
1 Prise Paprika
1 Bund Petersilie
100 g geriebenen Emmentaler

1. Das Kartoffelpuffermehl nach Packungsanleitung zubereiten.
2. Mit Salz und Muskat würzen und die Hälfte des Teiges in eine ausgefettete Springform füllen.
3. Die Champignons verlesen, waschen, in Scheiben schneiden und mit Zitronensaft beträufeln.
4. Den Speck in feine Würfel schneiden und in einer Pfanne auslassen.
5. Das Olivenöl dazugeben und die zu einer Paste zerriebene Knoblauchzehe darin glasig schwitzen.
6. Die feingehackte Zwiebel mit den Champignons dazugeben und ebenfalls kurz mitschwitzen.
7. Das Ganze mit Salz, Pfeffer, Muskat und Cayennepfeffer und Paprika kräftig abschmecken, die feingehackte Petersilie unterheben und die Masse gleichmäßig auf den Teig verteilen.
8. Den restlichen Kartoffelpufferteig darauf verteilen, mit etwas Olivenöl bestreichen, mit geriebenem Käse bestreuen und das Ganze im auf 180–200 °C vorgeheizten Backofen ca. 25–30 Minuten backen.
9. Nach Ende der Backzeit den Champignonkuchen herausnehmen, ausgarnieren und servieren.

Kartoffel-Wurst-Küchlein

FÜR 4 PERSONEN:

500 g gekochte Pellkartoffeln
1 Zwiebel
300 g Brühwurst oder Schinken
200 g Weizenmehl
1 Ei
1 Bund Petersilie
Salz
Pfeffer aus der Mühle
1 Prise Muskat
2-3 EL Butterschmalz

1. Die gekochten Kartoffeln pellen und in eine Schüssel reiben.
2. Die geschälte Zwiebel in feine Würfel schneiden, mit dem in Würfel geschnittenen Schinken oder der Brühwurst in eine Pfanne geben und auslassen.
3. Die Zwiebelwurstmischung erkalten lassen,mit dem Weizenmehl, dem Ei und der gehackten Petersilie zu den Kartoffeln geben und alles zu einem kompakten Teig verkneten.
4. Die Masse mit Salz, Pfeffer und Muskat kräftig würzen.
5. Das Butterschmalz in einer Pfanne erhitzen, aus der Masse mit bemehlten Händen kleine Küchlein formen und diese darin auf beiden Seiten goldgelb ausbacken.
6. Die Küchlein anrichten, ausgarnieren und servieren.

Champignonpuffer

FÜR 4 PERSONEN:

500 g frische Champignons
Saft von 2 Zitronen
250 g geschälte Kartoffeln
50 g Haferflocken
30 g Weizenvollkornmehl
3 Eier
Salz, Pfeffer aus der Mühle
1 Prise Muskat
1 Prise Cayennepfeffer
1/2 Bund Schnittlauch
1/2 Bund Estragon
1/2 Bund Zitronenmelisse
Pflanzenfett zum Ausbacken

1. Die Champignons verlesen, waschen, gut abtropfen lassen und fein hacken. Mit Zitronensaft sofort beträufeln.
2. Die Champignons mit den geriebenen Kartoffeln, Haferflocken, dem Vollkornmehl sowie den Eiern in eine Schüssel geben und zu einer glatten Masse verarbeiten.
3. Die Masse mit Salz, Pfeffer, Muskat und Cayennepfeffer abschmecken.
4. Die Kräuter fein hacken und unter die Champignonmasse rühren.
5. Das Fett in einer Pfanne erhitzen, portionsweise die Masse hineingeben, glattstreichen und auf beiden Seiten goldgelb backen.
6. Die Champignonpuffer herausnehmen, anrichten und mit Dips servieren.

Kartoffel-Wildkräuter-Plätzchen

FÜR 4 PERSONEN:

800 g gekochte Kartoffeln
1/2 Bund Frühlingszwiebeln
200 g Schinken
200 g Weizenmehl
1 Ei
1 Tasse gehackte Wildkräuter
Salz
Pfeffer aus der Mühle
1 Prise Muskat
1 Prise Cayennepfeffer
2-3 El Butter oder Margarine

1. Die gekochten Kartoffeln pellen und in eine Schüssel reiben.
2. Die Frühlingszwiebeln in feine Streifen schneiden.
3. Den Schinken in feine Würfel schneiden und in einer Pfanne auslassen
4. Die Frühlingszwiebeln und etwas Butter zum Schinken geben und glasig schwitzen.
5. Die Zwiebelmischung vom Feuer nehmen, erkalten lassen und mit den gehackten Wildkräutern zu den Kartoffeln geben.
6. Das Ganze zu einem kompakten Teig verkneten und mit Salz, Pfeffer, Muskat und Cayennepfeffer kräftig abschmecken.
7. Die Butter oder Margarine in einer Pfanne erhitzen, aus der Masse mit bemehlten Händen kleine Küchlein formen und diese auf beiden Seiten goldgelb ausbacken.
8. Die Wildkräuterplätzchen anrichten, ausgarnieren und servieren.

Die
BUTTERSCHMALZ
Küche

Quarkplätzchen mit Joghurtsauce

FÜR 4 PERSONEN:

700 g mehligkochende Kartoffeln
Salzwasser
1 Tl Kümmel
250 g Magerquark
100 g Mehl
2 Eier
3-4 EL Rosinen
3-4 EL Butterschmalz
1 Tasse Zucker
1 Prise Zimt
1/2 Tasse geröstete Sonnenblumenkerne

FÜR DIE JOGHURTSAUCE:

200 g Joghurt
1/8 l Sahne
einige Tropfen Zitronensaft
1 Vanilleschote
1 Prise Zucker
1 Prise Vanillezucker
1 Prise Zimt

1. Die Kartoffeln unter fließendem Wasser waschen, trockentupfen und in einen Topf geben.
2. Das Salzwasser mit dem Kümmel angießen und die Kartoffeln darin bißfest garen.
3. Die Kartoffeln herausnehmen, leicht auskühlen lassen, pellen und durch die Kartoffelpresse treiben.
4. Das Mehl darübersieben, den in einem Küchentuch ausgedrückten Quark, die Eier, Rosinen und die gehackten Sonnenblumenkerne dazugeben und alles zu einem kompakten Teig verkneten.
5. Aus dem Teig eine Rolle formen und in ca. 1 cm dicke Scheiben aufschneiden.
6. Etwas Butterschmalz in einer Pfanne erhitzen, die Kartoffelscheiben hineingeben, auf beiden Seiten goldgelb ausbacken, herausnehmen und bereitstellen.
7. Für die Joghurtsauce den Joghurt, die Sahne und den Zitronensaft in eine Schüssel geben und glattrühren.
8. Die Vanilleschote längs aufschneiden, das Mark mit einem Messer herausschaben und unter den Joghurt rühren.
9. Die Sauce mit Zucker, Vanillezucker und Zimt abschmecken. Die Quarkplätzchen mit der Joghurtsauce anrichten, ausgarnieren und servieren.

Möhren-Kartoffelfrikadellen

FÜR 4 PERSONEN:

1-2 EL Butter/Margarine
1 Zwiebel, 100 g Hirse
1/4 l Gemüsebrühe
200 g Karotten, 200 g Kartoffeln
Salz, Pfeffer aus der Mühle
1 Prise Muskat
je einige Tropfen Zitronensaft und Worcestersauce
3 Eier
Haferflocken zum Binden
1 Bund Kerbel

AUSSERDEM:

1 Tasse Mehl, 2 Eier
2 Tassen Semmelbrösel
Fett zum Ausbacken

1. Das Fett in einem Topf erhitzen und die feingehackte Zwiebel glasig schwitzen.
2. Die Hirse unter fließendem Wasser abbrausen, gut abtropfen lassen, zur Zwiebel geben und kurz mitschwitzen.
3. Die Brühe auffüllen und das Ganze unter ständigem Rühren 15-20 Minuten ausquellen lassen.
4. Die Karotten und die Kartoffeln schälen, fein reiben und unter die Hirsemasse heben.
5. Die Masse mit Salz, Pfeffer, Muskat, Zitronensaft und Worcestersauce abschmecken.
6. Die Eier unter die Masse rühren und das Ganze mit Haferflocken binden.
7. Zum Schluß den feingeschnittenen Kerbel unterheben und nochmals abschmecken.
8. Mit feuchten Händen Frikadellen formen und diese im Mehl wenden.
9. Die Eier verschlagen und die Semmelbrösel in eine Schüssel geben.
10. Die Frikadellen zuerst durch das Ei ziehen und anschließend mit den Semmelbröseln panieren.
11. Das Fett in einer Pfanne erhitzen, die Möhren-Frikadellen darin goldgelb ausbacken. Herausnehmen, anrichten, mit Rohkostsalat und Dickmilch-Dressing servieren.

Kartoffel-Salami-Auflauf

FÜR 4 PERSONEN:

500 g Kartoffeln
3-4 kleine Kohlrabi
4 Zwiebeln
150 g Salami
200 g geriebenen Emmentaler
1/4 l Milch
1/8 l Sahne
2 Eier
1/2 Tasse Semmelbrösel
Salz, Pfeffer aus der Mühle
je 1 Prise Cayennepfeffer, Muskat und Paprikapulver
1-2 EL Butter oder Margarine

1. Die Kartoffeln unter fließendem Wasser waschen, abtropfen lassen, schälen und in Scheiben schneiden.
2. Die geschälte Kohlrabi mit den geschälten Zwiebeln und der Salami ebenfalls in dünne Scheiben schneiden.
3. Das Gemüse schichtweise in eine gefettete Auflaufform schichten und das Ganze mit geriebenem Käse bestreuen.
4. Die Milch mit der Sahne und den Eiern verschlagen und mit den Gewürzen kräftig abschmecken.
5. Die Creme mit den Semmelbröseln gleichmäßig auf das Gemüse verteilen, einzelne Butterflöckchen daraufsetzen und den Auflauf im auf 180-200 °C vorgeheizten Backofen ca. 35-45 Minuten backen.
6. Nach Ende der Backzeit den Kartoffel-Salami-Auflauf herausnehmen, anrichten, ausgarnieren und servieren.

Sirloinsteak-Party

FÜR 4 PERSONEN:

2 Sirloinsteaks à 1 kg mit Knochen
1 Tasse Olivenöl
2 Knoblauchzehen
1 TL Salz
1 EL grüne Pfefferkörner
2-3 EL mittelscharfen Senf
1-2 EL Kräuter der Provence
Salz, Pfeffer aus der Mühle

AUSSERDEM:

gemischten Salat mit Knoblauchsauce
Folienkartoffeln mit Schnittlauch-Dip
Whisky-Sauce und Blue-Cheese-Sauce zum Steak

1. Die Sirloinsteaks unter fließendem Wasser abwaschen, trockentupfen und in eine Schüssel geben.
2. Das Olivenöl mit den geschälten und mit Salz zerriebenen Knoblauchzehen, den Pfefferkörnern, dem Senf und den Kräutern der Provence vermischen.
3. Die Marinade gleichmäßig auf die Steaks verteilen und diese im Kühlschrank mindestens 24 Stunden ziehen lassen.
4. Für die Zubereitung die Sirloinsteaks auf den Grill legen und je nach Geschmack garen. Während der Garzeit öfter mit der Marinade bestreichen.
5. Die fertigen Sirloinsteaks anrichten, mit Salz und Pfeffer würzen, mit gemischtem Salat mit Knoblauchsauce, Folienkartoffeln mit Schnittlauch-Dip und den anderen Saucen servieren.

Whisky-Sauce

FÜR 4 PERSONEN:

1 Becher Sahnedickmilch
1-2 EL Tomatenmark
1 TL Rosenpaprikapulver
4 cl Whisky
Salz, Pfeffer aus der Mühle
1 Prise Zucker
1 Prise Cayennepfeffer

1. Die Sahnedickmilch mit dem Tomatenmark in eine Schüssel geben und glattrühren.
2. Die Sauce mit Rosenpaprika, Whisky, Salz, Pfeffer, Zucker und Cayennepfeffer kräftig abschmecken.
3. Die Whisky-Sauce anrichten, ausgarnieren und zu den Sirloinsteaks servieren.

Blue-Cheese-Sauce

FÜR 4 PERSONEN:

1 Becher Sahnedickmilch
75 g Edelpilzkäse
2 cl Gin
Salz, Pfeffer aus der Mühle
1 Prise Zucker

1. Die Sahnedickmilch in eine Schüssel geben und glattrühren.
2. Den Edelpilzkäse mit einer Gabel kräftig zerdrücken, mit dem Gin zur Dickmilch geben und mit dem Schneebesen das Ganze kräftig durchschlagen.
3. Die Blue-Cheese-Sauce mit Salz, Pfeffer und Zucker abschmecken, anrichten, ausgarnieren und zu den Steaks servieren.

Kalbsbries auf Kartoffelsalat

FÜR 4 PERSONEN:

400 g gekochte Kartoffeln
200 g bißfest gegarte Karotten
1 Tasse Fleischbrühe
1/2 Tasse Obstessig
200 g Topinambur
100 g Bataviasalat
100 g Lollo Rosso
Salz, Pfeffer aus der Mühle
1Prise Zucker

AUSSERDEM:

400 g Kalbsbries
1 Tasse Weizenmehl
2 Eier
1 Tasse Semmelbrösel
2-3 EL Butter oder Margarine

1. Die Kartoffeln pellen, in Scheiben schneiden, die Karotten ebenfalls in Scheiben schneiden und in eine Schüssel geben.
2. Die Fleischbrühe mit dem Obstessig zum Kochen bringen und heiß über die Kartoffeln gießen.
3. Die verlesenen und gewaschenen Blattsalate in mundgerechte Stücke zerpflücken und mit den restlichen Zutaten dekorativ auf Tellern anrichten.
4. Das küchenfertige Kalbsbries unter fließendem Wasser waschen und trockentupfen. Mit Salz und Pfeffer kräftig würzen.
5. Das Kalbsbries im Mehl wenden, die Eier verschlagen und die Semmelbrösel in eine Schüssel geben.
6. Das Kalbsbries zuerst durch das Ei ziehen und anschließend mit den Semmelbröseln panieren.
7. Das Fett in einer Pfanne erhitzen und das Kalbsbries goldgelb ausbacken. Herausnehmen, in Scheiben oder Streifen schneiden und dekorativ auf dem Salat anrichten.
8. Den Salat ausgarnieren und servieren.

Remouladen–Kefir–Dressing

FÜR 4 PERSONEN:

1 Tasse Kefir
1/2 Becher Sahnedickmilch
2 Cornichons
1-2 EL mittelscharfen Senf
4 Sardellenfilets, 1 kleine Zwiebel
1/2 Bund Dill, 1 hartgekochtes Ei
Salz, Pfeffer aus der Mühle
einige Tropfen Zitronensaft
einige Tropfen Worcestersauce
1 Prise Zucker

1. Kefir mit Dickmilch glattrühren.
2. Die Cornichons hacken, mit Senf und den gehackten Sardellenfilets unter das Dressing rühren.
3. Die Zwiebel und den Dill fein hacken und mit dem gepellten und feingehackten Ei unterrühren.
4. Mit Salz, Pfeffer, Zitronensaft, Worcestersauce und Zucker abschmecken, servieren.

Kartoffel-Schlemmer-salat Biergarten

FÜR 4 PERSONEN:

- 800 g Kartoffeln
- 1 EL Kümmel
- Salzwasser

AUSSERDEM:

- 1 Zwiebel
- 2 rote Paprikaschoten
- 1 Stange Lauchzwiebeln
- 200 g gekochten Schinken
- 1/8 L Fleischbrühe
- 2-3 EL Obstessig

FÜR DAS DRESSING:

- 1 Becher Sahnedickmilch
- 1 Tasse Kartoffelsalatsauce
- 1-2 El mittelscharfen Senf
- Salz, Pfeffer aus der Mühle
- 1 Prise Zucker
- 1 Bund Petersilie

1. Die Kartoffeln unter fließendem Wasser waschen, gut abtropfen lassen und mit dem Kümmel in einen Topf geben.
2. Das Salzwasser angießen und die Kartoffeln darin bißfest garen.
3. Die Kartoffeln abgießen, leicht erkalten lassen, pellen, in Scheiben schneiden und in eine Schüssel geben.
4. Die Zwiebeln schälen und fein hacken.
5. Die geputzten Paprikaschoten halbieren und in Streifen schneiden.
6. Die geputzten Lauchzwiebeln und den Schinken ebenfalls in Streifen schneiden und mit den anderen Zutaten vorsichtig unter die Kartoffeln heben.
7. Die Fleischbrühe mit dem Obstessig zum Kochen bringen, heiß über die Kartoffeln gießen und erkalten lassen.
8. Für das Dressing die Sahnedickmilch mit der Kartoffelsalatsauce und dem Senf in einer Schüssel glattrühren, mit Salz, Pfeffer und Zucker kräftig würzen.
9. Den Salat damit anmachen, nochmals abschmecken, anrichten und mit frisch gehackter Petersilie bestreut servieren.

Kartoffelsalat mit verschiedenen Saucen

FÜR 4 PERSONEN:

- 400 g Kartoffeln
- 1 Tl Kümmel
- Salzwasser
- 1 kleinen Kopf Eisbergsalat
- 1 kleinen Kopf Bataviasalat
- 1 kleinen Kopf Lollo Rosso
- 1 kleinen Kopf Radicchiosalat
- 1 Bund Radieschen
- 1 rote und 1 grüne Paprikaschote
- 1 kleines Glas schwarze Oliven
- Dressing nach Wahl

1. Die Kartoffeln unter fließendem Wasser abwaschen, gut abtropfen lassen und mit dem Kümmel in einen Topf geben.
2. Das Salzwasser angießen und die Kartoffeln darin bißfest garen.
3. Die Kartoffeln abgießen, leicht erkalten lassen, pellen, in Scheiben schneiden und in eine Schüssel geben.
4. Die Blattsalate verlesen, waschen, abtropfen lassen und zerpflücken oder kleinschneiden.
5. Die Radieschen waschen und in Scheiben schneiden.
6. Die Paprikaschoten halbieren, entkernen, waschen und in feine Streifen schneiden.
7. Die Oliven gut abtropfen lassen und mit den restlichen Salaten zu den Kartoffeln geben und vorsichtig miteinander vermengen.
8. Den Salat dekorativ anrichten und mit den Dressing nach Ihrer Wahl überziehen, ausgarnieren und servieren.

Tomaten-Kefir-Sauce mit Weinbrand

FÜR 4 PERSONEN:

- 1 Tasse Kefir
- 1/2 Tasse Sahnedickmilch
- 2-3 EL Tomaten-Ketchup
- 2 cl Weinbrand
- Salz, Pfeffer aus der Mühle
- 1 Prise Paprikapulver rosenscharf
- 1 Prise Zucker

1. Den Kefir mit der Sahnedickmilch, dem Tomaten-Ketchup und dem Weinbrand in einer Schüssel glattrühren.
2. Das Dressing mit Salz, Pfeffer, Paprikapulver und Zucker kräftig abschmecken und zum Salat servieren.

KARTOFFE
SAUC

Kartoffelsalat mit Rote Bete

FÜR 4 PERSONEN:

800 g festkochende Kartoffeln
1 El Kümmel
Salzwasser

AUSSERDEM:

1 Zwiebel
250 g Matjes
200 g gekochte Rote Bete
1 St. Stangensellerie
250 g Kürbis
1/4 L Gemüsebrühe
1/2 Tasse Obstessig
Salz
Pfeffer aus der Mühle
1 Prise Zucker
1 Prise Cayennepfeffer

1. Die Kartoffeln unter fließendem Wasser waschen, gut abtropfen lassen und mit dem Kümmel in einen Topf geben.
2. Das Salzwasser angießen und die Kartoffeln darin bißfest garen.
3. Die Kartoffeln abgießen, leicht erkalten lassen, pellen, in Scheiben schneiden und in eine Schüssel geben.
4. Die Zwiebel schälen und fein hacken. Den Matjes auf ein Küchentuch geben, gut abtupfen und in Streifen schneiden.
5. Die geschälte Rote Bete in Scheiben, den Stangensellerie in Streifen schneiden.
6. Den gut abgetropften Kürbis mit den restlichen Zutaten vorsichtig unter die Kartoffeln heben.
7. Die Fleischbrühe mit dem Obstessig zum Kochen bringen, heiß über die Kartoffeln gießen und erkalten lassen.
8. Den Kartoffelsalat kräftig mit Salz, Pfeffer, Cayennepfeffer und Zucker kräftig abschmecken.
9. Den Salat anrichten, ausgarnieren und servieren.

Sahniges Kräuterdressing

FÜR 4 PERSONEN:

1 Tasse Buttermilch
1/2 Tasse Sahnedickmilch
1 Zwiebel
je 1/2 Bund Zitronenmelisse, Borretsch, Estragon und Dill
einige Tropfen Zitronensaft
einige Tropfen Worcestersauce
Salz, Pfeffer aus der Mühle
1 Prise Zucker
1 Prise Muskatpulver

1. Die Buttermilch mit Dickmilch glattrühren, die Zwiebel reiben und mit den Kräutern unterrühren.
2. Das Dressing mit Zitronensaft, Worcestersauce, Salz, Pfeffer, Zucker und Muskat abschmecken und über den Salat geben.

Gemüseragout mit Geflügelbällchen

FÜR 4 PERSONEN:

300 g Geflügelfleisch
100 g Kalbsbrät
1 Zwiebel
1 Ei, 2 El Butter
1 Tasse Haferflocken
1/2 Bund Petersilie
Salz, Pfeffer aus der Mühle
1 Prise Muskat

AUSSERDEM:

2–3 El Butter oder Margarine
1 Zwiebel
400 g Kartoffeln
1 Dose Schwarzwurzelabschnitte
200 g Champignons
500 ml Gemüsefond
200 ml süße Sahne

1. Das Geflügelfleisch waschen, trockentupfen, durch die grobe Scheibe des Fleischwolfes drehen und in eine Schüssel geben.
2. Das Hackfleisch mit dem Kalbsbrät vermischen.
3. Die Zwiebel hacken, mit dem Ei, der Butter und den Haferflocken zum Hackfleisch geben.
4. Mit Petersilie, Salz, Pfeffer, Muskat würzen und kleine Klößchen abdrehen.
5. Die Klößchen in Salzwasser garen, herausnehmen und warmstellen.
6. Das Fett in einem Topf erhitzen und die feingehackte Zwiebel darin glasig schwitzen.
7. Die geschälten Kartoffeln würfeln, zu den Zwiebeln geben und kurz mitschwitzen.
8. Die abgetropften Schwarzwurzelabschnitte mit den in Scheiben geschnittenen Champignons zu den Kartoffeln geben, das Ganze mit dem Gemüsefond und der Sahne auffüllen und bei mäßiger Hitze 15–20 Minuten leicht köcheln lassen.
9. Kurz vor Garende die Geflügelbällchen dazugeben erhitzen, nochmals abschmecken, anrichten, ausgarnieren und servieren.

Bunter Hühnertopf

FÜR 4 PERSONEN:

1 Poularde, 1,2 kg
Wasser, Salz
1 Lorbeerblatt
4 Wacholderbeeren
250 g Karotten
500 g Kartoffeln
1/2 Sellerieknolle
3 Stangen Lauch
300 g Erbsen
300 g Schalotten
3 EL Butter
200 g Champignons
1 Bund Petersilie
1 Bund Schnittlauch
weißen Pfeffer

1. Die Poularde innen und außen gründlich waschen und trockentupfen.
2. In einem großen Topf das Wasser mit dem Salz und den Gewürzen zum Kochen bringen und die Poularde zugedeckt 60 Minuten kochen lassen.
3. In der Zwischenzeit die Karotten, die Kartoffeln und den Sellerie schälen und in Scheiben bzw. in Stifte schneiden.
4. Den Lauch putzen, waschen und in Ringe schneiden.
5. Das Gemüse 20 Minuten, die Erbsen 10 Minuten vor Ende der Garzeit zur Poularde geben.
6. Die Schalotten schälen und halbieren. Die Champignons putzen, waschen, halbieren.
7. Die Kräuter waschen und kleinschneiden.
8. Die Butter in einer Pfanne erhitzen und die Schalotten goldgelb anbraten, die Champignons dazugeben und kurz mitdünsten lassen.
9. Die Poularde aus der Brühe nehmen und vom Knochen lösen. Das Fleisch in nicht zu kleine Stücke schneiden.
10. Die Brühe durch ein Sieb gießen und wieder in den Topf zurückgeben.
11. Die Fleischstücke und das Gemüse wieder hineingeben.
12. Die Schalotten-Champignons zufügen, mit Salz und frisch gemahlenem Pfeffer abschmecken.
13. Mit den Kräutern bestreut servieren.

Kartoffeltopf mit Champignons

FÜR 4 PERSONEN:

400 g Kartoffeln
1 Gemüsezwiebel
2 Karotten
2–3 EL Butter oder Margarine
200 g Champignons
Saft von 1 Zitrone
1 Stange Lauch
1 Glas Weißwein
1/2 l Fleisch- oder Gemüsebrühe
1 Rosmarinzweig
Salz, Pfeffer aus der Mühle
je 1 Prise Cayennepfeffer und Muskat
1 Bund Schnittlauch
1 Becher Dickmilch

1. Die geschälten Kartoffeln in Würfel schneiden, die Zwiebel schälen und fein hacken.
2. Die Karotten schälen, in Scheiben oder in Streifen schneiden und das Gemüse im erhitzten Fett anschwitzen.
3. Die Champignons verlesen, waschen, in Scheiben schneiden und sofort mit Zitronensaft beträufeln.
4. Den in Scheiben geschnittenen Lauch mit den Pilzen zum Gemüse geben, mit Weißwein ablöschen und mit der Brühe auffüllen.
5. Den Rosmarinzweig dazugeben, das Ganze bei mäßiger Hitze 15–20 Minuten leicht köcheln lassen und mit den Gewürzen kräftig abschmecken.
6. Nach Ende der Garzeit die Dickmilch unterrühren, den Eintopf erhitzen, nochmals abschmecken, anrichten, ausgarnieren und mit Schnittlauchröllchen bestreut servieren.

Sauerkrauttopf mit Kabeljau und Schillerlocken

FÜR 4 PERSONEN:

500 g Kabeljaufilet
Zitronensaft, 1/4 l Wasser
Salz, 1 TL Pfefferkörner
1/2 TL Wacholderbeeren
1 Lorbeerblatt
2–3 mittelgroße Zwiebeln
1 Knoblauchzehe
100 g Räucherspeck, Butter
500 g Sauerkraut
5 große Kartoffeln
1/4 l heiße Fleischbrühe
300 g Schillerlocken
weißen Pfeffer, 1 Prise Zucker
2 EL Crème fraîche
2 EL Schnittlauchröllchen

1. Das Kabeljaufilet abspülen und trockentupfen, würfeln und mit Zitronensaft beträufeln.
2. Das Wasser mit Salz, Pfeffer, Wacholderbeeren und dem Lorbeerblatt zugedeckt 10 Minuten kochen lassen.
3. Die Fischwürfel hineinlegen, vom Herd nehmen und die Fischstücke neben dem Herd 5 Minuten ziehen lassen.
4. Die Zwiebeln hacken, den Knoblauch zerdrücken.
5. Den Speck würfeln und auslassen. Die Butter dazugeben und die Zwiebelwürfel darin goldgelb braten.
6. Den Knoblauch zufügen.
7. Das Kraut darauf verteilen und kurz mitschmoren lassen.
8. Die Fischstücke aus dem Sud heben, diesen durchsieben und zum Sauerkraut gießen.
9. Vier Kartoffeln schälen und fein würfeln. Mit der Brühe im Topf zugedeckt ca. 30 Minuten leise köcheln lassen.
10. Die restliche Kartoffel schälen und in den Eintopf reiben; dadurch wird die Masse leicht gebunden.
11. Kräftig aufkochen lassen, die Kabeljaustücke und die in Ringe geschnittenen Schillerlocken hineingeben und bei schwacher Hitze gut 5 Minuten durchziehen, aber nicht mehr kochen lassen.
12. Mit Salz, Pfeffer und einer Prise Zucker abschmecken, in eine Terrine füllen, Crème fraîche oder saure Sahne in die Mitte verteilen und mit Schnittlauchröllchen bestreuen.
13. Dazu kräftiges Bauernbrot, ein kühles Pils und einen eiskalten Klaren servieren.

KÜRBIS-KARTOFFEL-GRATIN

FÜR 4 PERSONEN:

- 400 g Kürbisfleisch
- 1/2 l Cidre (Apfelwein)
- 1 Stück Ingwerwurzel
- Salz, Pfeffer aus der Mühle
- 1 Prise Nelkenpulver
- 200 g Kartoffeln
- 2 Zucchini
- 1 TL Zitronenpfeffer
- 2 EL Butter oder Margarine
- 1 Tasse Sonnenblumenkerne
- Butter oder Margarine zum Ausfetten
- 200 g Crème fraîche
- je einige Tropfen Zitronensaft, Worcestersauce und Weißwein
- 4 Eigelb
- Kräuterzweige zum Garnieren

1. Das Kürbisfleisch waschen, gut abtropfen lassen, würfeln und mit dem Cidre in einen Topf geben.
2. Die Ingwerwurzel schälen, fein reiben und dazugeben.
3. Mit Salz, Pfeffer und Nelkenpulver würzen und bißfest garen.
4. In der Zwischenzeit die Zucchini putzen, würfeln, mit Zitronenpfeffer bestreuen, im Fett anschwitzen.
5. Die Sonnenblumenkerne in einer trockenen Pfanne rösten.
6. Eine feuerfeste Form ausfetten, die Kürbiswürfel, Zucchinistücke und die gekochten, geschälten und in Würfel geschnittenen Kartoffeln in die Auflaufform schichten.
7. Mit den Sonnenblumenkernen bestreuen. Die Crème fraîche mit Zitronensaft, Worcestersauce, Weißwein und Eigelb verrühren, mit Salz und Pfeffer abrunden.
8. Auf dem Auflauf verteilen und im auf 180–200 °C vorgeheizten Backofen 10–15 Minuten garen.
9. Das Gratin aus dem Ofen nehmen, mit Kräuterzweigen garnieren und servieren.

Wir danken für die freundliche Unterstützung der Firmen:

Molkerei Müller, Aretsried: 31, 32, 35, 48, 52, 55, 61, 67, 68, 69, 70, 71, 72, 73, 75, 78, 87, 91, 94/95, 97, 99, 111, 129, 138/139, 141, 144, 145, 147, 164/165, 170, 173, 182, 192, 204, 215, 224, 229, 241

Adam: 49, 85, 223

Aurora: 127

Bresso Frischkäse: 37, 77, 83, 109, 171

Carmel: 93, 151

CMA Butterschmalz: 47, 84, 89, 177, 191, 194, 231, 257

Deutsche Champignon: 255

Deutsche Ei-Information: 43, 81, 175, 189, 201, 203, 211

Deutscher Käse: 261

Fischwirtschaftliches Marketing Institut: 39, 146, 162, 213, 216, 217, 228

Frau Antjes Feinschmecker Studio: 115, 120, 131, 135, 180, 181, 186, 187, 197

Hochland: 33, 158, 159, 185

Kikkoman Sojasauce: 143

Knorr Maizena: 176, 225

Kühne: 137

Langnese Iglo GmbH: 45

Maggi Kochstudio: 46

Milkana: 40, 196

Niederländisches Büro für Milcherzeugnisse: 121, 169

Soja Öl Dr. Muth PR: 100, 103, 190

Terra Nova: 65/66

Thomy: 76, 106, 107, 116, 132, 133, 160, 226, 240, 265

TLC Fotostudio: 98, 117, 123, 233, 235, 236, 237, 239, 243, 245, 247, 249, 250, 251, 253, 263, 267, 268, 271

Union Deutsche Lebensmittelwerke: 108, 167, 184

USA Sonnenblumenkerne: 105, 142, 195, 197, 199, 259

Impressum:

Remseck bei Stuttgart, 1995

ISBN 3-8122-3367-3